现代企业卓越管理方法丛书

JILI GUANLI
JIFA YUANGONG QIANNENG DE GUANLIZHIDAO

激励管理
激发员工潜能的管理之道

主编⊙舒天戈 邱卫东
本册主编⊙余伯刚

四川大学出版社

责任编辑:黄蕴婷
责任校对:欧风偃
封面设计:刘建波
责任印制:王 炜

图书在版编目(CIP)数据

激励管理:激发员工潜能的管理之道 / 舒天戈,邱卫东主编. —成都:四川大学出版社,2015.8
(现代企业卓越管理方法)
ISBN 978-7-5614-8749-5

Ⅰ.①激… Ⅱ.①舒… ②邱… Ⅲ.①企业管理-人事管理 Ⅳ.①F272.92

中国版本图书馆 CIP 数据核字(2015)第 163014 号

书名	激励管理——激发员工潜能的管理之道
主　编	舒天戈　邱卫东
出　版	四川大学出版社
地　址	成都市一环路南一段24号(610065)
发　行	四川大学出版社
书　号	ISBN 978-7-5614-8749-5
印　刷	三河市天润建兴印务有限公司
成品尺寸	170 mm×240 mm
印　张	14.75
字　数	249 千字
版　次	2016 年 1 月第 1 版
印　次	2016 年 1 月第 1 次印刷
定　价	38.00 元

◆读者邮购本书,请与本社发行科联系。
电话:(028)85408408/(028)85401670/
(028)85408023　邮政编码:610065
◆本社图书如有印装质量问题,请寄回出版社调换。
◆网址:http://www.scup.cn

版权所有◆侵权必究

前言
Preface

天地之间，最宝贵的是人；对于企业来说，人是最宝贵的资源。人作为万物之灵，与其他动物不同的是，他不仅具有生理上的物质需求，更为重要的是，还具有精神需求。而满足人的需求的过程，就是一个不断被激励的过程。须知，一个人身上所蕴含的潜能是无限的，而要使企业员工最大限度地发挥自身潜能，并能有所创造，有所建树，这就需要企业经营者和管理者对企业员工进行有效的激励，使其精神振奋，充满奋斗的动力和工作的热情。所以，一个企业永葆发展活力的秘诀只有一条，那就是要对员工进行有效的激励，不仅要对员工不断地进行物质上的激励，还要对他们进行精神上的激励，使企业的发展与员工的幸福感融为一体。

激励是现代企业管理的精髓。没有激励，就没有管理；没有激励，企业管理将寸步难行。很难想像一个人心不齐、斗志衰退的企业能够取得骄人的业绩，能够在今天激烈的市场竞争中立于不败之地的企业，必定是一个善于激励管理的企业。

企业的经营者和管理者，必须首先是一位精于鼓舞士气、善于激励员工的能手。激励管理既是一门科学又是一门艺术。在任何企业中，没有激励的领导就是没有艺术的领导，没有激励的管理就是缺乏效率的管理。成功的企业管理，就是一个不断激励员工的过程。

　　企业的经营者和管理者，总希望自己麾下的员工能够以饱满的精神、无限的激情、不竭的热忱投身到工作中来，总希望员工对于企业目标的实现，有着极其强烈的愿望和追求，总希望员工对企业忠心耿耿、不遗余力……他们这样的愿望能够实现吗？要实现这样的愿望，唯有掌握对员工激励的艺术。舍此之法，别无他途。

　　哈佛大学教授威廉·詹姆斯教授发现：按时计酬的员工一般仅发挥了20%~30%的能力，如果受到充分激励，则他们的能力可以发挥80%~90%，其中50%~60%的差距竟是激励的作用！这一结论不能不令企业管理者深思！其实，要解决问题并非难事，办法只有一个——对本企业的员工进行最为有效的激励！

　　为了满足广大企业经营者和管理者在员工管理中有效调动员工积极性的实际需要，切实解决提高管理效率的实际问题，我们编著了《激励管理》这本书。书中内容丰富，重点介绍了薪酬激励、分享激励、股权激励、目标激励、授权激励等多种激励方式的操作技巧，具有很强的针对性和实用性。全书理念新颖，案例丰富，语言深入浅出，是企业经营者和管理者实施激励管理的实用指南，是企业管理过程中化腐朽为神奇的"金手杖"。

编　者

2014 年 10 月

目 录

第一章 没有激励就没有管理

一、激励是现代管理的精髓

1. 激励员工是企业管理中的重要措施 …………………… (2)
2. 激励的核心问题是激发员工的动机 …………………… (4)
3. 实现企业的经营目标离不开激励 ……………………… (6)
4. 用激励焕发员工内心潜伏的激情 ……………………… (8)
5. 激励能促使员工不断提高自身素质 …………………… (10)
6. 激励可鼓舞员工不断地提高工作绩效 ………………… (11)

二、激励理论与激励模式

1. 激励理论与激励模式的发展 …………………………… (13)
2. 内容型激励理论 ………………………………………… (16)
3. 过程型激励理论 ………………………………………… (21)
4. 强化型激励理论 ………………………………………… (27)
5. 综合型激励理论 ………………………………………… (29)

第二章 激励员工的原则与辩证法

一、激励员工需要遵循的原则

1. 实事求是的激励原则……………………………………（36）
2. 公平公正的激励原则……………………………………（38）
3. 及时适度的激励原则……………………………………（39）
4. 能级适应的激励原则……………………………………（40）
5. 按需激励的激励原则……………………………………（42）
6. 优化组合的激励原则……………………………………（43）

二、掌握激励员工的辩证法

1. 内在激励与外在激励要统一……………………………（44）
2. 奖励为主与适度惩罚相结合……………………………（46）
3. 相互竞争与共同协作相结合……………………………（47）
4. 严格管理与思想工作相结合……………………………（49）

第三章 对员工的物质激励

一、薪酬激励：高薪带来高效率

1. 薪酬：最有效地激励员工的金箍棒……………………（52）
2. 建立激励性的薪酬制度…………………………………（55）
3. 制订有效的薪酬激励计划………………………………（60）
4. 用弹性福利计划激励员工………………………………（63）

5. 奖金激励带来高效率……………………………………(65)
6. 提高员工对报酬的满意度………………………………(67)
7. 绩效付酬应注意的问题…………………………………(71)
8. 员工难以对薪酬满意的原因……………………………(75)

二、分享激励：利润共享调动员工的积极性

1. 使老板与员工互利双赢…………………………………(77)
2. 员工持股：和企业利益保持一致………………………(80)
3. 精心设计员工持股，保证利润共享实现………………(82)
4. 分享激励技巧之一：患难与共，唤起伙伴意识………(86)
5. 分享激励技巧之二：寻求共同点，增强归属感………(89)
6. 分享激励技巧之三：激励员工的自豪感………………(93)

三、股权激励：激励高级管理人员的最佳选择

1. 股权是管理人员发展的激励支点………………………(96)
2. 股票期权是调动管理人积极性持久的新方式…………(98)
3. 高级管理人员持股的激励效应…………………………(100)
4. 高科技公司管理人员的股权激励………………………(102)
5. 对股票期权激励的冷思考………………………………(104)

第四章 对员工的精神激励

一、尊重激励：满足员工的自尊心以凝聚人心

1. 尊重是激励与管理的重要根基…………………………(110)

2. 努力让下属的自尊心得到满足……………………………（112）

3. 用尊重点燃下属的工作热情……………………………（114）

4. 鼓励下属畅所欲言，积极采纳合理建议…………………（115）

5. 表达对下属尊重的工作技巧……………………………（116）

二、赞美激励：让员工在鼓舞中强化信心

1. 渴望赞美是人的本能欲望………………………………（119）

2. 赞美是具有重要价值的精神激励…………………………（121）

3. 不要错过机会，及时地赞美员工…………………………（123）

4. 运用赞美激励一定要出自真心……………………………（124）

5. 公平公正是赞美激励应当掌握的原则……………………（126）

6. 在对的时间场合选择对的表扬方式………………………（128）

三、荣誉激励：满足员工高层次需求的终极手段

1. 荣誉激励是表扬先进的最高精神奖励……………………（130）

2. 严格把握荣誉激励实施过程中的原则……………………（130）

3. 增强员工荣誉感，提升工作满意度………………………（132）

4. 让荣誉真正起到激励员工的作用…………………………（133）

5. 实施荣誉激励的四大操作要求……………………………（134）

四、目标激励：以愿景激发员工的热情

1. 目标能够激发员工对未来的向往…………………………（136）

2. 拥有梦想与希望，就拥有了动力和激情…………………（139）

3. 目标激励的理论模型………………………………………（140）

4. 设置激励目标的原则………………………………………（142）

5. 企业激励目标的设置 …………………………………（143）
6. 通过目标管理来有效激励员工 ……………………（146）
7. 目标激励中需要注意的问题 ………………………（149）

第五章　对员工的情感激励

一、关爱激励：情感关怀更能激发奉献精神

1. 以关爱激励打造和谐企业 …………………………（152）
2. 以员工为本的关爱激励 ……………………………（153）
3. 将"爱心"激励到"同心" …………………………（155）
4. 以情感人，做员工的"知己" ………………………（156）
5. 保护优秀员工，勇于为员工撑腰 …………………（157）
6. 及时给予落后员工以关心帮助 ……………………（158）
7. 把关爱延伸到员工的家庭 …………………………（161）

二、信任激励：诚做员工的"知己"

1. 信任是一种高效激励的"攻心"艺术 ……………（163）
2. 给予员工信任是最大的爱护与支撑 ………………（165）
3. 严格遵循用人不疑的信任原则 ……………………（167）
4. 运用多种方法技巧表达对员工的信任 ……………（169）

三、沟通激励：增强组织的向心力、凝聚力

1. 以沟通引发共鸣，有效地提高凝聚力 ……………（171）
2. 实施沟通激励的前提条件 …………………………（172）

3. 建立与完善企业内部的沟通机制 …………………… (173)
4. 与员工公开全面地进行信息交流 …………………… (175)
5. 妥善处理沟通中的抱怨情绪 ………………………… (177)
6. 努力在沟通中运用多样化的方式 …………………… (178)
7. 善于在沟通中倾听员工的心声 ……………………… (179)
8. 有效沟通的实用技巧与激励秘诀 …………………… (182)

四、宽容激励：以博大的胸襟包容员工

1. 宽以待人是管理者重要的激励方式 ………………… (183)
2. 以宽容之心感化教育他人 …………………………… (185)
3. 尊重个性，要有容人之胸怀 ………………………… (186)
4. 以宽容之心善待做错事的员工 ……………………… (187)
5. 运用安慰的艺术鼓励受挫失败的员工 ……………… (188)

第六章 对员工的委权与重用激励

一、晋升激励：以升职鞭策员工积极向上

1. 晋升：为优秀人才搭建表演舞台 …………………… (192)
2. 以晋升激励满足员工最渴望的心理需求 …………… (194)
3. 给员工搭上晋升的"天梯" ………………………… (195)
4. 晋升激励需要遵循的三大要则 ……………………… (197)
5. 晋升激励的若干模式及其选择 ……………………… (198)
6. 注重培养，防止被晋升者的不称职 ………………… (200)
7. 打通因人而异的晋升通道 …………………………… (201)

二、授权激励：让员工释放出更大的工作能量

1. 授权：能更好地激励下属 …………………………………（203）
2. 授权可以为企业培养管理人才 …………………………（205）
3. 授权可以激发员工的工作热情 …………………………（206）
4. 把员工所需要的 VIP 给予员工 …………………………（207）
5. 领导成功授权的艺术 ……………………………………（209）
6. 企业管理者授权的三大步骤 ……………………………（211）

三、参与激励：让企业与员工共同成长

1. 参与激励能焕发员工的主人翁精神 ……………………（213）
2. 用参与激发员工的自豪感和责任感 ……………………（214）
3. 让员工在参与管理中发挥个人能力 ……………………（215）
4. 把每个员工都变成积极参与的决策者 …………………（216）
5. 管理者应善于同员工分享荣誉和权力 …………………（218）
6. 让员工在参与中增长工作才干 …………………………（219）

第一章
没有激励就没有管理

所有的管理者都明白，管理的根本目的在于充分利用所拥有的资源，使组织得以高效运转，提高组织绩效，实现组织的既定目标。而组织绩效来自企业内全体员工的个人绩效。因此，企业的成功必须以每个员工的工作绩效为基础。研究表明，个人的积极性是影响个人绩效高低的主要因素，个人绩效的低下必然导致企业发展受阻。因此，激发个人的积极性是企业管理工作的重要方面，是企业成功发展的有效保证，而激发个人积极性就要靠激励。激励对于企业的管理和组织运行都是极为重要的，激励是现代企业管理的精髓。没有激励，就没有管理；没有激励，企业就将寸步难行。

一、激励是现代管理的精髓

激励是现代管理的精髓,作为一种激发与鼓励组织成员的动机和行为的管理方法,其方法是否恰当适度,其形式是否符合实际,其过程是否行之有效,都充分显示出管理者的能力与智慧。富有智慧的管理者,会把激励变为管理工作的一支魔杖,发挥神奇功效,创造工作的佳绩。

1. 激励员工是企业管理中的重要措施

"激励"通常指一个有机体在追求某些既定目标时的愿意程度,它含有激发动机、鼓励行为、形成动力的意义。早在我国汉朝司马迁所著的《史记·范雎蔡泽列传》中,便有"欲以激励应候"之语,意思是激发使其振作。可见,激励一词对我们来说并不陌生,追溯其渊源更有助于我们准确地理解激励的概念。

激励就是激发人的内有潜力,开发人的发挥能力,调动人的积极性和创造性。

管理理论的专业术语"激励",作为管理行为具有以下两层含义:

一是提供一种行为的动机,即诱导、驱使之意;

二是通过特别的设计来激发兴趣。

激励作为概念解释则有以下三个含义:

一是被激励的过程;

二是一种驱动力、诱因或外部的奖酬;

三是受激励的状态。

一些管理学者提出了一个更为完整和更具操作性的定义:所谓激励,就是组织通过设计适当的外部奖酬形式和工作环境,以一定的行为规范和惩罚性措施,借助信息沟通,来激发、引导、保持和规化组织成员的行为,以有效地实现组织及其成员个人目标的系统活动。

简而言之,激励就是通过调整外因来调动内因,从而使被激励者的行为向提供激励者预期的方向发展的过程。

管理的本质是处理人际关系,其核心是激励下属。激励是一种精神力

量或状态，起加强激发和推动作用，并且指导和引导行为指向目标，促使被管理对象产生某种特定动机，引导他拿出自己的全部力量来为实现某一目标而努力奋斗。在指导与领导工作中，激励被视为重要方法，其目的在于结合人力，运用技术，达到既有统一意志，又使个人心情舒畅的状态，从而实现组织目标。

管理既是科学又是艺术。领导工作是艺术，而激励是艺术的艺术。没有激励的领导就是没有艺术的领导，没有激励的管理就是没有艺术的管理。 可见，激励是管理尤其是人事管理的重中之重。图1-1表明了激励在管理，特别是人事管理中的重要地位。

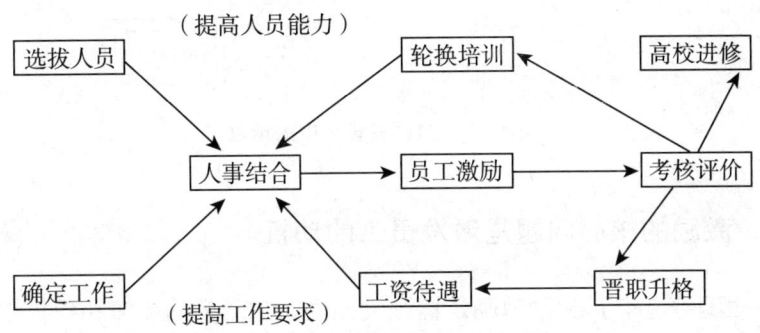

图1-1 激励在管理中的地位

由图1-1可知：选拔出的人员，与具体的事相结合，经过激励与约束，再经过考核评价后要么通过内部激励，包括在岗或脱岗培训，提高人员能力，再与具体的事相结合；要么通过外部激励，给予人员提升，并相应提高工资待遇，再与具体的事相结合。管理就是一个不断激励员工的过程，于是，图1-1进一步扩展为图1-2。

由此可见，**激励对一个组织内的管理具有至关重要的作用，没有激励的管理，就是一个不完整的管理，也是一个失败的管理。**

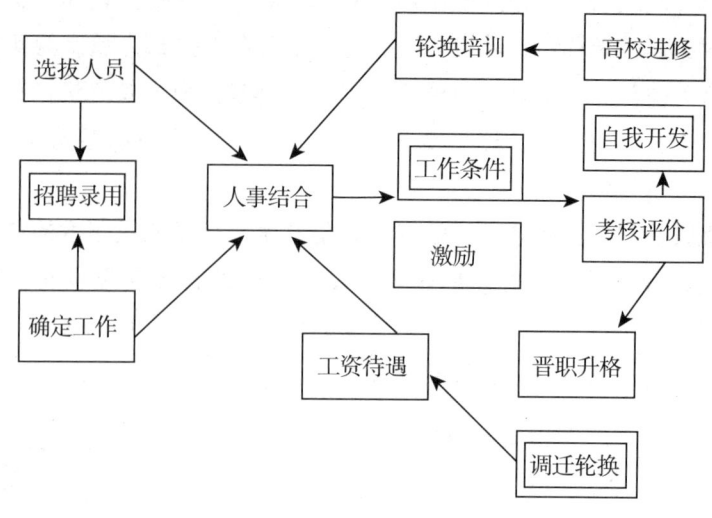

图 1-2 激励在管理中的地位

2. 激励的核心问题是激发员工的动机

在管理学中,广义的激励是指激发鼓励,调动人的热情和积极性。从诱因和强化的观点看,激励是将外部适当的刺激转化为内部心理动力,从而增强或减弱人的意志和行为。从心理学角度分析,激励是指人的动机系统被激发后,处于一种活跃的状态,对行为有着强大的内驱力,促使人们向希望和目标进发。

激励的核心问题是动机是否被激发,所以激励又可称为动机激发。**通常,人们的动机被激发得越强烈,激励的程度就越高,为实现目标,工作也就越努力。**因而,为了提高员工的绩效,激励在管理工作中被广泛采用。

人的工作积极性是指人的工作努力程度,积极是对活动和任务的自觉、主动、创造的表现,也包含对工作的兴趣,任务的理解和认识、意志、情感等因素。激励的目的是调动员工的积极性。但是人的行为往往受精神、体力、环境等方面的影响,人在接受任务时的动机是十分复杂的,甚至是互相冲突的。有的人希望少付出,多获取;有的人对精神奖励,如自尊、地位、威望、称赞、成就感等要求较高;有的人对物质补偿,如奖品、薪水、福利、休假等要求较高。而激励的因子可以影响人的行为，支配人的行动，诱导人们前进。

　　工作动力是由一系列促使人们做某事的力量所组成的，它的源泉在于动机。我们每个人做事都有自己的动机，而且也必须有动机，否则，我们就不会去做。人们积极工作的动力来自去做那些他们认为对他们自己也有利的事。但由于"有利"在每个人心中有不同的标准，所以动机有可能导致可笑的、愚蠢的甚至是无意识的毁灭性的行为；也有可能激励人去成就辉煌。不过，对于企业大多数成员来说，动机只促使人们去做那些天天都在做的平常事，从中得到自己满意的结果。动机没有高下之分，它只是我们决定去做和坚持去做某些事情的内在动因。在管理和激励实践中，动机只是管理者激励员工的某种凭借和工具，这绝不意味着是对员工的操纵或是亵渎。相反，从动机出发去激励员工，恰恰是对员工的承认和尊重，因为动机是不能强加的，它出自员工的内心。利用动机激励员工，就要充分考虑员工内心的真实想法和真正需要。

　　动机不可强加，那么我们就必须意识到：管理者不可能从动机上直接去激励别人，而只能影响他们做某事的动机。这个观点看起来有点奇怪，但是是事实。激励员工就是使用这种影响力使每名员工在工作时感受更高水平的激励。作为管理者，目的就是帮助员工将他们自己的事与组织的事协调起来。如果做到这一点，他们自然会努力工作，因为这同样符合他们的自身利益。

　　那么，作为管理者，是积极地还是消极地影响员工的动机呢？答案当然是积极施以影响。但有一点很重要，那就是无论何时何地，管理者与员工的接触都会影响员工工作的动机。

　　一般认为，动机是内在的，是存在于人们内心世界的东西。但我们并非生活在真空中，而是生活在现实社会，我们所经历的事对我们必然会有影响。换句话说，人们的动机会受外部因素的影响。这些因素包括：报酬、赏识、奖金、提升和表扬。关于工作，如果员工的努力得不到激励和认可，他们就会怀疑自己是否值得花时间去做这些事。这些影响动机的外部因素通常被称为外在激励。外在激励确实影响着人们做事的内在动机，但管理者不能弄错这一点：无论这些外部环境因素在激励中起着何种作用，它们总是服从于个人内在目标的。因此，管理者必须将外部因素和内在目标紧密地结合起来。

如果没有内部因素和外部因素的有机结合，利用报酬就不可能长时间地产生激励作用。员工只有在得到报酬时才会工作，而一旦他们得到了报酬，他们就会停止工作。例如，生产经理对一定日期之前生产出一定数量的产品设置奖金，这可能有效，但是如果员工一旦得到了奖金，他们就没有理由继续以这种效率进行工作了。

每个人都可以回想一下自己工作中的内心感受：什么时候对工作最感兴趣？什么时候最努力工作并且喜欢这样？对于企业大多数员工来说，这种感觉只有当自己在完成一件工作并感到实现了自己和同事以及组织的一些目标的时候才会出现。我们能识别出这种工作，并能感觉到在做这项工作的同时，也是在为我们自己做某件事。这就是由激励所激发出来的员工工作的内在动力。

所以，**在进行员工激励时，必须帮助员工将他们满足自我需要的动机与努力工作、发挥智慧所能得到的结果有机结合起来。**一旦员工将自己的事情与组织的事业统一起来，如上所述，他们自然会努力工作。

3. 实现企业的经营目标离不开激励

企业生存发展，其根本目的是实现利润最大化，企业事务就必然要紧紧围绕实现企业的这一经营目标来展开和进行。在实现经营目标的这一过程中，企业管理绝对离不开对全体员工的激励。有效的激励，对企业经营目标的实现具有十分重要的意义和作用。

(1) 激励能为企业吸引更多的优秀人才

在发达国家的许多企业中，特别是那些竞争力强、实力雄厚的企业，会通过各种优惠政策、丰厚的福利待遇、快捷的晋升途径来吸引企业所需要的人才。

(2) 激励能够提高企业的凝聚力

物以类聚，人以群分。自从有了群体组织，便产生了管理的需要。在现代的企业组织中，企业的凝聚力是重要的内容和目标。一项好的激励措施能够增强企业的凝聚力。

江苏无锡的小天鹅集团就是在目标激励中凝聚人心。为了增强员工对企业的参与意识，构建"小天鹅"的企业文化，公司先后举办了"我为企业进一言""征集小天鹅广告用语"，以及"新产品最新造型评选"等活动，引导员工热爱自己的企业。从而确立了"企业生产的不仅仅是产品，更重要的是信誉和质量"的观念，形成了人人关心产品销售，个个为企业发展操心出力的良好氛围。

(3) 激励能有效地协调企业目标和个人目标的统一

在实际中，个人目标与组织目标之间既有矛盾冲突的一面，也有一致的一面。企业只有通过一些激励措施才能把个人目标与组织目标合二为一，例如通过激励组织所期望的行为来协调组织与个人的目标。同时，对于与组织目标不一致的个体目标，组织也应区别对待。凡不会对组织目标造成危害的个人目标，组织不仅应承认其合理性，甚至在可能的情况下还应支持与帮助个人去实现其目标，以此来激发员工对组织的归属感以及工作的积极性。

美国MTW公司总经理爱德·奥西相信，MTW成功的基石是当他加入该公司时与当时的董事长穆勒互相签订的"期望协议"。协议要求表达出对协议各方来说至关重要的职业目标和个人目标。比如说，他们在奥西的协议中就写明了他这一生中要花大量的时间去做儿子的好父亲，与此同时，也明确要求将工作重点从单纯地提供技术服务转向附加发展能带来更高利润的专利软件，以提高MTW的公司价值。

期望协议是一种双向的、不断发展的协议，在员工为MTW工作期间将一直跟随着他们，每六个月就要对之进行一次回顾，并且可以加以修改。迪·克拉克来自苏伊士甲人保险公司，那是一家很大的保险公司，曾经是MTW的客户。她说："在一些大公司里常常发生这种事：你把全副身心投入到某项计划中，但是临了它却又不执行了。"她说在MTW就不会发生这样的事，因为公司上下都比前者更清楚地知道各自的使命。"在这里，公司知道你想达到什么目标，而你也知道公司正在往什么方向努力。"

以员工丹·卡里尔为例，在MTW研制成功一种名为数级方法学的专利软件工具之后，公司在卡里尔的协议中写道，公司希望他能留在原地推广该软件工具的应用。但就他这一方面来说，卡里尔回忆道："当时我希望我的工作地点具有灵活性。"当时看起来他也许必须搬到加利福尼亚，因为他的妻子在那儿工作。他说："我说我希望能继续从事我正在从事的项目，并且担任同样的职务。"MTW 理解他的看法，同意满足他的愿望。卡里尔说："那一刻，我觉得我的命运掌握在自己的手中。"

（4）激励能使企业形成良好的企业文化，造就良性的竞争环境

良好的企业文化是企业生存与发展的基础，而良好的企业文化的培育，离不开正反两方面的强化。比如，有许多人认为"服务制胜"的时代已经到来，树立服务意识，成为许多公司企业文化建设的目标。显然，交替运用奖惩手段，可以有力地促进追求良好服务这种群体价值观的形成。

在用友集团的深圳用友公司，总经理吴晓冬不推崇个人英雄主义，而是推崇发展文化，他认为发展是人力资源的重要原则，而空间和舞台是发展的基石。

在深圳用友，公司提供了一个供员工发展的舞台，每个员工都可以找到适合自己的发展方向以及发展空间。

用友集团总裁王京文曾把企业管理分成四个境界：操作阶段、管理阶段、战略阶段、文化管理阶段。吴晓冬说这四种境界有三种他都经历过。现在，凭借亲手营造的企业文化，吴晓冬自如地驾驶着这支快速挺进的舰队。"要让员工在一种年轻、轻松的文化环境中工作，自己首先就必须年轻。"

企业科学的激励机制也包含着一种竞争精神，它的运行能够创造出一种良性的竞争机制。在具有竞争性的环境中，组织成员会受到环境的压力，这种压力将会转变为员工努力工作的动力。

4. 用激励焕发员工内心潜伏的激情

如果把人生比作航船，那么，在乘风破浪驶向自己理想目标的航程中，信仰就是航向，激情便是力量。

最大限度地激发出员工的激情，是企业管理最理想的效果，也是企业最强劲的发展动力。然而人们的激情通常只是潜藏在自己的内心深处，从来不会无缘无故地迸发出来。**管理者的使命就是，用各种行之有效的激励方法使员工内心深处的激情焕发出来。**

激情的力量是伟大的，这种力量会促使人们坚持不懈，永远向前。因为在前进中常常有狂风恶浪，或者暗礁险滩；人们有时为前途渺茫而叹息，有时因安于现状而消沉；有时在静水中停滞，有时在狂涛中退却，此时最需要的是力量，是勇敢，是刚强，而这一切都可以从激情中获得足够的补充。红军两万五千里长征中，饥寒交迫，随时都可能有人倒下去，可红军战士"更喜岷山千里雪，三军过后尽开颜"；在抗日战争最艰难的时候，边区人们吃饭都成了问题，于是开展大生产运动，自己动手，丰衣足食；解放战争期间，枪林弹雨，炮火纷飞，"百万雄师过大江"，展示了解放大军的英雄气概；新中国成立后，人们为了建设新国家，"旗如林、歌如潮"，战天斗地；石油工人为了拿下大油田，"乐在天涯战恶风"；国家干部为了人民的事业，"鞠躬尽瘁，死而后已"；社会主义建设者为了改革开放，迎难而上，"苟利国家生死以，岂因祸福避趋之"……所有这些感天地、泣鬼神的壮举，这些令高山为之低头、日月为之逊色的豪言壮语，都是伴着革命的激情而来，在革命的激情鼓舞下而为。

有一位诗人说过，有的人活着，然而却已经死去；有的人死了，然而却还活着，这揭示的是深层意义上的生存价值。因此激情催人进入人生佳境，人生佳境又不断产生激情，二者相互促进，相得益彰，循环不息。**管理者在激励中既要善于把握激情，又要善于利用激情促进人生境界的不断提高。**有人认为激情就是激动，是不理智的狂热，这是错误的。古往今来，无数仁人志士、英烈重臣，虽生命短暂却流芳百世，光彩夺目，正是因为他们人格不朽，精神灿烂，业绩辉煌，才光照人间！

追根溯源，前人留给我们的精神财富，后人不停奋斗的豪情，无不来自民族气节、崇高理想、高尚人格和执着的追求。于是他们才有如此充满激情的感情流露："与其永恒的平庸，不如瞬间的辉煌！""鬓染霜，又何妨？""与其感叹，不如实干！""工作多变，信仰不变！""把全部的爱献给伟大的事业！"……正是这种激情，企业中多少英才雄心永在、志气长存；正是这种激情，造就了多少人的积极进取、知难而进；正是这种激情，使多少人气冲霄汉、风华永存；也正是这种激情，激励着无数奋斗者弹奏出永恒辉煌的生命乐章。

在现代企业中，管理者会想尽一切办法对员工进行有效激励，以激发出隐藏在员工内心深处的激情。激情的作用是巨大的，它可以使企业兴旺发达，它可以使企业起死回生、峰回路转，而进入"柳暗花明又一村"的绝妙境地。

员工的士气是决定企业成败的关键因素之一。没有士气的士兵，在战场上必定失败；而如果企业员工缺乏斗志高昂的士气，企业就会面临破产的危险。

请企业管理者用激情来鼓起员工的士气吧！用激励来唤起员工的激情吧！

5. 激励能促使员工不断提高自身素质

员工的自身素质是企业内在素质的基础，高素质的团队才能高效率地完成工作，实现高速发展。因此，提高员工的自身素质，始终是管理者激励的目标之一。而在不断提高员工自身素质的管理过程中，有效的激励确实起到了巨大的作用。

其一，有效的激励能加速员工的社会化。在员工的社会化过程中，激励是一种必不可少的社会条件或社会机制。

其二，有效的激励可以强化员工的角色意识。员工社会化的根本目标就是要使员工能够称职地扮演自己应该扮演的角色。然而在现实生活中，往往存在着角色冲突和角色混同，这造成一种社会障碍，需要加以排除。**培养社会角色意识并不断地加以强化，是排除这种障碍的有效途径**。在排除障碍的过程中，激励是一种常见的重要手段。

其三，有效的激励可以规范员工的角色行为。一般而言，规范角色行为是法律、法规、纪律、规章、条例以及伦理道德的固有功能。当然，法律、规章、道德等规范角色行为靠的是它们对角色行为所具有的评判功能。这种评判的实质或导致的结果是对角色行为实施激励：对越轨的角色行为通过评判加以惩治，对模范的、理想的角色行为通过评判加以表彰。激励是促使社会主体按社会规范实施角色行为的重要环节。

其四，有效的激励能为员工提供理想角色。理想角色体现了人们对理想人格的追求。对于一种理想的行为模式的追求，是人们对一定的社会角色及其行为进行评价的理想标准。树立典型、学习先进的正面激励活动，可以为广大员工提供一个受期望的理想角色，同时也提供了一个评判的标准。

其五，有效的激励促使员工更好地掌握知识、发展能力。掌握知识、发展能力是人全面发展的重要条件，而激励贯穿于员工工作的全过程，在发展员工的知识和能力方面具有重要的作用。从掌握知识的角度来说，激励本身就是一种示范，通过对先进人物和实践的表扬和奖励，通过对他们的先进技术、方法、经验的介绍和推广，员工可以从中学到不少具体的科学文化知识和技能；而通过对不良思想行为的批评和惩罚，也可以告诉员工哪些行为不是企业所期望的。

通过激励，还可以为员工能力的发展提供基本的前提。**一般来说，知识是能力的构成要素，是形成能力的前提，能力从知识转化而来。**激励有利于员工掌握知识，也可为员工能力的发展奠定基石。

激励还可以通过对员工思想行为的褒贬和信息的反馈，引起员工对自己、他人和社会的思考和进一步的认识，发展观察、分析、辨别、评价等多方面的能力。

法国的某家公司为员工一年一度的职业培训提供资助，该公司特地设定了为期一周的活动。该公司在活动的现场设立了"大学市场"，邀请当地学校的教务人员亲自解答员工的求学问题，并安排他们参加这些学校开设的各门课程的学习，费用由公司支付。通过这个培训项目，该公司拥有了素质更高的员工。员工则兴奋异常，因为他们有机会学习大学的课程，进而争取得到大学学历。该公司也因员工素质的提高增强了在市场中的竞争力，市场份额节节攀升。

由此可见，激励运用得恰当有效会一举两得：不仅可以使员工素质得到提高，更可以间接地增强公司的竞争力。

6. 激励可鼓舞员工不断地提高工作绩效

人们从成功的管理模式中总结出这样一条宝贵的经验：良好的激励能

够最大限度地调动员工的积极性和主动性，鼓舞员工不断地提高工作绩效。美国哈佛大学教授威廉·詹姆斯（Willian James）研究发现：在缺乏激励的环境中，员工的潜力只能发挥出 20% ~ 30%，即刚刚能保住饭碗；而在良好的激励环境中，同样的人却可以发挥潜力的 80% ~ 90%。激励的作用可见一斑。

激发员工的创造力是激励的目的之一。激励可以提供智力，智力是创造性才能的必要条件。激励能提供良好的环境刺激。激励能激发创造性思维，创造性思维是创造力的源泉。**大量的科学实验已经证明，激励可以提高人们的创造性思维。**

美国密苏里州堪萨斯城的一家贺卡公司筹资兴建了一个创新中心，那里放置了胶泥、颜料和其他用于艺术创造的材料，所有这些都是为了使有创造力的员工想出好主意而准备的。公司每年都能推出 2.1 万种设计各异的贺卡。该公司的员工受到了激励，因为公司给予他们创新的自由，而公司也从这一激发创新的项目中受益匪浅。

激励可以提高员工工作的效率和业绩，使每位员工始终处在良好的激励环境中，这是每一位管理人员所应追求的。

美国德克萨斯州的一家钢铁公司信任自己的员工，给予他们特殊的权力，员工可以用公司提供的资金和物资，对生产过程进行必要的改进。最近有两名维修工购买了各种零部件，自己动手设计并制造了一台用于捆扎钢条的机器。这台机器前后一共花费了 6 万美元，比起购买一台用于同样目的的新机器节省了 20 万美元，同时也大大提高了工作效率。

二、激励理论与激励模式

每一个人都需要自我激励，需要外力给予的激励。为此，管理工作就需要创造并维持这样一种环境：为了去完成个人目标和共同目标，人们以饱满的工作热情，心情愉快地在一起工作着。这便是一种企业良好的有效的激励模式。如果不能构筑这样一种模式，不知如何激励员工，这样的管理者是不称职的，他所领导的企业也是毫无生机和活力的。所以，自 20 世纪30年代以来，国外许多管理学家、心理学家和社会学家，都从不同角度对怎样激励人的问题进行了大量的研究，并提出了许多富有新意的激励理论和模式。

1. 激励理论与激励模式的发展

虽然人类社会研究人类动机的激发由来已久，**但对人类行为最本质的动机的正确认识还是近现代才得到的**。早在公元前，古希腊的哲学家就曾以享乐主义解释人的行为，认为人都有追求享乐、回避痛苦的倾向。这一哲学观点被经济学界和哲学界继承下来，例如亚当·斯密（A. Smith）、本瑟姆（Bentham）和斯图尔特（J. Stuart）都是持这种观点的代表人物。19世纪初，动机激发的研究逐渐从社会哲学领域进入心理学。早期的心理学家仍信奉享乐主义是人类有意识、有理性地追求的东西。

直到20世纪初，被称为"美国心理学之父"的詹姆斯对享乐主义的假设产生怀疑。在他的《心理学原理》一书中，他对动机激发的另外两个历史概念（本能和无意识动机的激发）给予认可。詹姆斯并不认为人类总是有意识或有理性的，他认为，人类许多行为是出于本能，能影响个体行为的部分非习得本能包括哭喊、移动、好奇、模仿、社交、同情、怕黑暗、妒忌、爱等，这些本能和其他本能在每个人身上都存在着。社会心理学的创始人麦克杜格尔进一步发展了行为本能学说，他在1908年出版的《社会心理学》一书中把本能定义为："一种决定着个体对任何客观事物察觉或注意的先天性倾向（或素质）……一种行为或以某种特殊行为方式表现出来的动作冲动。"这种本能学说的基本点是假设人类行为取决于一种非习得的先天倾向（素质）。

从20世纪20年代开始，人类动机激发的本能观点受到了沉重打击。尤其是那些提倡以纯科学方式来观察行为的行为学家们，他们全盘否定了这种基本上无法观察、神秘莫测的学说。由于这种严厉批评的继续，今天人们在研究和讨论人类行为时已很少使用"本能"这个术语。尽管现代心理学家承认有些人类动机看来是非习得的，但他们不甘愿接受由詹姆斯和麦克杜格尔所提倡的"先天性倾向性行为"这一概念。他们认为"先天性倾向"观点，可能适合于低等动物，但不足以解释人类的行为。

詹姆斯在本能的概念下曾强调了无意识动机的激发问题。然而，使无意识成为研究人类动机激发的组成部分的是弗洛伊德。所谓无意识动机，是指人类并非总是能明确地意识到他们所有的欲望，有时甚至连自己的目标都说不清。弗洛伊德通过临床实践和对病人的分析，发现一个人在许多方面的表现如同一座冰山，只有一小部分是能意识到的，并显现于外，其余部分则潜伏在表象之下，不一定能为行为者本人所意识。与詹姆斯一样，弗洛伊德也企图将无意识动机与本能等同起来。许多现代心理学家，尽管并不赞同弗洛伊德对无意识动机的大部分解释，但均承认无意识动机的客观存在，只是还缺乏对它更深入的研究和理解。

由于行为本能学说和无意识动机激发的观点远不足以说明人类复杂的动机激发过程，这就促使了早期内驱力理论的出现。内驱力理论家在很大程度上受到了早期行为主义学派的影响，其创始人是霍尔（C. Hall），他综合了以前的各种观点，提出了动机的激发是内驱力和习惯的乘积的公式，奠定了动机激发的科学性理论基础。这个公式是：

$$E = D \cdot H$$

式中：E（Effort）表示一个人所作出的努力；
　　　D（Drive）表示一个人的内驱力；
　　　H（Habit）表示一个人的习惯。

霍尔认为，内驱力是一种强化了的影响力，决定着行为的强度，而习惯则反映了行为主义的影响。后来，霍尔为了避免过分地强调习惯，在公式中加上了"未来定向"（Future-Oriented）的诱因概念。这样公式就成了：

$$E = D \cdot H \cdot I$$

式中：I（Incentive）——诱因。

公式表明一个人所做的努力（反映动机激发的程度）等于其内驱力、习惯和诱因的乘积。**由于包含了诱因这个因素，就是在动机中承认了认知特性。这一公式成为后来动机激发期望理论的先驱。**

在早期内驱力理论的基础上，现代心理学家提出了动机激发循环的概念，把需要、内驱力和目标三个相互影响、相互依存的要素衔接起来，构成了动机激发的完整过程。一个目标达到了，新的需要随之而起，如此周而复始，循环不息，其模式见图1-3。

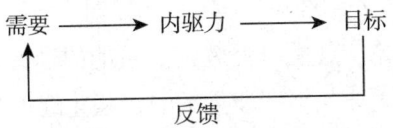

图1-3 基本的动机激发模式

在这个模式里：

需要是指来自个体生理上或心理上的缺乏（或不足）。从体内平衡的意义上来讲，当生理或心理上感到缺乏或不足，出现了某种不平衡时，就产生了需要。例如，人体内的细胞缺少营养，或一个人失去了朋友时，就会产生对食物或友谊的需要。

内驱力一般来说和动机是两个可交替使用的术语。当一个人在生理或心理上感到缺乏某种东西时，就会产生一种紧张不安的心理状态。**内驱力就是一种力求实现需要的满足感，是消除这种缺乏或不足状况的内在驱动力。**霍尔的定义与这个术语相类似：内驱力是作用于行为定向的，能强有力地促进目标完成的一种内在的力量。这是动机激发过程中的最核心的环节，上述例子中，对食物的需要就转化为力求解除饥饿的内驱力，对朋友的需要则成为力求交往的内驱力。

目标是动机激发过程中的终端，可解释为能满足需要和减弱内驱力的事物。因此，达到预定目标将有助于恢复生理和心理上的平衡。凡能满足个体某种需要的目标，心理学将其称之为诱因。如果说需要是激发动机的内在条件，那么诱因就是它的外在条件。

在上述基本动机激发模式的基础上，心理学家们开展了大量研究，从不同角度提出了激发动机的理论，大体上可分为三大类。

①内容型激励理论。着重研究激发动机的诱因。由于理论的内容都围绕着如何满足需要进行研究，故又称为需要理论。主要包括：马斯洛的"需要层次论"、赫茨伯格的"双因素论"、奥德弗的"ERG理论"以及麦克利兰的"激励需要理论"等。

②过程型激励理论。着重研究从动机的产生到采取具体行动的心理过

程。这类理论都试图弄清人们对付出努力、功效要求和奖酬价值的认识,以达到激励的目的。主要包括:佛隆的"期望理论"、波特和劳勒的"期望模式"、亚当斯的"公平理论"等。

③强化型激励理论。着重研究激励的目的的理论,激励的目的正是为了改造和修正行为。主要包括:斯金纳的"强化理论"等。

此外,波特-劳勒等人综合和概括了上述三类理论,提出了综合激励模式,对克服上述理论的片面性有重要的意义。

这些理论的确立,对今天企业的管理特别是激励模式的有利促进具有十分重要的意义。

2. 内容型激励理论

内容型激励理论,主要是围绕激发人们动机的诱因来展开研究的。这一理论又称为"需要理论"。

(1) 马斯洛的需要层次论

美国心理学家阿尔布汉姆·马斯洛(A. Maslow)最早提出来的需要层次论,是一个受到广泛关注的激励理论。他于1943年在《人的动机理论》一文中,把人的需要分成生理需要、安全需要、友爱和归属的需要、尊重的需要、自我实现的需要五个层次。在1954年他又在《激励与个性》一书中(该书1970年又再版了修订本),在尊重的需要后面又增加了求知的需要和求美的需要,把人的需要分成七个层次。按其重要性依次如下。

①生理的需要。**生理的需要是为维持人类自身生命的基本需要,如食物、水、衣着、住所和睡眠。**马斯洛认为,在这些需要还没有满足到足以维持生命之前,其他的需要都不能起到激励人的作用。

②安全的需要。安全的需要是避免人身危险,并不受丧失职业、财产、食物和住所等威胁。

③友爱和归属的需要。当生理及安全的需要得到相当的满足后,友爱和归属的需要便占据主导地位。因为人类是有感情的动物,人们希望与别人交往,避免孤独,希望与同事和睦相处,关系融洽。人们希望归属于一个团体以得到关心、爱护、支持、友谊和忠诚,并为达到这个目的而做出

努力。

④尊重的需要。当一个人第三层次的需要得到满足以后，他通常不只是满足于做群体中的一员，而是开始产生尊重的需要，它包括自尊和受人尊重两个方面。自尊意味着"在现实环境中希望有实力、有成就、能胜任和有信心，以及要求独立和自由"；受人尊重是指"要求有名誉或威望，可看成别人对自己的尊重、赏识、关心、重视或高度评价"。"自尊需要的满足使人产生一种自信的感情，觉得自己在这个世界上有价值、有实力、有能力、有用处。而这些需要一旦受挫，就会使人产生自卑感、软弱感、无能感。"

⑤求知的需要。人有知道、了解和探索事物的需要，而对环境的认识则是好奇心作用的结果。

⑥求美的需要。人都有追求匀称、整齐和美丽的需要，并且通过从丑向美转化而得到满足。马斯洛发现，从严格的生物学意义上说，人需要美正如人的饮食需要钙一样，美有助于人变得更健康。

⑦自我实现的需要。这是马斯洛理论中最高层次的需要，指的是一种使人能最大限度地发挥自己的潜能并完成某项工作或某项事业的欲望。马斯洛对此有过描述：即使以上所有的需要都得到满足，我们往往（如果不是经常的话）仍会产生新的不满，除非本人正在干着合适的工作。音乐家必须演奏音乐，画家必须绘画，诗人必须写诗，这样才能使他们感到最大的快乐。人们能做什么，就应该做什么，我们把这种需要称为自我实现。自我实现的需要，指的就是使他的潜能得以实现的向往。这种向往可以说成是希望自己进一步成为所期望的人物，完成与自己能力相称的一切事情。

马斯洛认为，人们的上述需要基本上反映了在不同文化环境中人类的共同特点。人类的基本需要是由低级到高级以层次形式出现的，当某一层次的需要得到相对满足时，其激发动机的作用随之减弱或消失，此时上一层次的需要则成为新的激励因素。因而，人类的基本需要是一种有相对优势的层次结构。

从今天的角度来看，马斯洛的理论对企业的管理有其积极的意义。应用马斯洛的需要层次论对员工进行激励的一个重要前提，就是要了解员工的需要到底是什么。在不同国家、不同企业、不同时期以及企业中不同的员工，他们的需要不仅是不同的，而且是动态变化的。**因此，管理者应该经常性地用各种方式进行调查，弄清员工哪些需要还没有得到满足，然后有针对性地进行激励。**

马斯洛的需要层次论是组织行为学中激励理论的基石，得到了广泛的流传。他所提出的人类需要层次性的观点反映了社会的现实，所提出的人类需要自低级到高级逐步满足的次序也大体上符合人的本性。当然国外对其观点也有一些争论，主要是围绕两个问题：某一层次的需要得到一定满足后，是不是一定会削减这种需要？是不是只有低级需要得到满足之后才会有高级需要？大约在原始论文发表10年以后，他曾试图修改某些观点。譬如，他认为人某方面的需要得到一定满足后，往往是增加而不是削减了这种需要；又认为高层次需要也可能在低层次需要被长期剥夺或压抑后出现，代替了过去所主张的只有低级需要得到满足之后才会有高级需要的看法。当然，他对自己原有的一些见解也感到难以确定，指出人类行为是由多方面因素来决定和激发的，是非常复杂的。

（2）赫茨伯格的双因素论

内容型激励理论的又一代表是美国心理学家赫茨伯格（Fredrick herzberg）的双因素论。这一理论是赫茨伯格和他的助手们在匹茨堡地区对会计师群体和工程师群体进行研究后提出的。他们对所在地区9个企业中的203名会计师和工程师采用"关键事件法"进行调查访问，要会计师和工程师们回答两个问题：第一，什么原因使你愿意干你的工作？第二，什么原因使你不愿意干你的工作？通过调查发现，对这两个问题有两类明显不同的反应。人们对组织的政策和管理、监督系统、工作条件、人际关系、薪金、地位、职业安定以及个人生活所需等，如得不到基本的满足，会产生不满；如果得到了则没有不满。这类和工作环境或条件相关的因素被称为保健因素。而人们对成就、赏识、艰巨的工作和工作中的成长、晋升、责任感等，如得到满足，会给人们以很大程度的激励，产生工作的满意感，有助于充分、有效、持久地调动人们的积极性，这些需要得不到满足则会没有满意感。这类和工作内容紧紧连在一起的因素，被称为激励因素。赫茨伯格认为，保健因素不能直接起到激励人们的作用，但能防止人们产生不满的情绪。**保健因素改善后，人们的不满情绪会消除，但并不会导致积极效果，激励因素才能产生使职工满意的积极效果。**

赫茨伯格的双因素论和马斯洛的需要层次论是密切相关的，它们既有联系，又有区别。需要层次论针对人类的需要和动机；而双因素论则针对满足这些需要的目标和诱因。将两者结合起来看，保健因素相当于需要层次中的低层次需要，这些需要的满足仅能消除不满，但不能获得满足。**激励因素则相当于需要层次中的高层次需要，这类需要的满足才能真正获得满意感，真正有效、持久、充分地激励人们。**赫茨伯格的研究在国外也有很多争议，持批评意见的人认为赫茨伯格的研究方法有局限性，因此对他所引申出来的结论也表示怀疑。即使如此，并没有什么人怀疑赫茨伯格对工作激励研究所做出的实质性的贡献。

赫茨伯格的双因素理论对现代企业管理的启示也有其积极的帮助。该理论最重要的意义，是要求管理者必须充分注意工作本身对员工的价值和激励作用。传统的激励方式往往只是注重工资、奖金和工作条件等外在因素，这些办法作用有限甚至难以见效。双因素理论将这些因素归为保健因素，并对此提供了解释，强调管理者要从员工的工作本身上想办法来对员工进行激励。这方面的措施包括如下几方面。

①充分了解员工的兴趣爱好，尽量将员工安排在其喜欢的工作岗位上。很多人可能都会有这样的感受，当做自己真正愿意做的事情时，往往不容易感到疲劳，而且对其他方面的要求不会那么强烈。在现代社会，随着各种物质生活水平的提高，人们将越来越看重工作本身对自己生活和生命的价值和意义。工作如何成为生活的一部分，正越来越成为现代人以及组织行为学家关注的问题。因此，管理者一定要了解员工的需要，有针对性地进行激励。

②在对员工的工作设计上应尽量丰富工作的内容，增加趣味性和挑战性，减少传统工作的单调、平淡和乏味。双因素论应用于企业管理的一项引人注目的贡献就是"工作丰富化"。这是20世纪60年代提出的一种新的劳动组织方式，通过工作丰富化，提高工作本身的挑战性和意义，以激发员工的积极性。

③正确地发放工资和奖金。在我国目前的生活水平下，物质和金钱的

激励作用还是不可忽视的。**问题是要适当地发放工资和奖金，以发挥其激励作用，防止其变成保健因素。**多数组织行为学家强调，金钱激励必须与员工的绩效挂钩，如果两者没有联系，那么花钱再多，对员工也起不了激励作用。而一旦停发或少发，则会造成员工的不满，这时工资和奖金就成了保健因素。如果用工资和奖金反映工人的绩效，那么它们就可以发挥激励作用，也就成了激励因素，这样就可以将企业有限的物质资源充分利用好，以创造更多的财富。

（3）奥德佛的 ERG 理论

ERG 理论是美国组织行为学教授奥德弗（Alderfer）根据已有试验和研究，于 20 世纪 70 年代初提出的一种内容型激励理论。这一理论系统地阐述了一个关于需要类型的新模式，发展了赫茨伯格和马斯洛的理论。他把马斯洛的需要层次压缩为三种需要，即生存（Existence）需要、相互关系（Re-Latedness）需要、成长（Growth）需要。

生存需要指的是全部的生理需要和物质需要，如衣、食、住，组织中的报酬，对工作环境和条件的要求等。这一类需要大体上和马斯洛需要层次中的生理需要、部分安全需要相对应。

相互关系需要是指人与人之间的关系、联系的需要。这一需要类似于马斯洛需要层次中的部分安全需要、全部友爱和归属需要以及部分尊重需要。

成长需要是指一种要求得到提高和发展的内在欲望。不仅要求充分发挥个人的潜能，有所作为和成就，而且还包含开发新能力的需要。这一需要与马斯洛的需要层次中的部分尊重需要和自我实现需要相对应。

奥德弗认为这三种需要之间没有明显的界线，它们是一个连续体。这一理论限制性较少，易于应用。ERG 理论的特点表现在它对各种需要之间内在联系的有说服力的阐述。

①各个层次的需要得到的满足越少，则这种需要就越为人们所渴望。例如，满足生存需要的工资越低，人们就越希望得到更多的工资。

②较低层次需要满足得越充分，对较高层次的需要往往就会越强烈。例如，生存需要、相互关系需要若得到了充分的满足，成长需要就会突出出来。

③较高层次的需要满足得越少，则对较低层次需要的渴求也就越多。

奥德弗还认为，在任何一段时间内，人可以有一个或一个以上的需要发生作用；由低到高的顺序也并不一定那样严格，可以越级上升。

ERG 理论自提出后，除了奥德弗自己做的实验测定外，几乎还没有人对他的理论做过直接研究，也没有什么具体例证足以支持或否定这一理论。不过有很多人认为，ERG 理论是对马斯洛需要层次论的有力补充，这一理论比马斯洛的理论更切合实际。主要表现在以下几个方面。

①马斯洛的需要层次论是基于"满足—前进"的逻辑，认为人较低层次需要相对满足后，会向更高层次需要前进。而 ERG 理论不仅是"满足—前进"，还包括"受挫—倒退"，即较高层次需要得不到满足时，会转向追求低层次需要。

②ERG 理论不认为激发高层次需要一定要先满足低层次需要。人由于其个性、生活经历以及所受教育等影响，可能会使其对高层次需要有特别的欲望。

③ERG 不认为"剥夺"是激发需要的唯一手段。个人成长需要相对满足后，可能会更增加其强烈的程度。

④按照马斯洛的需要层次论，在某一时期，人的五种需要中会有一种需要表现出主导优势。而 ERG 理论则认为，一个人可同时拥有几种需要，而且不一定表现出强度上的多大差别。

一般认为，ERG 理论很好地补充了马斯洛需要层次论的不足，更全面地反映了社会现实。

3. 过程型激励理论

过程型激励理论，侧重于研究人们从动机产生到行为实施的心理过程。主要有佛隆的期望理论、波特－劳勒期望模式、亚当斯的公平理论等。

（1）佛隆的期望理论

美国心理学家佛隆（V. H. Vroom）在托尔曼、列文和阿特肯森早期著作的基础上，于 1964 年提出了期望模式，他把这一理论称为"媒介理论"

或"期望理论",西方国家简称为 VIE 模式,公式是:

$$F = V \times E$$

式中:F 表示动机激发力量;

V 表示效价;

E 表示期望。

期望理论的基础是努力、绩效和从工作绩效中获得报酬这三者之间的关系。该理论中的关键变量有以下几个。

①动机激发力量,简称动力,指个人所受激励的程度,或者说个人在工作中决定要付出多大的努力,也包括其行为的选择和完成任务的内在实力。

②效价是指个人对自己所要采取的行动将会达到的某一成果或目标的偏爱程度,也可通俗地理解为个体对某一预期成果或目标的重视程度和评价高低,是个体对这一成果或目标有用性的主观估计,也就是某人对加薪、晋升、赏识等结果的重视程度。与效价相类似的术语有价值、诱因、态度、期望效用等。当个人希望达到预期结果时,效价为正值;当个人宁可不要出现这种结果时,效价为负值;当个人对达到某种成果或目标不关心时,效价为零。**只有在效价大于零时,个体才会有一定的动力,效价值愈高,动力也愈大**。

③期望指的是某一特定行动将会导致预期成果(或目标)的概率,即个人据其经验对自己所采取的行动将会导致某种预期成果的可能性的主观估计。

④成果是指某一特定行为的最终结果。它可分为一级成果和二级成果。一级成果指的是在工作中付出一定的努力而带来的结果(组织所期望的)。二级成果是个人期望一级成果所带来的后果,是组织所赋予的某种奖赏或报酬。

⑤媒介关系(或称工具性、手段)是指一级成果与二级成果之间的关系:一级成果是为了达到二级成果必须达到的最初目标;二级成果是个人在某一行动过程中最终希望达到的目标。一级输出被看成是二级输出的媒介(或称工具性、手段),是一个过渡性概念。这也正标志着个人对一级成果和二级成果之间内在联系的认识。例如,某人想提升,他认为良好的工作业绩可以获得提升,于是他加倍努力,希望自己能出色地完成任务。

这里，提升是二级成果，良好的工作业绩是一级成果，是导致提升的可能性，即工具性或手段。虽公式中没有反映出工具性或手段这一变因，但事实上它已包括在效价（V）中了。

佛隆的 VIE 模式问世以来，对期望理论的探讨研究方兴未艾，概括起来大致有以下三种观点。

①努力→行为绩效和行为→报酬这两种期望的大小，一般认为与个人行为和满足程度的输出成正比。

②个性因素看来对个人期望和效价观念有某种影响。

③期望理论在期望和效价结合在一起时（倍增式或加法式）同第一种观点所提到的两种变量关系相比，对行为绩效和满足程度的预见力没有明显的提高。

尽管这种理论的研究工作比起内容理论的研究更令人鼓舞，但也遇到了许多问题：一是由劳勒（Lawler）和萨特尔（Suttle）指出的，期望理论的复杂程度已超过用来检验理论的手段的复杂性，期望理论中的各种变量，一般都是用调查表形式获得的，而每个研究人员的调查表往往很不相同，因此也就不能完全保证都有科学根据；二是由于模式过于复杂，很难进行全面的试验；三是人们在做出努力之前，还要按照模式的要求在内心进行复杂的计算。另外，动机也要受到个性和个人价值观的影响，对有关的几方面关键概念尚有待更进一步的研究。

尽管期望理论存在着明显的问题，但在管理实践中仍有一定的指导意义，主要体现在以下几方面。

①管理人员可以通过训练、指导和参与制订各种技术培训计划的办法弄清楚下属人员的努力→行为绩效期望，进而提高他们的期望水平。

②报酬应直接并明确地用于奖励那些对组织有重要作用的行为。这一点对于企业的奖励制度尤其重要，特别是，当你要表明对某个人的行为的奖励是有一定的条件时。

③每个人对他们能在工作中得到的奖励有不同的价值观念。因此，管理人员应注意把组织奖励与满足职工个人愿望结合起来。另外，**期望理论的基本思想可以帮助管理人员解释职工行为的倾向，加强组织对个人动机行为的影响。**

(2) 波特-劳勒期望模式

美国心理学家波特（L. Porter）和劳勒（E. Lawler）提出的波特-劳勒的期望模式是对佛隆理论的发展。他主要是将期望（E）细化，将其分为努力导致绩效（E→P）的期望和绩效导致结果（P→O）的期望两类。也就是说，个人努力的程度等于努力导致绩效（E→P）的期望、绩效导致结果（P→O）的期望以及个人对最终成果的效价（V）这三者的乘积。用公式表示为

$$E = (E \to P) \sum [(P \to O) V]$$

式中：E 表示个人所做的努力；
　　　P 表示工作绩效（组织目标）；
　　　O 表示成果（个人目标）；
　　　V 表示成果对人的吸引力大小（效价）；
　　　(E→P) 表示个人对努力导致绩效的期望值；
　　　(P→O) 表示个人对绩效导致成果的期望值。

波特-劳勒的期望模式如图1-4所示。

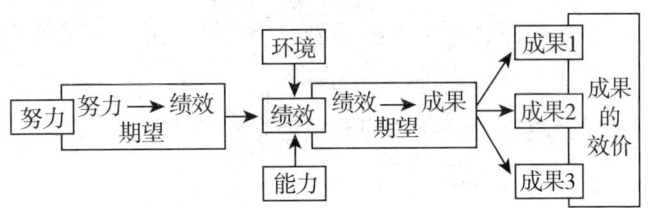

图1-4　波特-劳勒的期望模式示意图

结合佛隆的期望理论，管理者要将员工积极性充分调动起来，有以下几个措施。

①根据员工的需要设置报酬和奖励措施（提高V）。要激发员工力量，必须提高各种报酬和奖励措施在员工心中的价值。为此，首先是要调查了解不同员工的需要、偏好，根据不同的需要给员工设定报酬和奖励方案，让员工可以选择。譬如，对年轻员工来说，可能更喜欢得到进一步培训深造以及外出旅游的机会；中年员工可能更喜欢得到经济上的报酬；老年员

工可能更喜欢各种送温暖和关心活动。**另外，效价也会随着个人所处的时间和场合的不同而变化，管理者应该动态地了解和把握这些变化。**

②给员工创造良好的工作条件，增强其达到目标的信心（提高 E→P）。要使员工激发力量，必须提高他们对达到目标的信心。为此，首先要根据员工的能力和外部条件，合理地给员工设定有一定难度但又是可以经过努力达到的目标。另外，要给员工创造工作条件，投入所需要的人、财、物资源，这样员工才会信心百倍、干劲十足地去工作。

③建立奖罚分明的制度，提高员工的工作热情（提高 P→O 或 I）。除了要提高员工对达到组织目标（相当于一级成果，例如，生产指标、工作任务等）的期望值外，还要提高他们对其完成组织目标后达到个人目标（相当于二级成果，例如，金钱、安全、认可、成就等）的期望值。只有这样，他们的积极性才会被真正地调动起来。为此，必须在组织中建立奖罚分明的制度，这样就会增强员工的工作热情，使他们感到有奔头。

（3）亚当斯的公平理论

1963年，美国心理学家亚当斯（J. S. Adams）提出了公平理论，这是对过程型激励理论内容的重要补充和丰富。公平理论描述了一种工作环境中常见的现象：职工们对自己是否受到公平合理的对待十分敏感，个人在组织中更加注意的不是他所得报酬的绝对值，而是与别人相比较的相对值。从某种意义而言，工作动机激发的过程，实际上就是人与人之间进行比较，作出判断并据以指导行动的过程。

在组织中，员工对自己是否受到公平合理的对待是十分敏感的，他们有时更关注的不是他所获得报酬的绝对值，而是与别人比较的相对值。**人们往往喜欢不断地与他人进行比较，并对公平与否的程度作出判断，从而调整自己的工作积极性。**可以用下面的公式表示：

$\frac{O_A}{I_A} = \frac{O_B}{I_B}$ 报酬相当，A 感到公平（满意）

$\frac{O_A}{I_A} > \frac{O_B}{I_B}$ A 报酬过高，A 感到自己多得（满意）

$\frac{O_A}{I_A} < \frac{O_B}{I_B}$ A 报酬不足，A 感到不公平（不满意）

这里：A，B表示相比较的两个个体。

O（output）表示个人通过某项工作从组织中得到的报酬或产出，譬如：工资、奖金、提升、表扬、尊重、工作的乐趣等。

I（input）表示个人对该项工作所投入的努力或代价，譬如：时间、产量、质量、学历、职称、技术等级、职位、社会地位、资历、对工作的投入（努力程度）、对组织的忠诚、年龄、性别等。

$\dfrac{O_A}{I_A}$表示个体A"所得的报酬"与"所投入的努力"之比。

$\dfrac{O_B}{I_B}$表示个体B"所得的报酬"与"所投入的努力"之比。

式子具体显示了A与B相比较后所出现的三种基本心理状态。

其一，A、B两者比例相等，即报酬相当，都感到公平。此时员工受激励的状态不变。

其二，A与B比较报酬过多，A感到自己得的多，一般都会感到满意，受到激励。

其三，A与B比较报酬过少，A感到不公平。这时员工可能出现的情况是：①心理挫折和失衡；②改变投入；③要求改变产出；④改变对自身的看法；⑤改变对他人的看法；⑥改变比较对象，与一个更差的人比较，或自我抚慰，与自己不如现在的过去进行比较；⑦离开现在的环境，进入新的组织去工作。

员工产生不公平感的原因是多方面的。第一，组织在客观上确实存在不合理分配的现象。第二，不同员工在投入和所得上存在不可比性，人总是过多地估计自己的投入和别人的所得。第三，不同员工对投入和产出的认知不同，他们总是挑选对自己有利的方面与人进行比较。第四，组织中的一些绩效考评和奖励制度不透明，暗箱操作，增大了员工的猜测和不公平感。

公平理论对现代企业管理的启示有以下几点。

①要重视了解员工的公平感。无论在西方国家还是在我们中国，公平比较都是客观存在的现象。我国由于多年的计划经济和"大锅饭"的影响，人们的公平比较心理较重。尤其是在改革开放、各种经济形式并存的

今天,"红眼病"情况有时还很普遍。因此,**作为管理者,首先要注意了解员工的公平感,从而对症下药。**

②建立赏罚分明的制度。员工的不公平感有时确实是因为组织没有合情合理地奖励员工,存在着有功者不奖,而无功者领赏的不良现象。当组织中不良的现象和行为(如照顾个人情面、拉帮结派、徇私舞弊等)较多时,员工就会产生不公平感。**组织只有消除这些不合理的现象,建立赏罚分明的制度,才能让广大员工真正感到公平。**

③实行量化管理,增加透明度。公平感很大程度上源于员工的主观感受,人们总是倾向于认为自己得到的比别人少,而付出的比别人多。因此,如果能在绩效考评和奖励制度上实行一定程度的量化管理,做到一切都可以打分计算,并提高整个工作的透明度,那么员工就会心服口服。但是,实行量化管理和增加透明度会给一些领导的权力造成冲击,因为有些领导的权力往往就来源于他们暗箱操作、主观人治的过程。因此,要在企业中实行这种制度,阻力还是很大的。

这里要提一点,由于各国文化的不同,在西方一些企业,有时采用用"信封"发工资的形式,以消除人们的不公平感。但在我国,这恐怕很难实行,因为它可能使员工产生更多猜测,不公平感更强。

④战略为主,平衡为辅,加强对员工的教育。在一个组织中,由于操作中的因素以及人们认知的差别,做到绝对的公平是不可能的。**组织一方面要从自身最重要的战略需要出发来建立制度,另一方面要适当地采取平衡和补偿的策略。**另外,还要加强对员工的思想教育,加强沟通,将员工的不公平感造成的负面影响降到最低程度。

4. 强化型激励理论

以研究激励为目的,重在改造和修正行为的激励理论,被人们称为强化型激励理论。

美国哈佛大学教授斯金纳(B. F. Skinner)的强化激励理论以操作性条件反射论为基础,认为当行为的结果有利于个人时,行为会重复出现,心理学称之为"强化";反之,行为就会削弱或消退。**凡能增强反应强度的刺激物称为强化物,人们可以通过控制强化物来控制行为,求得行为的**

改造。

在管理中运用强化理论以改造个体行为,一般有以下四种方式。

①正强化。指用某种有吸引力的结果,如认可、赞赏、增加工资、奖金、提升等或创造一种令人满意的环境以表示对职工某一行为的奖励和肯定,从而使职工在类似条件下重复出现这一行为。

②负强化或回避。预先告知某种不符合要求的行为或不良绩效可能引起的后果,允许职工通过按要求的方式行事或避免不符合要求的行为来回避令人不愉快的处境。

③自然消退。取消正强化,对职工的行为不予理睬,以表示对该行为的轻视或某种程度的否定。

④惩罚。指用某种带有强制性、威胁性的结果,如批评、降薪、降职、罚款、开除等,创造一种令人不快乃至痛苦的环境,或取消现有的令人愉快和满意的条件,以示对某一不符合要求的行为的否定,从而消除这种行为重复发生的可能性。

在管理实践中,惩罚往往不可避免,但在使用时管理人员必须记住,惩罚并非目的,应力求严肃认真,实事求是,处理得当。为减除惩罚的副作用,应采取惩罚与正强化相结合的办法。**在运用惩罚时,要告诉职工应该怎样做。在员工出现有所改正的表现时,管理者应随即加以正强化,使之得到肯定及巩固。**

此外,强化的时间安排,同样可影响职工的行为。强化的安排大致可分连续和间断两大类,前者指某一行为每出现一次就给予强化,后者指在某一行为出现若干次后才给予强化,或行为出现到一定数量后给予强化。

在管理上可以用强化理论来影响员工的行为,使其朝有利于组织目标实现的方向发展。这里需要考虑以下几方面的问题。

①强化方式的正确选择。员工的年龄、性别、个性特点、地位、心理需要和承受能力都不同,组织应该根据不同的情景选择合适的强化方式。按员工心理可接受的程度,这几种方式的排列顺序依次为正强化、负强化、自然消退、惩罚。他们最愿接受的方式当然是正强化,所以要尽量避免使用惩罚的方式。当企业有时不得不使用惩罚的方式时,一定要告知事情的原因和真相,让其心服口服,并告诉他们正确的方式,还要将惩罚和

正强化二者结合起来,当员工出现有所改正的表现时,应及时给予正强化,使之得到肯定及巩固。

②正确选择强化物。要根据员工的需要和特点,正确地选择正反两方面的强化物。譬如,在正强化时,根据需要,可采取的奖励措施有:绩效工资、公开表扬、对工作更大的选择权、更多的发挥潜在能力的机会、更大的权利或发言权等。在惩罚时,可以有降低工资、公开批评、降低职位等。

③正确选择强化时间。选择强化的时间段时必须注意要在最适合于强化的时期。譬如,很多教育培训项目往往是选择在组织中刚来新人时(如公司进来新雇员、学校新生刚入学)或组织的转变时期。这时进行强化和行为改造,员工心理容易接受,行为容易改变,组织所花时间和费用最少,效果最佳。

④强调员工的社会学习(间接行为改造)。在行为改造的方式上,还要强调员工的社会学习,即人们通过观察他人的行为并识别其结果,然后改变自身行为。譬如,组织对以往发生的一些重大安全事故或不良现象,反复地以各种方式告诉员工,让员工从这些人的事情和教训中学习。如果让员工从自身的行为中来认识某种安全操作道理,显然代价是很高的。

5. 综合型激励理论

综合型激励理论是对内容型激励理论、过程型激励理论和强化型激励理论这三类理论的概括和综合,较全面地反映了人在激励中的心理过程。较为广泛流传的有波特-劳勒综合型激励模式和迪尔综合型激励模式。

(1) 波特-劳勒综合型激励模式

1968年,波特和劳勒提出了综合型激励模式(见图1-5)。20世纪70年代,该模式得到了进一步的完善。**这一模式是将行为主义激励论的外在激励和认知激励论的内在激励综合起来的新模式。**内在激励的内容包括劳动报酬、工作条件、企业政策等;外在激励的内容包括社会、心理特征的因素,如认可、人际关系等。

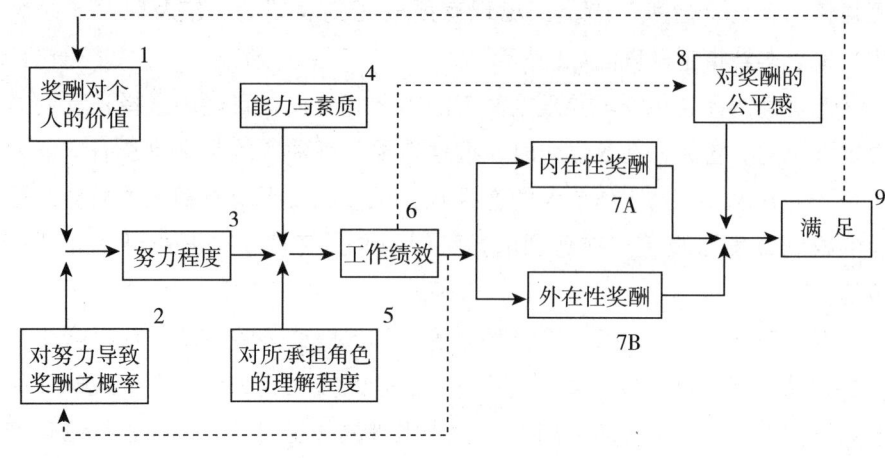

图1-5 波特-劳勒激励模式

波特-劳勒激励模式的主要变量如下。

①努力程度是个人所受到的激励强度和所发挥出来的能力。它综合取决于个人对某项奖酬的价值的主观看法以及个人对努力将导致奖酬可能性的主观估计。

②奖酬是绩效所导致的奖励和报酬（例如，工资、奖金、提升、认可、某种荣誉等）。波特和劳勒认为内在性奖酬更能带来真正的满足，并与工作绩效密切相关，此外，公平感也会受到个人对工作绩效自我评价的影响。

③工作绩效是工作表现和实际成果。工作绩效不仅仅取决于个人所做出的努力程度，而且也有赖于一个人的能力与素质（如必要的业务知识、技能等），以及对自己所承担角色应起作用的理解程度。

④满足是个人在实现某项预期目标时所体验到的满意感觉，它是一种态度，一种内在的认知状态。在各种内容型模式中，它被看成是各种内在因素诸如潜在的责任感、胜任感、成就感等的总和。而在波特-劳勒模式里，满足仅被认为是上述诸变量之一。

该模型的焦点在于努力，即个人在实施工作行为时，所表现出来的力量。而努力的程度又受到个人的能力与素质、组织环境变化因素以及个人对奖酬的效价、对努力导致绩效而获得奖励的概率的主观估计。报酬的体现又以行为绩效所带来的满足程度高低为基础，需要由满足来实现，于是满足也成了激励机制的一个重要组成部分。

自从人际关系理论运用以来，一直存在着对满足与绩效之间关系的争论。内容型理论曾含蓄地假设满足能导致绩效改善，而不满足将会招致绩效的降低。赫茨伯格的双因素论充分地论述了工作满足的理论，但并未阐明满足与绩效的关系。过程型激励理论，如佛隆的期望模式中，虽在"效价"中隐含满足的因素，在努力导致的奖酬中含有绩效之意，但也没有明确涉及满足与绩效的关系。波特和劳勒的综合激励模式概括了前人的研究成果，明确指出了激励、绩效和满足都是独立的变量，满足取决于绩效，甚于绩效取决于满足。

波特和劳勒通过资料研究认为，传统的观念是满足导致绩效，但实际上可能是绩效导致满足。

(2) 迪尔综合激励模式

迪尔（W. R. Dir）教授于1981年提出了用数学公式表示的综合激励模式，公式如下：

$$M = V_{it} + E_{ia}(V_{ia} + \sum_{i=1}^{n} E_{ej}V_{ej})$$

式中：i 表示内在的；

e 表示外在的；

t 表示工作任务；

a 表示完成；

j 表示外在奖酬的项目（j=1，2，3…n）；

M 表示某项工作任务的激励水平；

V_{it} 表示该项活动本身所提供的内在奖酬的效价；

E_{ia} 表示该项活动能否达成任务完成的期望值，即对任务完成可能性的主观估计；

V_{ia} 表示对工作任务完成的效价；

E_{ej} 表示任务完成能否导致获得某项外在奖酬的期望值，即个人对获得某项外在奖酬可能性的主观估计；

V_{ej} 表示表示该项外在奖酬的效价。

迪尔模式用于激励的定性分析，找出了激励职工的有效途径，具体如下。

①提高 E_{ia} 的有效途径如有计划地培训职工，提高其完成任务的工作能力；为职工创造完成任务的良好条件，帮助他们克服工作中所遭遇的困难；重视对工作效果的及时反馈，以便迅速采取纠正措施。

②提高 E_{ej} 主要靠认真执行按绩效付酬的原则，赏罚分明，处事公正，建立起信誉，奖酬政策要制定得当并有一定的透明度。

③提高 V_{ej} 要根据个体的需要、爱好、重视程度的不同，有针对性地采取切合实际的奖励措施。国外一些公司常通过召开职工座谈会和进行职工需要调查来了解有关情况。

④V_{it} 及 V_{ia} 的提高则主要有赖于适当改变工作的某些特性，其主要途径是扩大和丰富工作内容，赋予更多的责任、权限和挑战意味；尽量减少和避免工作任务的不明确，努力使工作本身就为人们提供更多的交往机会，以满足其社交和情谊的需要。

虽然要将这一公式的变量加以定量化是有困难的，但用于定性分析却有相当的实用意义。**它简明地阐述了影响激励的所有因素及其相互关系，提供了预测人们需要及其满足需要的手段和途径的成功范式。**

（3）综合型激励模式对企业管理的启示

①综合激励模式使我们认识到，对员工的激励是一个十分复杂的问题。在企业的实际管理工作中，针对员工的积极性方面出现的问题，我们要善于从不同的角度来考虑激励的方式，查出造成问题的原因。这些问题可能主要是由某个方面的因素造成的，也可能是由几个不同方面的因素同时作用造成的。**管理者要学会利用不同的理论，从不同的角度来解决问题。**

②任何一种综合激励模式都很难包容一切。该模式尽管包含了几种不同的理论，但实际上主要反映的还是期望理论，而强化理论就反映得不够。另外，一种综合激励模式包含的理论越多，那么它对每种理论反映得就越粗略。

③现实问题往往是越来越复杂的。作为管理人员，一方面要善于应用目前的四种激励理论来分析现实问题，另一方面还要善于在解决现实复杂

管理问题的过程中，不断创新，发展新的激励理论。

　　实际上，对于具体的管理实践而言，任何一种激励理论都是不完美的，需要管理者根据实际情况，针对不同的背景和对象灵活而综合地加以运用。

第二章
激励员工的原则与辩证法

方法不能代替效果，制度不等于目的。企业建立了激励制度，管理者掌握了激励的方法，也并不等于就能够有效地激发员工。如果没有一些科学的方法作指导，没有一定的规矩来制约，企业管理就可能陷入激励的误区，甚至走向有效的反面，与管理者的初衷背道而驰。有效的激励，需要管理者遵守激励的原则，运用辩证的观点来进行。管理者必须分析各种可能的后果，把握好"度"，唯有循此去激励员工，才能最大限度地激发员工的积极性和热情，从而达到最佳的激励效果。

一、激励员工需要遵循的原则

激励理论认为，人是有不同层次需求的，需求刺激了动机，动机产生了行为；当低层次的物质需求得到满足之后，人们就会追求更高层次的精神需求。根据这一理论观点而衍生出的激励管理，要求管理者遵循一定的原则，运用不同的激励手段，以满足下属的各种需求，激发下属的工作热情，进而保证组织目标的实现。

1. 实事求是的激励原则

实事求是，源于《汉书·河间献王传》。唐代学者颜师古曾注实事求是："务得事实，每求真是也。"意思是：务必要找到事实作根据，以求得正确的结论。毛泽东同志对实事求是的解释更加精辟、透彻、准确。他说，"实事"就是客观存在着的一切事物，"是"就是客观事物的内部联系，即规律性，"求"就是我们去研究。

激励既然是管理企业，调动一切积极因素，约束一切不良行为的必要手段，那么坚持实事求是，就是首要的原则。

激励要实事求是，包括三个方面的含义：一是客观存在的事实；二是对事实必须进行全面系统的研究；三是在弄清事实、经过分析研究的基础上，确定事物的性质。这三方面是辩证的统一体，忽视任何一方，都不可能正确地实施激励，都发挥不了激励应有的作用。

举一个大家很熟悉的例子就能说明激励要实事求是的重要性。

20世纪50年代，我国完成社会主义三大改造后，在没有充分地、全面地、系统地研究我国国情和生产力水平的前提之下，盲目提出"大跃进"口号，激励全国人民超英赶美，跑步进入共产主义社会，结果很快就遭到了失败，产生很大的消极影响，对我国的经济建设造成了巨大的危害。究其原因，我们虽不能否认激励人民生产积极性的必要性，但脱离实际的激励必然是海市蜃楼，结果南辕北辙。

这是从国家这样一个大的角度来说明激励要实事求是的重要性，我们也可从企业角度得出同样的结论。

某一企业为了鼓励销售人员提高业绩，增大销售额，在销售人员之中实施奖励以推动大家的竞争，从而扩大企业利润。某销售员和领导关系不错，但其销售业绩不怎么样，但为了取得奖金，他谎报实情，虚报账目，想利用领导对他的信任，骗取奖金。领导在对他奖励时也没有调查研究，就发给了他。事后，那些业绩较好的员工知道实情后，心中很是不满，积极性大减，极大地影响了销售额。最后企业不但没有实现激励的目的，扩大销售收入，反而销售收入大减，让企业领导大为不解。

分析其原因，就是领导激励没有做到实事求是。

在企业激励中要坚持实事求是的原则，必须做到以下几点。

①从事实出发。激励对人们的行为实行奖惩，必须从客观存在的事实出发，而不是从主观想象出发，也不是从上级授意的指示出发，更不是从书本上的概念出发，而是应该把有血有肉的、有情节的、活生生的事实作为激励的依据。

②调查研究。事实既然是激励的主要依据，那么首要的任务就是要把事实搞清楚，把性质搞准确，把细节搞全面，去伪存真，去粗取精。道听途说不行，一知半解不行，似是而非更不行，必须以清清楚楚的、真真实实的、明明白白的事实决定奖惩，决定怎样奖、怎样惩，决定奖到什么程度、惩到什么程度。

③以发展变化的观点分析问题。激励是一种手段，也是一个过程，事实是发展变化的，激励的方式方法、标准条件也应随之发展变化，一定要全面、辩证地把握发展变化的事实，看趋势，看发展，看后劲，决不能孤立地、静止地、片面地把过程中的事物凝固化、断裂化。只有用发展变化的观点观察、分析、对待事物，才能从根本上准确地把握激励的原则、方式方法和手段。

④用实践检验。实践是检验真理的唯一标准。激励使用得是否正确，作用发挥得如何，不在运用激励手段开始和实施的过程之中，而在激励结束之后。**只有经过实践的检验，才能看出激励是否真正把握了实事求是的原则。**那种只顾前不顾后，不管实践的结果如何，为激励而激励的做法，不是真正的实事求是。

在激励工作中，要坚持实事求是的原则，必须在"真、实、深、细"四个字上狠下功夫。还要避免或克服以下几种不正确的情绪，姑且称之为"四不要"。

一不要先入为主。不能凭管理者的主观印象来处理问题。二不要看背景。如果实施激励受势头来头的左右，就不可能实事求是，激励的准确度就必然发生偏差，其作用也难以发挥。因此，正确实施激励，一定要做到只求事实过硬，不看权势大小。三不要掺杂私心和个人恩怨。这一点是不言自明的，私心和恩怨必然导致管理者自觉不自觉地偏离中心线，扭曲或背离客观存在的事实。只有在排除任何私心和恩怨的情况下，激励才能充分体现出客观性和准确性。四不要粗心和马虎，粗心和马虎是一切工作的大敌，也是激励员工的大忌。事实的偏离、性质的误差、情节的遗漏、工作的不到位必然在粗心和马虎中产生，这对激励要实事求是、一切从实际出发的原则极为不利，必须坚决予以克服，否则后患无穷。

2. 公平公正的激励原则

公平公正是激励的一个基本原则。如果不公正，奖不当奖，罚不当罚，不仅收不到预期的效果，反而会造成许多消极影响。

为了使激励真正做到公平公正，在实践中必须注意以下几点。

（1）激励的程度必须与被激励者的功过相一致

在实际中，赏与功相匹配，罚与罪相对应，既不能小功重奖，也不能大过轻罚。

功过相一致是公平公正最起码的要求之一。**激励本身和激励的社会功能都是对人们行为的一种估价和评判。**亚当斯的公平理论认为，当一个人感到他所获得的激励与他投入的努力、所做出的贡献或与他的不良行为造成的损害比值相等时，就有了公平感，从而产生积极作用或约束作用；而赏罚不公平，就必然滋长消极情绪，或者产生破罐子破摔的思想，达不到激励的目的。

（2）激励必须做到标准的一致性

即在实际的管理过程中，赏罚要做到铁面无私、不论亲疏、不分远近、一视同仁；不分好恶恩仇，一样对待；不分上下左右，一个标准。

企业管理者应该懂得：**公平公正的赏罚也是赢得员工的心，争取员工支持，并让员工为企业的发展做出更大贡献的基础和不竭之源泉。**

（3）机会均等，创造平等的竞争环境和条件

激励不仅是对人们行为的估价和评判，更重要的，它还是人们的行为过程的综合体现。**社会的条件、机会和环境对人们必须是均等的，也就是说必须让人们站在同一起跑线上。**起跑线不同，行为结果必然不同。如果不问起跑线的差异与否，只凭行为结果确定激励，表面上貌似公平，实际上则是不公平、不公正的。在困难重重的条件下和在一帆风顺的条件下，取得同样的结果，若只看结果的话似乎应给予同样的奖励；然而实际上由于付出的不同，这样的奖励肯定会打击员工的积极性。事实上，具体情况具体分析，我们应加强对前者的奖励，降低对后者的奖励，这样才能真正做到公平公正。

（4）激励要民主化和公开化

民主和公开是公正的保证，没有民主和公开就没有公平公正。俗话说："群众的眼睛是雪亮的。"谁好、谁劣、谁善、谁恶，群众一目了然。任何事情只有让群众参与评估和监督，才能从根本上保证其正确性。

企业在民主与公开化的过程中，自然会形成公平与公正的作风和机制，这反过来又推动了企业的民主化和公开化。企业在这一良性循环中能够不断取得能源和动力，从而推动企业向前发展。

（5）激励绝不是搞平均主义

公平公正的关键环节有三个：让所有的人处于同一起跑线；在过程中提供同样的条件和环境；结果用统一标准来衡量。

吃"大锅饭"、搞绝对平均主义，只会产生消极影响，使激励失去应有的内涵，在这一点上我们有着惨痛的历史教训，我们一定要记牢。

3. 及时适度的激励原则

我们做每一件事，都必须注意把握好时机，"机不可失，时不再来"。

在激励中，如果我们能够敏锐地察觉、巧妙地运用"时机"进行激励，往往激励的效果会倍增；相反，反应迟缓，优柔寡断，不但会错失良机，起不到激发人们积极性的作用，而且很可能把事情办糟。**同样是激将式激励，如果能见机行事，在客观条件成熟时运用，寥寥数语便可达到你所要达到的目的。**否则，出言过早，时机不到，"反话"容易使人泄气；出言过迟，良机错过，又成了"马后炮"，达不到预期目的。

管理者所要激励的员工，是一个有思想、有感情的人。因此，激励的时机要及时——只要员工一完成工作，马上给予实质的激励。只有激励及时，才能使员工迅速看到做好事的利益和做坏事的恶果，才能真正做到"赏一劝百，罚一警众"，产生震撼和轰动效应。

但及时激励并非单纯求快，不能机械地设定不差时日的时限。及时的前提在于激励的正确、明确和准确。如果激励事实失误、性质不准，及时不但毫无意义，而且可能带来不良后果。

企业是讲求效益的，其目的是追求利润的最大化，而员工自身业绩的最大化，本身就是企业利润最大化的基础。因此，**管理者必须把握激励的及时性原则，以充分调动员工的积极性，使员工的业绩能够达到最大化。**那种认为"有了成绩跑不了，年终算账免不了"的想法和做法，往往使激励作用随时机的耽误而丧失，造成激励走过场的结局。

所以，管理者在运用激励手段时一定要注意以下几点：

其一，切忌无功而赏，无罪而罚；

其二，切忌功大而小赏，罪大而小罚；

其三，切忌功小而大赏，罪小而大罚；

其四，切忌赏罪罚功；

其五，激励的数量不能太多，也不宜太少；

其六，激励必须本着实事求是的原则，具体问题具体分析，不可机械地进行赏罚。

无论是及时原则还是适度原则，在实际的执行过程中，管理者都应辩证地统一两者，及时不适度或适度不及时，激励都会失去应有的意义。

4. 能级适应的激励原则

管理者的任务不在于重新改造员工，而在于使整体的行为能力改善，通过对每一个人所拥有的特长、力气、志气的运用，产生乘数效应。总之，管理者的任务就包含"按才干授责任"这一项。员工激励必须"量才而激"。

能级即能力的强弱级别。在管理体系中，能力强的员工被称为具有高能级，反之具有低能级；对能力要求较高的岗位，称为高能级岗位；对能力要求较低的岗位，称为低能级岗位。所谓能级适应性原则，是指个体能级与岗位能级（角色能级）应相适应。**高能级者应处于较高能级的岗位上，担任高能级角色；低能级的人应处于较低能级的岗位上，担任低能级角色。**对于角色与个体能级不适应的个体，应及时调整，既防止高能级的人担任低能级角色，浪费人才；又要防止低能级的人担任高能级角色，贻误企业目标的实现。

能级不适导致失败的事例不胜枚举。

春秋战国时期，赵国有一位将军，名叫赵括。赵括从小熟读兵书，背得滚瓜烂熟，就自以为天下无敌，曾经与他的父亲、赵国名将赵奢谈论兵法，赵奢也难不倒他，但他的父亲并不认为他有才能。等到秦军进攻赵国，赵王不听赵括之母的劝阻，任用赵括为统帅，率兵抗秦。结果赵括除了嘴皮子练得出众，夸夸其谈，行文对答头头是道外，没有多少实际的作战才能，等一上战场，就不知所措，结果赵军四十万人马全军覆灭，他自己也兵败身亡。

从这个例子中，我们可以看出，作为管理者如果不能"量才而激"，让低能级的人担当他无法胜任的角色，或者是让高能级的人从事低能级的工作，最终要么放走了人才，要么毁掉了事业。

现代企业处于一个复杂的发展环境之中，要贯彻能级适应的原则，首先要区分能级与能质的差别。**能质是能力的类型与性质。道不同，不相为谋；质不同，不相与比。**在实际中，管理者总是容易犯"平行顶替"的错误，特别是在对待业务才能和领导管理才能方面更是如此。如一位技术专家，其业务水平是高层次的，就被认为可"平行顶替"高层次的管理职务。作为管理者必须认识到：领导才能、管理才能也是一门技术，并且与个人的性格、气质有着很大的关系。一个人在其专业领域做出成绩，为了嘉奖就把他提升到一个领导职位上。这对于有领导兴趣、有领导才能的人而言，是一种激励的方式，但对一些无意于仕途的人而言，特别是那些具有特殊专长的人而言，是一种浪费。

其次要注意实现能级在动态中的平衡。能级的平衡是指在员工的能力与工作岗位的要求相符的条件下所达到的员工在各自岗位上的稳定状态。但随着时间的推移，员工的能力和岗位的要求不断变化，因此两者相符的局势就不断地被打破。所以要保持员工的积极性，就必须进行岗位的轮换，以求实现新的平衡。这就要求管理者不断进行调查、考核，及时掌握员工的能级变化情况，评价其对现岗位的适应性，从而及时做出调整，避免对员工和企业造成损害。

5. 按需激励的激励原则

在经济发展水平不同的国家或同一个国家处在不同的时期，每个人对生理、安全、归属、尊重和自我实现的需要是不同的。同样，在一个企业中，因为年龄、个性、性别、职位、经历、教育程度等各方面的不同，员工对不同方面的需要都会有差别。**同一个人，由于时间和位置的变化，各方面的需要也在变化**。因此，动态地掌握员工需要的变化，并根据这些变化制订相应的激励措施，这一直是管理者面临的重要问题。这就是按需激励原则。要做到这一点，需要考虑以下几个方面。

(1) 根据不同的需要，采取不同的激励方法

管理者应依据马斯洛的需要层次论、赫兹伯格的双因素论、奥德弗的ERG理论以及麦克利兰的激励需要理论等，采取不同的激励方法，定期地对员工的需要进行调查，并根据员工的年龄、性别、职务、地位、教育程度等找出各类人员需要的特点。

(2) 要在组织内建立多种多样满足员工不同需要的方法

这包括以下两个方面的含义。

①不同层次的需要都有具体的措施对应。

②对同一层次的需要，要有不同的选项，使员工有挑选的余地。

譬如，对于员工的成就需要，企业可以采用的方式有：给员工安排具挑战性的工作，采纳员工的创新建议，鼓励员工自己设置高标准的目标，让员工选择他最愿意做的工作，在组织中多设置一些职位等级等。

（3）实施报酬制度时，真正建立员工可以选择的制度

近年来，国外推行的自助餐式的福利制度就是适应员工具体要求的一种典型的奖酬办法。它可以让员工根据自身的需要，从公司所提供的报酬项目中，选择自己想要的。**当然，每人所享受的福利待遇，就金额来说，是有一定的标准和限度的。**这种做法，除了事先的安排、计划和会计手续等需要一定的费用外，企业总的福利支出并不增加，但是员工对所得福利待遇的效价提高了，这就为提高工作绩效带来了积极的效果。

6. 优化组合的激励原则

激励策略要优化组合，在空间上相辅相成，在时间上相互衔接，形成综合治理的格局以及积极性的良性循环。这是根据积极性各个影响因素相互联系、相互制约的特点及系统理论，同步配套实施若干项激励措施。这样做可防止顾此失彼，保证激励措施奏效。对员工的积极性同时起作用的各种影响因素，可能是受控的，也可能是自发的；既有积极的，也有消极的，如果只抓一面而不顾其他，其效果很可能会相互抵消。另一方面，可以利用几项措施的结合效果，即系统的"组织效应"。

随着经济的发展，如何激励员工已成为众多管理者面临的共同难题，靠某一种激励方式难以从根本上解决问题，必须从大处着眼，从小处入手，企业和社会一起抓，物质与精神一起抓。在这方面，日本的企业为我们做出了示范。

日本的企业员工干劲较足，这是举世公认的。根据大量的调查研究，日本员工的积极性是在一个配合良好的激励系统中产生的。这个系统主要包括社会性的职业竞争与大企业终身雇佣相结合的就业体制、员工收入与企业经营挂钩的分配制度、以年功序列为基础的人事制度与家族主义的文化传统及企业工会体制等因素。

日本是一个等级鲜明的社会，大企业与中小企业在职业保障、收入和福利方面差别明显。只有少数劳动者可以进入条件优越的大企业，因此就业人员为争取进入大企业而竞争，大企业则获得了优选劳动力的机会。大企业再实行终身雇佣制，就使员工在优越感、自豪感之外，又产生感激之情，从而产生忠诚心和干劲。为保持企业生产经营变化时对劳动力需求的弹性，日本企业一方面实行妇女非固定职业制，另一方面利用下属中小企业调节自身的工作量，并不断培训自己的员工，以适应新的工作需要。

日本企业还实行集体分红制，分红数额在员工的收入中占相当大的比重，它与企业的经营状况直接有关。这不仅促使员工关心企业的生产经营活动，而且可以在企业不景气的时候直接减少劳务费用而不解雇员工。

日本企业在工资、职务晋升方面强调员工的年资，尤其是在企业的工龄，从而使大多数员工忠于企业，勤恳工作。为了防止压抑人才，对那些年轻有为的员工则委以重任。

日本企业管理有浓厚的家族色彩，企业中各种联络感情、超越地位界限的非正式团体非常活跃；各级领导被要求关心下属直至他们的家庭生活。他们还实行大办公室、公共食堂，以密切上下级关系。名目繁多的民主管理形式，如合理化建议、TQC 小组、自主管理等，增强了员工的凝聚力。日本实行企业工会制，管理当局常与工会一起协商企业政策，不仅避免了劳资纠纷，还利用工会做员工的工作。

以上各项措施若单独使用，也许不一定有多大效果。但结合起来，就形成了对劳动者来说既有压力，又有动力的环境。

在实践中，调动员工的积极性还应按照积极性和环境系统的动态性质和因果关系，相继采取合理的措施，以促进员工的积极性沿着优化的方向循环运动。只有这样做，才能使员工不断受到正向激励，提高抵抗消极因素干扰的能力，同时可以取得激励的累积效果。

二、掌握激励员工的辩证法

1. 内在激励与外在激励要统一

传统的激励办法是以各种物质刺激和精神刺激为手段，根据员工的绩效给予一定的工资、奖金、福利、提升机会以及各种形式的表扬、认可和荣誉等。这些激励都与工作本身并不直接相关，只是作为对于员工付出劳动的补偿，因而称为外在激励。赫茨伯格提出的双因素论认为，这些物质和精神上的激励都属于"外在激励"，它对人的激励作用是有限的，而人们"对工作本身的兴趣以及从中得到的快乐"才对人具有根本性的激励作用。这就是内在激励的概念，它包括人们对工作本身的兴趣、工作对人的挑战性、工作中体会到的责任感和成就感、人从工作本身体会到的价值和意义等，都是对人更直接的激励。这些激励属于工作本身，可以激发人们内在的积极性，因而被称为内在激励。麦格雷戈曾说，外在激励的管理思想好似牛顿的力学观点，把人们视为静止的物体，只有依靠外力才能移动。**但人是有机体，有内在动力，运用内在激励，可以得到更强的动力。**

就目前而言，企业经常运用的激励措施有：给员工提高工资，增加奖金；采取各种名目繁多的福利措施，提高员工生活和健康方面的保险；设置各种等级的职位，让员工有奔头；确定各种荣誉称号，让员工好的工作表现得到承认和发扬等。所有这些措施都对员工起着重要的激励作用，然而这一切都只是让员工产生了对企业的满足感，而不是对工作本身的满足感。

很多组织行为学家都认为，让人们从心底里把工作当成一种享受，从中体验到生命的价值和意义，是一种非常高的激励境界。麦克利兰的激励需要理论指出，人有追求成就的需要，如果工作本身能让人们发挥其技能和潜力，那么这种工作本身就可以使人感到满足。这时候，人完成工作任务，取得成就，就是极大的激励，并从中感到极大的满足。**这种从工作本身中产生的内在激励能较长久地维持，使人的受激励水平总是保持在较高水平上。**在实际的管理工作中，有条件的时候要尽量根据员工的兴趣来安排工作，并尽量使工作丰富化，增加趣味性，并让员工有自我管理工作的权力。团队工作是一种很好的方式。让那些对某种技术开发工作有兴趣的青年员工参加团队，给他们以挑战性的工作，提供掌握新技术的机会，还让他们对自己的工作安排和选择有一定的自主权，可以使他们在完成一项工作后得到很强的自我满足感。这些就是对他们最好的奖励。

因此，我们应该将外在激励与内在激励有机地地结合起来，辩证地处理二者之间的关系。当然，在我国经济和社会发展的现阶段，对很多人来说，工作还是重要的谋生手段，外在激励仍然是很重要的，人们很难完全根据自然的需要来选择工作。但不管怎么说，企业还是应该最大限度地进行内在激励，从而取得最好的激励效果。

2. 奖励为主与适度惩罚相结合

人们在社会实践中总会有所长，也会有所短，既会有优点也会有缺点，这是完全正常的。激励的目的是为了调动人们的积极性，提高人们的素质。在实施中如何把握奖惩的比重呢？人们经过长期的、一系列的研究，比较了奖励和惩罚的不同作用。研究证明，奖励总是比惩罚效果好。**对一个人的成就予以表扬，不管这种表扬的性质和态度如何，总比忽视他的作用甚至斥责他要好得多**。对人的行为的积极提示胜于消极提示，鼓励胜于劝阻，提出令人愉快的要求胜于责骂。这是因为，奖励作为一种对人们的正强化的信息反馈，不仅给人们一种愉快体验，而且还给人们某些物质和精神利益的满足，这正是人们所需要和期望的；而惩罚作为一种对人们负强化的信息反馈，不仅给人们一种消极体验，而且还使人们的物质和精神利益受到损失，这是人们所不希望和惧怕的。

虽然奖励和惩罚都是激励实施中不可缺少的手段，对人们成长和发展都有积极作用，但是，从理论和实践的意义上来说，从两者比较的意义上来说，奖励的效果要比惩罚的效果好。**善于发现和强化对象的长处和优点，善于把对象身上的消极因素转变为积极因素，是科学掌握激励理论和方法的表现**。在运用这两种方法时要注意以下几点。

（1）相互结合，不可分割

奖励和惩罚虽然是激励的两种不同的手段，但在实施时常常是密切相连，不可分割的。有奖有罚，有罚有奖；先奖后罚，先罚后奖；奖中有罚，罚中有奖；多奖少罚，少奖未罚，如此种种，都是我们日常激励实践中经常遇到和运用的。

在任何一个企业中，为了调动人们的积极性，为了规范人们的行为，必须同时制定奖励和惩罚条例，并保证严格实行，不得轻视或取消任何一方。

为了保证激励对大家都有作用，在赏罚时，要将赏罚的标准和受赏罚对象的情况向集体成员实事求是地介绍，并施以大家能接受的赏罚形式，帮助大家正确认识赏罚的目的和作用。只有这样才能起到奖励一人，带动全体，处分一人，教育一片的目的。

(2) 以奖为主，以惩为辅

在奖惩的实践中，要有主有辅，有重有轻，不可同等对待，平分秋色。一般来说，奖励的次数宜多，惩罚的次数宜少；奖励的气氛宜浓，惩罚的气氛宜淡；奖励的场合宜大，惩罚的场合宜小；奖励宜公开进行，惩罚宜个别进行；可奖可不奖者，奖，可罚可不罚者，不罚；在制定奖励和惩罚条例时，要考虑到人们的期望值和承受力。奖，经过努力也达不到；罚，经过努力也难免，这样的奖惩条例不能达到激励的目的。在对人们的行为进行考察时，要着眼于发掘人们的长处和优点，而尽量淡化和忽略人们的短处和缺点。

许多经理企业的管理者都指出："工人的缺点知道得越少越好。我们要知道的是他们能做些什么和他们的优点。"正是在这种激励的氛围之中，员工才把公司视为自己的生命，把自己和公司联为一体，几乎没有人想和公司分离。这些思想和行为对其他管理者是有很大启示的。

(3) 物质奖励与精神奖励相结合

物质利益是人们从事一切社会活动的物质动因，在奖励时它无疑十分重要。但是，精神奖励同样不可忽视，精神利益的满足是促使人们自身能力发展完善的重要动力。**物质奖励与精神奖励既有联系又有区别，在奖励时要结合起来。**在现阶段，既不能只给物质奖励，使人们忘记大目标，也不能超越历史阶段，只进行精神奖励。要在不断满足人们物质需要的基础上（包括奖励的内容和形式），不断提高人们的思想觉悟，不断满足人们的精神需求，这样的激励才是完整的和全面的。

3. 相互竞争与共同协作相结合

一个鱼塘里若有少量凶猛的食肉类鱼种，那么整塘的鱼群都很不容易生病，反应极为灵敏，很难抓到。

企业管理也是如此。一个缺少淘汰手段和人才引进机制的企业，就好比是一潭死水，即使开始时再清再亮，日子久了也会变得污浊和没有生机。宁波三星集团股份有限公司正是靠着相互竞争与共同协作相结合和"双向流动"管理，充分调动了员工的积极性。

韩国三星集团实行的"双向流动"管理，其内容为：一方面通过实行竞争用工制度，促使不称职人员"流出去"；另一方面通过实施"资源向人才倾斜"的用人政策，吸引高素质人才持续"流进来"。

为使人员能"流出去"，三星制订了一系列激励淘汰方案及实施细则，以"要用的人一个都不能少，不要用的人一个都嫌多"为指导思想，以本职工作、责任心、廉政建设和基本技能四个方面为考核标准，对员工进行量值化、依据化的综合评审，据此进行人员的优胜劣汰。自这种竞争机制推行以来，三星员工的危机感和忧患意识大为增强。许多员工为在竞争中立于不败之地，纷纷通过学习、钻研技术、参加培训等途径，不断提高自身的综合素质。三星有位五十几岁的老工人，虽然在技术上很有一手，却不会使用电脑，自公司提倡优胜劣汰以后，他专门下工夫学会了电脑的基本操作。三星的一些员工说："三星的发展需要高素质的员工，我们只有不断学习，勤奋工作，才能适应企业的发展。"

我们都知道，在企业的成长壮大过程中，竞争与协作都是最重要的因素之一。一个缺乏协作精神的组织就不会有抵御外来压力的强大内聚力；而一个缺乏竞争的集体，同样不会具有开拓进取、积极创新的氛围。

竞争，可以培植人的进取心，可以使人们表现得更好。竞争之所以具备这种作用，关键在于五个方面：

①竞争能形成一种压力和危机；

②竞争最能适应人的自尊心和满足人的自我表现欲；

③竞争能够发现人才，使优秀的人才脱颖而出，为员工提供平等竞争的机会和舞台；

④竞争能增强员工的自信，从而提高员工的素质；

⑤竞争能培养员工自我强制履行的观念。

竞争是建立在协作基础上的竞争；是在组织内部，为组织的生存与发展增加核心能力的竞争；是为企业建功立业的竞争；绝不是尔虞我诈、钩心斗角、相互倾轧。

在日新月异的今天，任何一个人都不可能真正独当一面，任何任务的完成，任何新产品的研制都需要所有的员工精诚合作。如果一个企业各个部门各自为阵，生产部门埋怨销售部门销售不力致使产品积压，销售部门则埋怨生产部门生产过多，两者相互抱怨，却不去寻找造成这种局面的真正原因，又怎么能期望该企业持续发展呢？

随着经济的进一步发展，协作越来越显示出它的重要性。

一个企业要得到持续的发展，要不断地推陈出新，就需要创造一种良好的协作氛围，让协作的观念深入人心。在竞争中协作，在协作中竞争，辩证地处理好竞争与协作的关系，只有这样企业才能真正成为市场的"弄潮儿"。

4. 严格管理与思想工作相结合

在企业的实际管理工作中，必须辩证地处理严格管理与思想工作相结合的原则。这两方面都是十分重要的。

严格管理包括两个方面的含义。

其一，严格管理是指组织对于员工的工作方法（如各种操作规程）、工作标准（如成本、质量、效率）以及其他工作制度等方面实行严格控制，完全按规定办事，对任何人一视同仁。在我国现阶段，很多经营良好的企业都非常注重严格管理。海尔集团、北京开关厂、邯郸钢铁厂都是这方面很好的例子。

譬如，海尔在管理实践中，逐步形成了 OEC 管理模式（即日清日高管理法），全方位地对每人每天所做的每件事进行控制和清理，做到"日事日毕，日清日高"。具体地说，企业每天所有的事都有人管，做到控制不漏项；对所有的人均有管理控制内容，并依据工作标准进行对照、总结、纠漏，达到对事物发展过程进行每日控制、事事控制的目的。**它具体由目标体系、日清控制体系、有效激励机制三个体系构成**。推行 OEC 管理，使员工的工作目标更为明确，工作热情更高，大大提高了生产效率和产品质量，为海尔成为国内外的知名企业做出了重要贡献。

我国企业没有像西方企业那样经历过很长的工业化发展时期，因此，强调严格管理对我国现阶段企业来说是十分重要的。事实也证明，我国当前很多发展得好的企业，都很强调严格管理。

第二，在评价员工的工作绩效和行为、对员工实施奖励、惩罚或提升时，一切照章办事，赏罚分明，而不考虑任何人情面子，真正实行"能者上、不能者下"。我国现在不少企业，在用人制度上，能根据员工的学历、业绩和能力不拘一格地提拔人才，而不考虑其年龄和资历，这些措施给企业带来了巨大的活力。

所谓思想工作，一方面是指企业在制订各种严格管理标准并据此对员工进行考核的时候，要通过双向沟通让员工理解企业这样做的理由，这样做对企业和个人的价值。只有这样，才能真正使员工从心理上接受这些严格管理方法。另一方面，思想工作强调在对员工进行评价、管理、奖惩和提升的过程中，要考虑员工的心理需要，加强沟通，倾听员工的所思所想，关心员工的切身利益，采用各种形式使员工保持良好的情绪。这一点实际上是配合严格管理进行的。譬如，很多企业实行岗位聘任制度，导致很多以前没有赶上读书机会、没有学历背景的员工下岗。尽管这种严格管理的做法对企业长远发展有利，但在短期内肯定会使一部分人的利益受损。他们会有不良情绪和抱怨，处理得不好甚至还会有过激行为。**因此，管理者应该及时做好有关员工的思想工作，让他们理解企业的意图和难处**。另一方面，还要从别的角度考虑给他们以利益补偿，并帮助他们寻找新的出路。这就是所谓的"无情下岗，有情操作"。只有这样，才能缓解企业在变革时期的矛盾。企业应出一些钱，切实解决员工的困难，关心他们，体贴他们。**这种"感情投资"将会收到回报，员工将以更饱满的热情去工作。**

对企业领导者而言，管理严格很容易，而思想疏通并不容易。一个完整的激励过程，必须把严格管理和思想工作统一结合起来，这样才能真正有效地达到管理的目的。

第三章
对员工的物质激励

　　满足下属物质利益的需求，是激励管理中运用最广泛、最具实际效用的通用手段。人们只有当物质需要得到适当满足后，才会追求更高层次的精神需求。这就需要管理者将物质激励与精神激励结合运用，首先要注重从物质层面上满足员工的需要。而增加工资、提高福利待遇、实行利益分享、选择股权激励等方式的物质激励，都是满足员工基本需求的常规激励手段。巧妙地运用物质激励方式，不但能调动企业员工的高昂士气与工作的激情，还可以吸引外部的高级人才，为企业的进一步发展注入生机与活力。

一、薪酬激励：高薪带来高效率

薪酬作为企业组织对员工所付出的劳动的一种直接回报，是一个员工工作与责任的象征。薪酬的多少标志着一个员工的才能高低和贡献大小，象征着员工的地位和荣誉。具有吸引力的薪酬能有效地激发员工的积极性，促使员工去完成企业的目标，提高企业的效益。薪酬激励不单单是钱的激励，实质上它是一种很复杂的激励方式，隐含着成就的激励、地位的激励等。

1. 薪酬：最有效地激励员工的金箍棒

套用一句时髦的话，"金钱不是万能的，没有金钱却是万万不能的"。同样，在员工激励当中，金钱的激励效力就万万不能忽视或低估。薪酬作为金钱的直接体现，在激励员工的措施中占有相当重要的位置。

（1）薪酬究竟能不能激励员工

薪酬究竟能不能激励员工，这或许是一个显得多余的问题。但实际上，在组织行为学和激励理论的发展过程中，它的确曾是一个焦点问题。在大量的员工态度调查中，员工在回答自己最看重什么，什么激励着他们和让他们感到满意时，所有的答案中薪酬远远排在了后面。**依据双因素理论，薪酬只是保健因素，它只会带来员工的满意感，而对员工的内在激励是有限的。**

随着时间的推移，到了上世纪末，管理学家们重新开始认识薪酬。他们认为薪酬是产生工作动机的媒介，因此薪酬上的员工满意是导致其他满意和产生工作动力的前提和条件。员工所得的薪酬既是对其过去努力的肯定和报偿，也是他们未来努力工作得到报酬的预期，也就是说，激励其在未来也努力工作。

管理学家们提出了很多具有创意的薪酬制度。理想的薪酬制度有三个目的：第一是提供具有市场竞争力的薪酬，以吸引有才能的人；第二是确保组织内部的公平，也就是要做到员工的同工同酬；第三是奖励工作业绩优良者，利用金钱奖赏达到激励员工的目的。赞成使用金钱奖赏的学者们认为，获取金钱是工作的主要目的之一，因为金钱可以维持每日的生活所需；绩效奖金可以强化员工的特定工作行为，例如许多公司在员工达到预定的年度业绩时，用绩效奖金或红利来奖励，利用金钱传达公司对员工的期望。

"有钱能使鬼推磨"这是一句众所周知的流行语言，甚至有人认为："钱在一定条件下能使磨推鬼。"**这并不是说一切都要向"钱"看，只是说金钱在现实生活中具有重要作用。**

薪酬激励的力量是巨大的。在当今，市场竞争激烈，技术日新月异，消费者的需求不断变化，产品的寿命周期日趋缩短。这些都要求一个优秀的企业管理者应该巧妙地运用薪酬激励和其他激励方法来激励下属和员工，使他们围绕企业的总目标，上下一致，齐心合力，来实现企业的最大利润，从而也能最大限度地满足员工的各种需要。

心理学家研究表明，当一名员工仅有较低的岗位工资时，他会积极表现、努力工作，一方面提高自己的岗位绩效，另一方面争取更高的岗位级别。在这个过程中，他会体验到由于晋升和加薪所带来的价值实现感和被尊重的喜悦，从而更加努力工作。这是企业应该尊重的客观事实。

在知识经济时代，薪酬管理更成为现代人力资源管理的重要部分，它对激励员工，提高企业的竞争力有着不容忽视的作用。企业或组织的管理者必须认识到薪酬对于激励员工以及提高企业竞争力的重要意义。

薪酬管理并不是对金钱的直接关注，而是关注如何正确使用金钱。当企业真正获得了生产经营自主权之后，如何搞好企业利润在自我积累与员工分配之间的关系，如何客观、公正、公平、合理地回报为企业做出贡献的员工，从而既有利于企业的发展，又能保证员工从薪酬中获得经济上、心理上的满足，就成为企业自己必须解决的问题。

因此作为企业的管理者，应该树立全方位的薪酬管理意识，并用适当薪酬来激励员工，开发企业的人力资源，做到人尽其才，物尽其用。

（2）薪酬的含义

要进行有效的薪酬管理，首先要了解究竟什么是薪酬。

薪酬是企业对员工给企业所做的贡献，包括他们实现的绩效，付出的努力、时间、学识、技能、经验与创造所付给的相应的回报或答谢。这实质上是一种公平的交换或交易，员工投入了时间、精力、学识、努力和经验，为企业创造了价值，然后收获报酬。

广义的薪酬应包括基本薪资、奖励薪资、附加薪资、福利薪资等。

①基本薪资。基本薪资也叫工资，是薪酬中相对固定和稳定的部分。它以员工的劳动熟练程度，工作的复杂程度，责任大小，以及劳动强度为基准，按员工完成定额的任务的实际劳动消耗而计付的薪资。在不同的国家、不同的企业中，基本薪资所占的比重是不同的，但它一般是薪酬中的主要部分和计算其他部分的基础。因此对于一般的员工而言，这是薪酬最受重视的部分。

②奖励薪资。根据员工超额完成任务量，以及优异的工作成绩而计付的薪资。奖励薪资可以与员工个人的业绩挂钩，也可以与团队（集体、班组）乃至整个企业的绩效相结合。作用在于激励员工提高工作效率和工作质量，所以又称"效率工资"或"激励工资"。

③附加薪资。为了补偿和鼓励员工在恶劣的工作环境下的劳动而计付的薪资。它有利于吸引员工到环境脏、苦、险、累的岗位上工作。

④福利薪资。为了吸引员工到企业工作或维持企业骨干人员的稳定，支付的作为基本薪资的补充的若干项目，如失业金、养老金、午餐费、医疗费、退休金以及利润分红等。从本质上讲，福利是企业给予员工的一种保障性、保护性的薪酬。

综上所述，薪酬既是每月支付给员工的现金这一基本薪资，又是给出差人员的差旅费，奖给业绩突出、为公司做出贡献的员工的奖金，同时还包括为员工提供的廉价住房、优惠股票、免费午餐，是它们的组合，而非其中之一。

(3) 薪酬不仅仅意味着金钱

在员工的心目中，薪酬绝对不仅仅是口袋里的一定数目的钞票，它还代表了身份、地位，以及在公司中的工作绩效，甚至个人的能力、品行、个人的发展前景。

薪酬激励不单单是金钱激励，实质上它是一种很复杂的激励方式，隐含着成就的激励、地位的激励等，如果能巧妙地运用薪酬激励方式，不但能调动企业员工的高昂士气和工作激情，还可以吸引外部的高级人才，为企业的进一步发展注入生机与活力。

薪酬拿得多，一般说来是因为干得出色，受赏识，发展潜力大。薪酬拿得相对较低，很可能是由于工作不努力，工作没干好，不受别人重视，在公司里没有地位，前途不容乐观。**薪酬的高低，实际上不仅仅取决于个人的能力，还与发展机遇等因素有关**。但是人们普遍的心理是：企业发的工资高，说明效益好，有发展潜力，在这样的企业里工作，自然个人也能做出一番事业；相反，企业发的工资较低，则说明企业的经营状况欠佳，个人也不会有多大发展。

这种想法导致的直接后果是，薪酬水平高，则员工的工作热情高，为了保住这份工作，他会努力工作。在企业内部，员工之间也会互相攀比，不同的部门之间，同一部门的不同职业之间，都普遍存在着这种攀比心理。难道他们真的是因为比别人少拿几十元钱而斤斤计较吗？不，不是。从单纯薪资相差的数字来看，几十元钱不算什么。但是，在员工的心目中，比别人少拿的几十元钱是工作业绩、能力不如别人的象征。

这正是企业的高层主管运用薪酬这根金箍棒激励员工的心理基础，也是薪酬管理的基本出发点。把握员工的微妙的心理，是一个优秀的高层主管所应具备的能力与技巧。

毋庸置疑，薪酬的力量是巨大的，薪酬决不仅仅是一种工资，它还代表着员工个人的地位和荣誉。当今企业的竞争是高技术的竞争，随着技术的日新月异，产品的生命周期越来越短，这就需要企业加快新产品的开发，适应高科技的发展要求。而新产品的开发靠的是掌握高科技的人才。说到底当今企业竞争的焦点是人才的竞争。运用有效的激励措施，尤其是适合企业各方面条件的薪酬激励才会留住人才，让他们大显身手，这样，企业才会在激烈的市场竞争中取得优势地位。

薪酬和有效的薪酬激励是有巨大潜力的，运用得好，就可以极大地调动企业员工的工作热情。

2. 建立激励性的薪酬制度

现代企业的管理者应该用公平的薪酬取得员工信任，激励他们为企业的发展而努力奋斗。

当员工为企业努力工作，做出巨大贡献时，不论他是企业的骨干，还是一般员工，不论他文凭的高低，也不管他资历的深浅，应一律平等对待。

对于在同一个部门工作的员工，如果他们为企业做出的贡献大小相同，且其他因素也相近，那么就应该付给他们相同或相近的薪酬。这样，员工才不会抱怨企业的薪酬制度不公平，才不至于影响士气。

一般来说薪酬的公平性具体指以下几方面。

①外部公平性。同一时间、同一行业、同一地区、同等规模的企业中相似或相同职务应该有大体相近的薪酬水平。因为职务的相似，就要求员工有大体相近的智力水平、业务技能和工作经验，所以薪酬水平也应大体相同。

②内部公平性。即同一企业中，不同职务的员工所获得的薪酬应正比于其各自对企业做出的贡献，使员工不会产生薪酬不公平的感觉。内部公平是最重要的，若内部薪酬失衡，会导致员工产生怨恨，甚至产生窝里斗的现象，于是尔虞我诈、互相拆台，根本就谈不到用薪酬手段来激励员工。

③个人公平性。即同一企业中占据相同职位的员工，其所获得的薪酬应与其贡献成正比；同样，不同企业中职位相近的员工，其薪酬水平也应基本相同。

(1) 薪酬管理的原则

只有遵循合理的薪酬管理原则，才能以薪酬的手段不断激励员工，把优秀的员工留住，防止人才流失。那么什么样的原则才是有效的薪酬管理原则呢？

①公平性原则。在企业中要根据员工贡献大小、工龄长短、职务的重要性等因素付给员工薪酬，使企业的员工有公平感，多劳多得，少劳少得，不劳不得，否则会挫伤员工的积极性，甚至导致其另寻出路。在现代企业中，有些员工尤其是优秀的员工经常跳槽，这与薪酬分配不公平有着重要关系。因此要达到用薪酬激励员工的目的，首先就是要树立公平的原则，就是要"一碗水端平"。

②竞争性原则。人力资源管理就是选人、育人、用人、留人以及员工的考核，目的都其中关键是把优秀的员工留住。竞争性是指企业的薪酬要比同行业其他企业的高些，这样才能留住人才，才能吸引新员工。激励员工必须要坚持这一原则。

③激励性原则。是指在企业内部的各级职务的薪酬水准上，适当拉开差距，真正体现薪酬的激励作用，从而提高员工的工作热情，为企业做出更大贡献。

④经济性原则。提高企业的薪酬水准，固然可以提高其竞争性与激励性，但同时不可避免地会导致企业人力成本的上升。因此，薪酬水平的高低不能不受经济性的制约，即要考虑企业的实际承受能力的大小。

⑤合法性原则。合法性是指企业的薪酬制度必须符合现行的政策与法律，否则将难以顺利地推行。

在薪酬管理的过程中，要综合考虑以上原则，灵活地制定出最有效的薪酬方案，为企业的发展吸引到最优秀的人才，使其在企业之林中傲然挺立！

（2）建立合理的薪酬模式

"员工更关心基本薪酬、奖金、津贴，还是福利？""能否降低基本薪资水平，而相应提高其他项目和标准？""基本薪资降低，会不会影响员工的工作热情？""在员工心目中，奖金重要？还是不表现为奖金的福利更重要？""如何才能将基本薪金、奖金、福利，以及津贴几个部分合理地结合起来，从而实现最佳效果？"以上这些问题，是企业管理者经常思考的问题。

具体采用哪种薪酬模式，要根据不同的情况来确定，但有一点是可以肯定的，不管哪种模式，必须能够有效地激励员工，否则就是无效的或失败的薪酬模式。下面提出三种典型的模式，供企业主管人员参考。

①高弹性模式。这种模式，主要是根据员工的月绩效或年绩效来确定的。若员工在某段时间内的绩效高，则薪酬高，反之，则薪酬低，如果在某段时间内，由于各方面的原因，员工的积极性降低，或是其他因素影响，导致员工的绩效降低，那么就支付较低的薪酬。在高弹性模式下，奖金和津贴的比重相对较大些，而福利、保险所占的比重要小些，在基本薪

资部分常常实行绩效薪酬、销售提成薪酬等形式。

高弹性模式具有较强的激励功能，如员工工作热情不高或优秀人才流失，便可采用这种高弹性薪酬模式，加大绩效在薪酬结构中的比重，激励员工为企业做出更大贡献。这是一种高效的薪酬激励模式。

②高稳定模式。这种模式，员工的薪酬主要取决于工龄与公司的经营状况，与个人的绩效关系不大。因此，员工的个人收入相对稳定。薪酬的主要部分是基本薪资，而奖金则比重很小，而且主要依据公司经营状况及个人薪资的一定比例发放或平均发放。

这种模式有较强的安全感，但缺乏激励功能，而且公司人工成本增长过快，企业的负担也比较大。

目前，有许多企业仍然采取这种模式，企业的人工成本负担较重。这种模式激励作用差，会导致企业员工的积极性相对较弱。在现代市场经济中，企业一般不单独地采用这一模式，而是同时地采用其他具有较好激励效力的薪酬模式。

③折中模式。这种模式的特点是既有弹性，能够不断地激励员工提高绩效；同时又具稳定性，给员工一种安全感，使他们关注长远目标。

这是一种比较理想的模式，它需要根据企业的生产经营目标和工作特点以及收益状况，合理地搭配各类薪酬。

如果企业资金实力雄厚，而且人工成本占总成本的比例较小，那么在确定薪酬水平时，就不要单纯注重基本薪酬而忽视了奖金比例的增加。应根据公司的实际情况，合理地组合薪酬的各个组成部分，使薪酬制度既具有激励性，又具有安全性。

只有有效的薪酬模式，才能产生高效的激励，各个企业应根据自身的具体状况，确定相应的薪酬模式，达到高效激励员工的目标。

（3）建立合理的薪酬结构

如何设计企业的薪酬结构？如何使薪酬反映市场的平均水平？当薪酬过高时，如何调整薪酬而不影响员工士气？如何描绘你的薪酬趋势线？如何划分薪酬等级？如何确定薪酬的起薪点和顶薪点？下面我们来共同分析一下如何设计薪酬结构。

①建立薪酬等级。如果企业规模较大，拥有数百甚至上千的工作职

位,就应该将由工作评价所评定的困难程度、重要性、责任及性质相似的工作归入各种薪酬等级。**通常的做法是按工作评价的分数分成若干等级,如 200 点以下为第一级,200 点至 400 点为第二级,依次类推。**

要注意,薪酬等级数目的确定是一个重要决策。职务等级的数目没有绝对标准,但若级数过少,员工将感到难以晋升,缺少激励的作用。相反,职级数目过多时,会增加管理的困难与费用。

②设制薪酬幅度。薪酬幅度是指在薪酬等级中所设最高及最低薪酬之间的差额,也就是每一薪级可支付的范围。通常薪酬曲线经过薪酬幅度的中点,在薪酬曲线向上及向下延伸至一定百分比时,如 15% 的范围,便可画出薪酬幅度。如图 3-1。

在一个等级的起薪点及顶薪点内,往往分成许多阶梯。可以员工的服务年限、工作表现等增加阶梯薪酬。

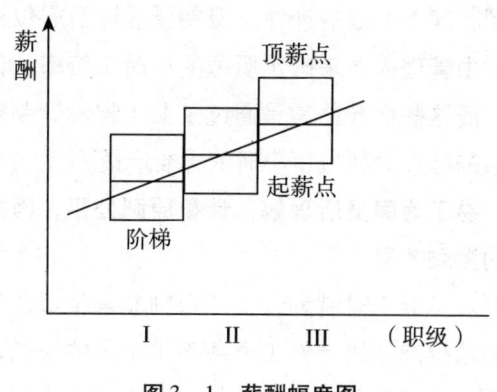

图 3-1 **薪酬幅度图**

③薪幅重叠。薪幅重叠是指两个相邻职级间的重叠。这样的薪酬结构允许员工在某一职级内获得较高的薪酬。但是若重叠部分过多,则难以区分,因此必须合理设制。

如果企业主管已经认识到调查薪酬满意度的重要性,那么,可以将人事经理找来,让他以调查问卷的方式了解一下员工的反应,同时向员工讲清楚薪酬制度的细节,为什么这样做而不那样做,使员工明白薪酬方案的目的和要求。

对于个别持反对意见的员工,可以由人事经理单独与之谈话,听取他们的意见和建议。如果薪酬方案中确有不合理的地方,应当及时地修改,防止产生不良后果。

总之，要采用薪酬方法来激励员工，企业就非得建立合理的薪酬模式和薪酬结构不可，同时加强企业的薪酬管理，在员工薪酬分配上要讲究公平性原则、竞争性原则，才能激励员工，留住人才。

3. 制订有效的薪酬激励计划

薪酬是激励员工的重要手段。合理而具有吸引力的薪酬不仅能有效地激发员工的积极性、主动性，促使员工努力去实现企业的目标，提高企业的效益，而且能在人力资源竞争日益激烈的知识经济条件下吸引和保留住一支素质良好、具有竞争力的员工队伍。

（1） 生产工人激励计划

①计件工资制。建立有效的计件工资制要求进行职位评价和工业工程设计。职位评价指由管理人员来确定职位的小时工资率。计件工资的关键问题是产量标准，而这些标准通常是通过工业工程设计制定的，其表达形式一般为单位产品的标准时耗或每小时的标准产量。

它便于计算，易于为雇员所理解，计量原则公平，因报酬直接与业绩挂钩而具有很好的激励效果。

②标准工时制。标准工时制和计件工资制非常相似，其主要不同之处在于：计件工资制依据产品的计件工资率确定工人的报酬，而标准工时制则依据工人绩效高于标准水平的百分比付给工人同等比例的奖金。该模式假定工人都有固定的基本工资。

标准工时制具有计件工资制的大多数优点，它便于计算，易于理解；奖励以时间为单位而不是以货币为单位，因此部分工人不再过于倾向将其收入同产量标准挂钩。而且在重新制定小时工资标准后，不必重新计算计件工资率。

③班组或团队的激励计划。在实际中，有些企业采取班组或团队激励计划。这种计划有以下三种操作形式。

其一，确定班组中各成员的工作标准，并记录每个成员的产出水平。然后，班组成员按以下三种方式之一计算报酬：所有成员都按产量最高的工人的标准计算报酬；所有成员都按产量最低的工人的标准计算报酬；所有成员都按班组的平均水平计算报酬。

其二，根据班组或团队最终的整体产出水平确定产量标准，然后，所有成员都根据团队所从事工作的既定计件工资率获得同样的报酬。

其三，简单地选定团队所能控制的绩效或生产率的测量标准。

有时，在一个项目小组中，几个职位是相互关联的。一个工人的绩效不仅反映他自己努力的结果，也反映其同事努力的结果，这时班组激励就变得很有意义。班组计划还加强了团队制订计划和解决问题的能力，并有助于确保工人的互助合作。

一位研究人员曾指出，在日本，"首要的原则是从不奖励某个人"；相反，员工从来都是集体受奖励，这样做的目的是减少员工之间的猜忌，使团队的成员能相互感激并鼓励合作精神。团队激励计划也推动了在职训练，因为每个成员都希望团队尽快吸收受过训练的新成员。

(2) 中高层管理人员的激励计划

由于管理人员在决定个人和企业的利益中所起的重要作用，多数企业为中高层管理人员提供各种形式的红利或奖金。在美国的一项调查表明，约90%的大公司为中高层管理人员提供年度红利；而另一项调查发现，约70%的小企业也有同样的激励计划。类似地，50%以上的美国企业使用长期激励计划来激励管理人员，以促进和维护公司的长期发展与利益。这反映了一个事实：**通过提高管理绩效，从而提高企业的绩效，管理人员的确可以为自己发放报酬。**

①短期激励：年终奖。大多数企业都具有旨在激励中高层管理人员提高短期绩效的年终奖计划。不像薪资，短期激励奖金的总额很容易随绩效的改变发生波动。

②长期激励计划。长期激励计划的目的在于：为公司的长期发展和繁荣，激励和奖励管理人员，并使高层管理人员在决策时更注重公司的长期发展。**长期激励的另一个目标是：在企业长期成功发展的基础上，通过为高层管理人员提供积累财富的机会鼓励他们与企业共同奋斗。**

长期激励计划一般只用于高层管理人员，它通常有以下几种形式：股票期权、股票增值计划、定量股票计划、影子股票计划和股票面值计划。

这些计划使用的普遍程度随经济的发展状况和发展趋势、企业内部的财务压力、对长期激励计划态度的变化、税法的变更及其他因素的变化而不同。

无论使用何种形式的长期激励计划，企业现在更关心的是在个人动机、高层管理人员的经济激励以及他们对持股人所负有的信托责任三者之间如何达到一个更好的平衡。问题在于，用于高层管理人员的传统激励方式通常并不为他们带来任何风险，这样高层管理人员与公众持股人之间的利益就可能分离。因此，现在日益强调在高层管理人员的长期激励计划中加入一定的风险因素。

③高级经理人员的特别福利计划。特别福利计划有两种形式。

其一，"金色降落伞"。实质上，这是一种特殊的雇佣契约，通常包括一笔数可观的退职金和其他特殊优惠。而且，如果这些经理人员在更高层领导班子换人之后被毫无理由地解雇，或被新班子降级、免职，这一条款将保证他们得到一笔相当于数年工资的解雇费。这在很大程度上能保证高层的稳定和企业的平稳发展。

其二，"关键经理"的人寿保险单。当经理本人退休时，他可以一次性得到包括保险单价值及其增值在内的全部金额；若经理人在退休前死亡，公司将收回本金，其配偶可以得到增值额。

(3) 专业人员的激励计划

专业人员是指掌握一定的技术，可用于解决企业所面临的特殊问题的员工，包括律师、经济学家、会计师和工程师等。

对专业人员的报酬决策面临许多新的问题。对大多数专业人员来说，同其他员工相比，金钱的激励作用并不是那么明显。这部分是因为专业人员无论如何都会获得优厚的报酬，而主要原因却是他们更渴望别人对自己的认可以及更出类拔萃的工作成果。

然而，这并不意味着专业人员不需要物质激励。**研究表明，在一些技术创新比较成功的部门都有针对专业人员的激励计划**。专业人员的激励计划一般都要持续一定的时期，通常认为要与开发新产品的时间周期相统一。

面向专业人员的激励计划中还应包括柔性福利计划。柔性福利计划使专业人员能够自己从现有的福利选择中进行挑选,形成自己的福利计划。柔性福利计划的实施有助于增强员工的责任感,同时该计划能避免有职业的配偶在福利方面的重复,能够更好地迎合专业人员的个人偏好。国外众多的实践证明,实施柔性福利计划能够极大地调动公司中专业人员的积极性,因为企业如此体贴入微的关怀使他们认识到自身之于公司的价值,其渴望得到企业认可的需求得到了满足。

(4) 全员参与的激励计划

现在,许多企业为了激励员工的积极性,都制订了全员的参与激励计划,包括所谓的利润分享计划和员工持股计划。

①利润分享计划。利润分享计划是雇主支付,全体员工都能获得以组织的利润为基础的即期或延迟支付金额的任一程序。

在利润分享计划中,大多数员工均可获得一部分公司利润。这项计划既会增加员工的义务感、参与感和合作感,又会减少员工的流动,鼓励员工勤奋工作。

利润分享计划有几种形式。**其中,最常用的是现金计划,即每隔一定时间,把一定比例的利润作为利润分享额。**

②员工持股计划。员工持股计划是指由企业内部员工出资购入本公司的部分股权,并委托员工持股会进行运作,员工持股会代表员工进入董事会参与表决和分红。

实践表明,员工持股计划通过构筑利益共同体,加强了员工的合作精神和对企业的忠诚度,同时在一定程度上调动了员工参与管理的积极性,提高了工作效率。

4. 用弹性福利计划激励员工

多样性是生活的调味品,因为有了选择,生活和工作才显得不枯燥乏味。企业福利也一样,如果只由企业统一给定,而员工无选择的权力,那这样的福利并不一定使员工满意,也就更不能很好地激励员工。满足需要是激励的不二法门。可是,我们怎么知道员工真正的需要呢?对于管理者而言,最艰巨的任务就是了解并界定各个员工的不同需要,按"需要"向员工提供相应的福利。

(1) 了解员工的福利需要

了解员工的福利需要可以采用调查问卷的方式对员工进行调查，以便掌握员工的具体需要。这对设计出有针对性的福利计划是很有帮助的。

比较重要的福利需要有以下七项：

①医疗保险；

②退休保障；

③住房及补贴；

④带薪休假；

⑤业务用车；

⑥进修和培训机会；

⑦子女教育津贴。

(2) 自助福利计划

确定福利计划的最好办法就是让员工自己选择，自取所需。基于这样的思考，在企业福利设计中诞生了一种被称作"自助餐式的福利"的福利设计体系，有时也叫作"弹性福利体系"。

所谓自助餐式的福利计划，即由企业给予员工一定的福利点数，员工可在点数范围内随意挑选自己的福利项目，满足员工多元化需求，使福利的效用最大化。**企业的管理者既要做到令股东满意、顾客满意，更要做到令员工满意。**

弹性自助福利计划最大的特点是富有柔性。传统的福利计划对员工提供统一的福利。面对这样一个刚性的福利，员工所能做的只是接受这道"菜"，不管它是不是对自己的胃口。而且员工会认为：反正是免费的。这在一定程度上，不仅不会让福利发挥出必要的激励作用，而且可能会引发员工的抱怨。另一方面，自助福利计划体现了参与精神。员工其实参与了组织的福利计划的设计，这也可以提高员工对组织的认同感和主人翁意识。这样，组织的凝聚力就会大大增强，从而激发员工的积极性和工作热情。

在弹性自助福利计划中，企业提出一份供选择的福利清单，清单的内容包括我们前面所介绍的福利体系的全部或者一部分项目。该计划允许企业员工在一定要求下,选择清单上所列的全部福利,或者是其中自己最感兴趣的部分。可供参与该项计划的员工选择的既可以是一种福利的不同等级,也可是多种不相同的福利。

具体地讲,通过自助福利计划来激励员工非常有效,能使高昂的福利投入获得应有的回报,因为:

- 企业所提供的弹性自助福利计划被认为是一种积极的措施;
- 自由的选择权可以使员工十分满意,拥有掌握权力和有价值的感觉;
- 富有柔性的方案、灵活的方式使管理者能够把福利的管理与企业广泛的战略目标联系起来,特别是人力资源管理计划;
- 有利于加强福利成本管理,由于灵活方案的实施允许员工把所得到的福利金钱花在他们自己愿意接受的地方,因而自助餐式福利方案成本要低得多;
- 让员工自己选择,自己衡量,自己打算盘,他们会逐渐清楚他们所享受的福利(特别是保险)值多少钱,有利于强化福利的激励作用。

由于弹性自助福利计划能够帮助企业管理者加强对福利成本的有效管理,许多企业开始使用弹性自助福利计划将福利开支直接与企业盈利能力和实际福利成本联系起来,并在给予员工自助福利时,根据员工的业绩来决定其可以得到的福利总金额,从而使弹性自助计划真正成为可以有效激励员工的福利方案。

5. 奖金激励带来高效率

在管理过程中,一切行为均是为特定目的服务的,奖金发放也不例外,它的目的就是激励,通过奖金激励手段为企业带来高效率。

美国一家工程公司以年薪3万美元雇了有一年工作经验的戴佛,一年后戴佛表现优异,在年终考核后加薪至3.3万美元。当工作满两年时,公司将他的待遇调至3.75万美元,与其他两个有五年工作经验的同事的薪水相比,仅仅差1000美元。其中一个同事知道这件事以后,提出要求加薪,公司未允许,于是他跳槽到另外一家公司。

从这个例子可以看出,奖酬高对本人有着正面的刺激作用,然而,最根本的并不在于奖金,而在于奖金背后对工作的认同与赞许。从另一方面讲,部分人提薪有可能挫伤其他人的工作积极性,处理得不恰当容易引起员工情绪的波动,更有甚者,会直接危及整个组织的稳定性。

此时我们发现,奖金远没有我们想象的那么简单,我们不能只是停留在奖金上,而要弄清楚为什么发奖金,发奖金要用何种方式及其作用如何。

应不应当对员工进行奖励、如何进行奖励都必须围绕激励的效果进行考虑。 在图3-2中,横轴表示员工的工作年限,纵轴表示工资水平。

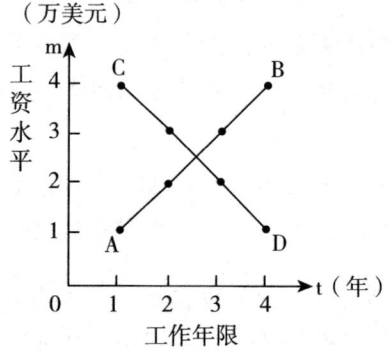

图3-2　年限与奖金的关系

如AB线所示,按年限不同,奖金有高低之分,容易符合人们一贯的"先来后到"定式,因而相对稳定。但若是CD线分布,可能就麻烦了,不仅新来的员工只想捞一把就走,而且老员工也绝对不会安心于工作,一旦有合适的机会就会"开溜",企业员工队伍的不稳定会直接危及企业的存亡。因此,奖金的确定绝不是企业家拍脑袋拍出来的,更不是根据关系的亲疏远近而定的,而是要以员工的绩效考核为依据,综合参考各方面的心理反应,以达到激励的目的。当然奖金作为一种激励工具就有运用得是否恰当的问题,这涉及技巧问题。**按一般的说法,随着工作经验的增加,工作效率相应提高,因而奖金相应增加。** 于是,我们一般看到的奖金序列往往是奖金随工龄成正比例增长,人们熬到一定年头就会有相应的奖金。

原来奖金竟然这么复杂,其实我们只需要记住两句话:

奖金是手段,

激励是目的。

6. 提高员工对报酬的满意度

为了提高员工对报酬的满意度,各个企业都建立了相应的制度,其目的在于保持企业的工资水平在内部比较及同其他企业的外部比较中处于均衡状态。

戴明指出:员工的工资与劳动力市场的工资水平不一致,会给企业带来潜在的严重问题。后果之一就是企业无法招募到所需人才,原有人才也会纷纷离去。当然,保持工资均衡的代价也是相当高的。如果一个企业试图支付员工可能获得的最高的竞争性工资,那么,员工就会寻找最高的工资出价,以迫使企业提高自己的工资。这样就产生了一种决定薪资水平的市场制度。这同体育界的自由代理人制度很相似,既费时又费力,还可能导致内部失衡;另外还会导致员工以自我为中心,而不是先考虑企业利益然后再考虑自己的工资。

企业内部工资失衡会导致员工对企业不满,消极怠工,对企业工资制度缺乏信心。 此外,企业内部工资失衡还会导致企业内部冲突,既耗时又耗力。然而保持企业内部工资高度均衡,会造成企业付给某些员工的工资水平明显高于市场水平,以致竞争成本增大;同时也会造成某些员工的工资水平低于市场水平,从而破坏了外部均衡。

工资内部均衡与外部均衡之间一直存在着冲突。为了吸引和留住本部门所需要的人才,一线的管理者宁愿牺牲内部工资均衡。人力资源管理者则必须从整个企业的角度出发,有时不得不同一线管理者唱反调,因为不顾代价招募人才有损于内部工资均衡。应坚持岗位评估与工资调查制度的完整性,以避免超出岗位评估制度的例外大量出现时可能导致的冲突。

(1) 岗位评估

决定工资水平的最常用方法是通过岗位评估制度来评估某一岗位在公司的价值。 岗位评估的第一步是对企业内部不同岗位进行描述;然后,各岗位根据一系列因素进行评估，如工作状况、必要的知识、必要的管理技能以及其重要性。每个因素的得分都根据标准尺度得出，这样，总体得分可以用来评定不同岗位的级别顺序。该步骤完成后，接着进行工资调查，以了解其他企业类似岗位的工资水平。在此过程中必须确保其他企业的相应岗位具有可比性。工资调查、劳工法规、劳动力市场情况以及公司的付酬意愿等因素使岗位工资额度得以最终确立（劳工市场越紧，岗位工资就越有可能盯住标准工资额，在宽松的市场条件下，其他因素会相应有所变化）。所有岗位可分成若干类，各类的工资额度也不同。相应类别的员工的工资水平由工作表现、工龄、经验以及其他由企业确定的因素决定。

然而不断改进的岗位评估制度并没有彻底解决工资内部和外部均衡问题，总有些人感到不满意，有工人也有管理人员，他们认为岗位评估制度不公平，人力资源部门工作不到位。就目前的复杂状况而言，进一步完善岗位评估制，提高人力资源部门的分析水平以及聘用顾问都只能起到有限的作用。如果员工认为工资和工资定级是不公平的，这一系统就无法实现目标，使员工满足于所获报酬。企业可能认为它的评估体系公正，但是员工的看法却可能和企业和人事专家的观点相去甚远。

有几种方法可以解决这些问题。

①企业领导和人事部门应该降低解决问题的期望值，同时对岗位评估系统保持低调，这将显著降低管理者和工人的期望值。

②更积极地参与岗位评估系统的设计和管理工作。许多企业已经设立专门的岗位评估委员会来决定岗位评估所应包括的因素。假设有某位经理做出打破原有的内部平等，向部分员工提供更高的工资的决策，此时，如果员工参与决策过程，将带来对该决策更多的理解与接纳。员工们在各种层次上更加广泛的参与都是有益的。

③企业能提供更多关于报酬级别与差别幅度或薪资调查结果的信息，从而减少错误认识。最后，员工代表委员会可能会定期地审查评估制度，并向全体员工通报他们的发现。这些步骤并不能直接解决问题，但对于管理是大有裨益的。

然而，即使采用以上这些步骤，仍旧不存在一个能解决薪金不平等问题的岗位评估制度。**这类不平等问题在录用新员工或者引入资深员工时是**

难以避免的。为了在劳动力市场上进行成功的招聘，企业必须提供富有竞争力的工资，而这将导致新老员工之间的不平等。

岗位评估制度也产生了其他问题。与岗位相联系的工资标准，使个人所能得到的报酬增加受到了限制，因此，只有提升岗位才能显著地提高地位与报酬。这种需要会导致技术人员争取晋升管理层的机会，即使其实际技能与兴趣都在技术性工作上。而如果没有晋升机会，员工的进取心又将受挫。此外，岗位评估制度使企业内部人员流动的灵活性有所下降，如果新岗位的工资水平较低，对低地位与低工资的担忧将降低员工调动的意愿。即使企业常常"特批"给员工以超出新岗位工资标准的高薪，但长期而言，失落感与实际的物质损失都会使调换岗位变得更难。

为了解决由岗位评估制度带来的问题，有不少企业采取了变通办法：基于个人或基于技能的评估制度。这些制度承诺能解决缺乏灵活性与成长受限问题，但它们并不能解决先前讨论的所有的公平性问题。

(2) 基于技能的评估

基于个人或技能的评估制度以雇员的能力为基础确定其薪水，工资标准由技能最低直到最高划分出不同级别。刚进入企业的新员工领受的是入门级的报酬，而当他们证明自己能够胜任更高一级工作时，他们所获的报酬也会顺理成章地提高。基于技能的制度通常被认为能在调换岗位和引入新技术方面带来更大的灵活性。基于技能的薪资制度还能改变管理的导向。实行按技能付酬之后，管理的重点不再是限制任务指派，使其与岗位级别一致，相反，最大限度地利用员工已有技能将成为新的着重点。**这种评估制度最大的好处是能传递信息，使员工关注自身的发展**。这种关注与人力资源管理的社会资本观点是相一致的，它正在引导管理者提高并利用员工才干，并且带来更高的雇员福利与组织效率。

基于技能的评估制度已被用来考核研发机构的技术人员，并常被称为"技术阶梯"。该制度亦用于考核其他专业的技术人才，如律师、销售人员和会计师。运用该制度可以在一定程度上鼓励优秀的专业人才安心本职工作，而不致去谋求报酬虽高但不擅长的管理职位，从而组织也降低了失去优秀技术专家、接受不良管理者的风险。

基于技能的报酬制度在过去也被用于考核生产人员，宝洁、通用汽车、康明斯引擎等大公司都引入了类似的计划：不按员工岗位而按其拥有的技能付酬。这种制度下的灵活性、员工才干与满意度的增长使这些公司获益良多。必须着重指出的是，许多工厂采用这种制度来支持，而不是引导管理哲学的转变——他们的管理哲学强调的是员工的责任感与对工作的积极参与。另外，薪资制度固然是一个很重要的因素，但我们不清楚仅仅改革薪资制度是否就能带来灵活性与员工进步。

然而，基于技能的方法同样也有许多问题必须考虑。

①许多员工可能在数年后达到了最高的技术等级，同时发现自己突然无处可去了。如果组织未采取任何措施，就不会再有促使员工继续学习新技能的报酬激励。在此，组织可能得考虑采用一些利润共享方案，以鼓励雇员继续探寻提高企业效率的各种方法。

②由于报酬增大取决于新技能的不断习得，技能评估计划要求组织在培训上进行巨大的投资。

③与外部公平有关的事务更加难于管理。每个组织都有独特的岗位与技能配置，因此具有相似技能的人并不是随处可见的。尤其是在同一个群体里，制造业工人常会去寻找参照系。对于专业人员这个问题会容易一些，因为它们的工作在不同公司间是比较相似的。**基于技能的评估制度强调学习新任务，雇员可能会逐渐感到：他们日益提高的技能应该得到比现实报酬更高的报酬。**当他们将其薪金与传统岗位工人相比时，这种感觉尤其强烈。缺少有效的比较，未经现实验证的期望值可能会不断上升。

在存在学习新业务的激励条件下，可以想象雇员们可能出现忽视本职工作、好高骛远的情况。如果不能妥善管理，这个问题必定会降低组织效率。

从理论上来说，基于技能的报酬制度可以经济地提高雇员能力，并且增进组织的效率与雇员福利，但它们并不是永远奏效的，因为它们很大程度上取决于如何测量与评估技能或能力，只有那些具备有效评估程序与信任关系的组织才可能成功地利用该制度。没有合适的组织文化与规章制度，再合理的薪资制度也无法发挥作用。另外，基于技能的薪资制度仅适于那些有很高技能要求并处于不断变革中的组织，同时它们很难被引入那些传统岗位评估制度已先行存在的组织之中。

(3) 考虑资历因素

依据资历来付酬同样有其合理性，资历一直被视为一种有效的付酬标准。例如，日本公司将年功序列制同其他因素（如缓慢提升）相配合，促进了合适的组织文化的形成。在美国，提议执行按资历付酬的多为商业工会。出于对管理层的不信任，工会组织常认为按绩效付酬的制度将导致日益增长的家长制作风、不公正与不平等现象。基于上述理由，各工会组织更倾向于一种严格的资历报酬制度。然而，在美国管理者看来，论资排辈与这个国家的个人主义伦理是格格不入的，后者强调个人的努力与业绩是取得奖励的首要标准。因而，大多数美国公司更愿意以绩效作为计酬制度的主要指标。

7. 绩效付酬应注意的问题

尽管绩效付酬制度有许多显而易见的好处，然而，有大量的证据表明，绩效付酬制度并不总能达到它所保证的激励作用和满足度。例如，绝大多数管理层员工都表示相信某种绩效付酬制度，但并不认为他们真的在一个绩效付酬的制度下进行管理工作。证据表明，在设计绩效付酬制度的意愿和把它付诸实践的能力之间存在着一道鸿沟。

在各种各样的绩效付酬制度中，可以从中选取一种或多种。各种形式之间的最主要的区别就在于定义绩效的范畴。

(1) 绩效考核的考察层次

绩效付酬计划应集中在哪一层次？个人、团队、还是企业层次？组织级计划促进了合作，同时团队合作也得到极大提高。然而，个人离衡量和分配的标准更远了，分配和劳动之间的联系也相应减弱。**个人绩效付酬制度受到热忱欢迎的原因之一是在该制度下，个人劳动和劳动的衡量、报酬之间的联系更为紧密。组织级计划可用于加强个人绩效与组织绩效的联系，增强合作的动机。**如果能够正确认识个人级和组织级绩效付酬制度之间的取舍关系，管理者就能采取行动使所有计划的副作用降至最小。他们能在采用组织级计划时辅以其他的激励措施（如工作参与），或者在运用个人奖励计划的同时提倡非金钱方式的合作。此外，个人级与组织级计划计划也可以同时采用，以体现对个人绩效和合作的关注。过去的经验证明，在未能就合作进行必要沟通的条件下引入个人奖励计划将引发竞争，尤其是奖励相当可观时。类似地，组织级计划要求有效的管理监督，以保证高水准的个人绩效。

（2）任务的实质

设计绩效付酬制度要求对工作进行分析。个人对将被衡量的绩效有充分的控制能力吗？努力与绩效之间的联系是否紧密？个人可能难以控制诸如销售额或利润等结果，因为这种结果受经济周期和竞争力的影响，不是他所能控制的。与此相似，个人可能要依靠其他部门或员工来获取绩效，如销售额、成本削减或利润。例如销售量，可能更多地取决于由研发部门开发的优质产品或者是营销部门的广告，而不是个人的销售能力。**在复杂的组织里，无须依赖其他部门或个人的产出是很少的，能独立于外部因素影响之外的产出更是微乎其微。**

只要员工能继续获得奖励，这种相互依赖的关系就不会成为问题。一旦绩效不佳，工资总额减少，员工就会将这种相互依赖关系及对后果的不可控归咎于制度的缺陷。从而对这种制度的投入与信任将会下降，而制度的激励能力和满足要求的能力也会随之下降。类似地，如果提供个人激励，同时又需在个人间进行合作，就会为日后的矛盾留下隐患。员工会在绩效不佳或工资降低时相互指责。

几乎没有什么工作能够满足个人控制和独立这一条件。因此，大部分个人奖励计划往往因为上述原因而失败。部门或员工间的相互依赖，以及缺乏控制总体结果（如利润）的能力使管理者考虑运用团队或组织的绩效付酬计划。这些计划能联合员工依靠他人共同获取绩效结果，如低耗费或利润。个人奖励制度产生的问题，促使主管人员不仅要看最终业绩，还要对工作行为做出评判，并剔除那些超出个人控制范围之外的不佳业绩。这种制度减少了基于业绩的个人奖励计划带来的问题，但这又引起了一个新的问题：主观判断的可信度。

（3）绩效的衡量

选择一种恰当的办法来衡量绩效，并据此决定报酬的水平，是一个和

个人奖励计划相关的问题。据前文所述，工作效率不仅包括成本、产量或销售收入，也包括许多其他因素。忽视这些对效率来说非常重要的因素会导致不良的后果。因为报酬是对高效率的激励，对某些方面的过分强调容易使雇员偏重那些因素而忽视其他能够影响长期或短期工作效率的因素。比如，按销售量获取分红的推销员会推销无用的产品，从而损害长期客户关系；他们还会不顾利润水平盲目地推销产品以提高促销量；这些推销员甚至还会做出超过生产能力的订货和承诺。那么，为什么不使推销员对利润负责？这样不就能更全面地评价他们的表现了吗？很显然，问题在于推销员根本无法控制利润水平。

这些困难不断地引出一些更加主观，却能更全面地衡量绩效的方法。为什么不综合地观察推销员或管理人员在工作的各方面的表现呢？绝大多数的与业绩相关联的薪金增长都基于主观的判断，这和个人奖励计划并无二致。建立在对工作彻底分析基础之上的主观评价系统可能相当全面，但是，它们对管理的信任度、良好的上下级关系、人际关系能力都提出了很高的要求。不幸的是，在许多情况下这些条件是达不到的，虽然在它们的重要性被确认时有时也可能得到一些改善。即使在绩效付酬制度比较公平可信的条件下，信任与良好的关系仍旧是客观地衡量绩效的必要条件。**总之，如何衡量绩效应成为管理的重点，否则绩效付酬制度将不会有任何作用。**

奖励计划经常遇到的最后一个评价问题是，它们常常只能适用于某一类商业或经济情况（例如增长的状态），而不适合其他情况。当商业环境变化时，管理人员付出了更多的努力却得不到更多的报酬。如果他们一直期待奖励却又一再失望，不满情绪便会产生。组织也会经常对他们的奖励机制做些调整，但问题是，可能因此产生一个更根本性的错误：奖励计划评价的是行为绩效，而不是最初的努力程度。只要工资支付还在发生，个人努力和绩效之间是否缺乏联系就不会凸显，也不会被人质疑。

（4）工资数额

为了使绩效付酬制度能真正起到激励作用，必须在工资的增长或奖励计划及良好的绩效之间建立明确的联系。显然，"明确"是一种主观的、因人而异的感觉。如业绩工资的增长幅度通常在工资的5%到15%之间，反对者认为这些数额是如此之小，以至不可能产生激励作用，尤其当绩效付酬制度有可能损害自我评价系统时，他们希望业绩工资的增加能和自我评价保持一致。

大额工资的重要性体现在它们能够使基于业绩的个人奖励计划更具吸引力，因为它们通常要超过基本工资一定的百分比。和业绩工资不同的是，奖金不成为下一年的基本工资的一部分。这样，奖金可能会导致个人工资水平的下降；工资的增长则不同，它会成为年薪的一部分。另外，根据绩效支付大额奖金的吸引力也会因衡量绩效的问题而大打折扣。

工资数额和工资增长与是否在企业内部公开有很大的关系。假如工资数额公开，它将影响地位和声誉。认同和荣誉的激励是金钱奖励的补充。假如工资增长是秘密的，那么只有货币金额才能起到激励作用。在这种情况下，货币金额必须非常大。绝大多数企业并不公开业绩奖金和报酬，因为员工不想公开这些信息。因此，小幅度的业绩工资增长并不能起到激励的作用。但是，可以尝试公开工资增长的平均水平，以使个人能够对照这个口径明白自己的增长幅度意味着什么。当然，这样做可能会引起员工怀疑评价的公正性，从而对评价系统造成更大的压力。**出于维护一个开放式系统的公正性，管理者会十分小心地避免对雇员的表现做出歧视性的比较。**但是不管是由管理者还是由公开的信息比较做出决定，更多的有关工资增长的信息对一个高效率的业绩和奖励系统来说都是极端重要的。

另一个致使业绩工资增长难以起到激励作用的原因是，有些增长是由一些与表现无关的因素所决定的，如通货膨胀率、市场上工资水平的变化。假如某一年内劳动力市场上的工资水平增长了7%的话，一个10%的工资增长幅度实际上只包含了3%的业绩成分，只是个很小的数额。而且，个人通常也无法判断哪部分的增长是与业绩相关的，同时企业也不愿意公开这些信息，因为数额实在是太小了。曾经有人建议企业将业绩工资增长从工资调整中剥离出来，每个员工都进行年度的工资调整，但只对少数的几个优秀员工进行业绩工资的增长。然而，这种做法一方面是成本过高，另一方面则弱化了对表现差的员工的压力，因为他们不再面临来自通货膨胀的威胁。

许多组织也设计出一揽子工资增长选择权的办法来解决考核系统中存

在的支付问题。个人可以选择一两次的分期支付来获得他们的工资增长，而不是一次性地在全年工资中付清。它的优点是能使工资的增长变得更加明显，从而具有更高的激励作用，同时也能给予雇员选择的权力。

组织级的绩效付酬计划也存在着支付的问题。除非每个支付金额都非常大，否则支付本身没有什么激励价值。

（5）绩效付酬制度的困境

虽然绩效付酬制度存在这么多的问题，它仍然非常流行。为了维持外部公平和留住高素质的员工，一些企业不得不支付一些奖金和奖励，而不顾这些奖金和奖励可能引发的不合理行为。有人坚持认为，即使存在这些危险，仍然应该按照业绩表现来支付工资。**以业绩之外的其他因素为基础来支付工资可能导致鼓励后进、打击先进的后果，这种情况同样会使企业流失很多它一心想挽留的人才。**

8. 员工难以对薪酬满意的原因

从理论上讲，只有当员工的真实付出与真实回报不成正比的时候，员工才会对他的薪酬不满。但实际上，不论薪酬的发放有多么公正和合理，不少员工也还会对自己的薪酬不满。对薪酬的不满并非客观的不公和不合理所致，其原因主要是有4个方面。

（1）低于期望值

当员工的薪酬低于他的期望值时，就会对薪酬不满。而这个期望值只是员工个人的自我定位。一般而言，员工往往过高估计自己在企业中的贡献和价值，自然也就有过高的期望值，自然就会有许多人对自己的薪酬不满。

（2）低于同等人员最高值

如果员工的薪酬低于同等人员最高水平的薪酬，也会产生不满的情绪，差距越大不满程度就越高。**因为每个人对自己的优点、特长和对企业的贡献会牢记在心，甚至有些放大，**但往往看不到别人的优点、特长和贡献，而比较容易对别人的缺点记忆深刻。特别是对于贡献比自己大的同等级员工，出于本能的嫉妒，经常会认为他并不如自己。这种高估自己的心态，很难对自己和他人做出客观的评价，同时也产生了不满。

消除这种不满的有效办法是在考评沟通时，上级与员工直接坦诚相待，对员工进行客观的评价，从而让员工客观地认识自己，消除对薪酬的不满。指出员工的缺点，需要管理者的勇气和技巧，多数管理者不愿进行这样的工作。但由于没有沟通，员工对自己的高估会一直持续下去。

（3）高估他人的薪酬和低估他人的绩效

由于企业员工的薪酬和绩效考评成绩一般都是保密的，员工无法从正式渠道得到真实的详细的信息。**出于对别人薪酬及考评的兴趣，员工往往会根据一些道听途说加以猜测。**这种猜测往往会高估他人的薪酬而低估他人的绩效，从而感到薪酬的不公，对自己的薪酬产生不满。

（4）对精神待遇不满也会导致对薪酬不满

精神待遇是待遇的一个重要部分，对精神待遇不满主要是指对工作的胜任感、成就感、责任感、受重视、有影响力、个人成长和富有价值的贡献等因素不满。由于精神待遇具有隐蔽性，员工在表达对精神待遇不满的时候，常常会强调对物质待遇的不满。比如，有的员工这样抱怨："我每天要受这么多气，为什么才拿这一点儿工资？"或者说"我的工作这么枯燥和乏味，工资应该高一些吧？"但精神待遇是人的一种需求，它不会因为这种忽略而消失。解决这个问题，主要途径要提高员工的精神待遇，而不是薪酬（物质待遇）。

二、分享激励：利润共享调动员工的积极性

现代市场经济应该是一种利润共享的经济形式。利润共享不仅是企业与企业之间协同发展的基础，更是协调企业老板与员工的一种最佳的分配方式。它使老板与员工在企业运营过程中各获其利，都能得到意料中的实惠，从而实现双赢。双赢的目的是互惠互利，这种互惠互利不仅仅表现在金钱上，而且表现在利润分配基础上的其他权利上，如产权分享、工人参与制、员工持股等。

在现代企业运营中，利润共享制不仅符合老板和员工的利益要求，也符合企业运行的基本规律，使企业内部的各要素协调融洽，配合默契，从而使企业达到良性运行的目的，并为长久发展奠定了良好的基础。

1. 使老板与员工互利双赢

双赢的目的是互惠互利，这种互利不仅仅表现在金钱上，而且表现在其他的各个方面。在企业中，老板与员工的分享制要求他们不仅要适当分配利润，而且要分配在利润基础上的其他权利。这种现代分享制主要有以下几种方式。

(1) 利润共享制

美国麻省理工学院经济学教授马丁·L·魏茨曼曾在《共享经济》一书中提出了共享经济新理论。魏茨曼认为，传统的资本主义经济是一种工资经济，在这种经济体系中，员工得到的报酬与厂商追求利润最大化的经营目标没有联系，这导致了工资的固定化。当整个经济处于不健康状况，如总需求下降时，公司或商号为维持既定的产品价格而缩减生产规模时，势必会造成员工大量失业，而政府采取的防止经济衰退的措施又会导致通货膨胀，结果导致失业和通货膨胀并存。魏茨曼建议实行共享经济制度，使工人的劳动收入由固定的基本工资和利润共享两部分组成。这样对公司或商号来说，只要增加的收益大于劳动边际成本，它们就对劳动力有需求，可以继续招聘员工。当总需求受到冲击时，公司或商号可以通过调整利润共享数额或比例来降低价格，扩大产量和就业。在魏茨曼看来，共享经济具有兼顾保证充分就业和抑制通货膨胀的双重作用。共享经济论提出后，引起西方国家政界和经济学界的广泛注意。

长期以来，美国企业界功利主义十分突出。**这是讲求实际、重视效率、个人主义价值观在经济管理上的反映。**主要表现为企业只以财务为导向目标，忽视精神因素；许多人只讲权利，不尽义务，只要享受，不做贡献；只顾赚钱谋利，不重视社会效益；人际关系淡漠，人与人之间是纯粹的金钱关系，很少合作和相互支持。

(2) 员工持股

员工股份制出现以后，美国政府和国会很快就给予了大力支持，并为此制定了专门的法律来加以鼓励和推广，促进了职工持股计划的发展。

股份制是美国经济的重要组成部分。但是，美国在发展股份公司时不墨守陈规、因循守旧，而是富有创造性和进取性，员工持股就是美国人对股份公司的再发明，员工持股的股份公司的出现，具有深刻的背景。

所谓员工持股，其形式多种多样。其中一种就是本单位的全体员工买下本公司的全部股票，拥有单位全体股权，共同成为企业的所有者来参与企业的经营、管理和利润分配的一种股份制。 从它的基本特征来看，它带有典型的合作经济的性质，因而有人将它称为"资本主义集体所有制"。

路易斯·凯尔索受《共产党宣言》的启发，在21世纪初提出的"小额股票""大众持股"的基础上，提出了所谓"二元经济学"理论，其基本思想是：人们可以通过付出劳动和付出资本两个方面来获得收入。这是人的两种基本权利。但是，原有的旧制度将资本的收入归结在少数人手中极不公平，因此必须改革旧制度，新制度要保障劳动力资源的广泛利用和资本资源的广泛占有，从而创造公平的机会。新制度的核心就是使那些没钱购买生产性资产的劳动者通过持股来完成资本信贷。具体做法是公司先直接将股票交给员工持股计划委员会，委员会为每个职工建立账户，职工用由此分得的红利逐年偿还股票价值，全部偿还以后，股票就属于职工个人了。接着再成立员工持股计划信托基金组织，该组织向银行贷款购买企业股票，购买的股票由该组织保管，随着贷款的偿还，再按事先约定的比例逐步将股票转入职工账户，贷款全部偿清后，员工则可以得到红利，拥有所在企业的财产。**由此，企业财产关系内部化，全体员工拥有企业的产权会产生更高的效率。**

(3) 产权分享制

产权分享制产生于20世纪50年代，由于经济学对人的行为的分析取得了重大进展，这些进展大多是在对传统经济学的一些不现实假定的批评与修正中取得的。按照传统经济理论，对整个经济活动的协调与组织最好依靠那只"看不见的手"——价值规律发生作用。只要存在完全竞争，生产者和消费者就能根据价格信号做出决策,并能实现最有利的结果,资源能被有效地运用,个人追求利益最大化的过程也使整个社会的利益最大化。以科斯为代表的产权学派的研究结果表明,一种产权结构是否有效率,主要视其能否为在它支配下的人们提供将外部性较大地内在化的激励。共有产权和国有产权都不能解决这个问题,而私有产权却能产生更为有效地利用资源的激励,换言之,私有产权在实现资源的优化配置,调动生产者的积极性、主动性和创造性等方面所起的激励作用是一切传统手段无法与之相比的,由此,产权学派的兴起,引起了经济学界的一场"革命"。

心理学家赫茨伯格提出的著名的双因素论(保健因素和激励因素),科学地阐明了要调动员工的积极性,首先得注意保健因素,使员工不致产生不满情绪,保持其积极性,这是一种预防性的维持因素。**但重要的是利用激励因素,激发员工的精神,让人们做出最佳的表现,增强员工的进取心、责任感、成就感等**。激励因素就像人们锻炼身体一样,可以改变身体素质,增进健康,是一种积极的内在因素,若只注意其一,不能使二者有机结合,就不能真正有效、持久、充分地激励员工创造出理想的工作局面。

(4) 工人参与制

工人参与制是利润分享制的一种方式,现代公司经营管理体制正日益向民主化趋势发展,而这种管理的民主化又突出地以工人参与制表现出来。可以说,工人参与制一方面是员工股份发展的必然要求,另一方面又是现代管理活动本身发展的历史趋势。

工人参与制意味着工人们享有根据法律或合同的规定,推选代表参加公司经营管理的权利。这种制度在20世纪初就已经在西方国家兴起,目前已成为法定的公司管理形式。在美国、日本、瑞典、丹麦、挪威、奥地利和原西德,工人参与制已成为成熟的形式——车间的工人自治小组、自我管理小组、公司的劳资委员会、职工代表咨询会议、企业管理委员会等。

在工人参与制中,工人参与管理的方式主要是咨询、谈判和参与生产经营目标的制定。企业管理委员会或职工代表咨询会议可以就公司的经营方针、劳动报酬、盈利及其分配、人事安排、职工福利等方面进行咨询,提出建议。工人参与管理的另一种比较流行的做法是集体谈判。工会或其他工人代表组织在劳资双方的集体谈判中，不仅在确定工资、改善劳动条件等方面维护工人的利益，更重要的是直接过问公司的投资、财务及分配、人事管理等，直接参与公司的经营管理活动。另外，在一些国家中，有的公司注重吸引管理人员和工人直接参加生产经营目标的制订工作，让工人切实感受到在为实现自己所定目标而工作。

在21世纪，现代企业管理将再次出现飞跃，分享制从内容到方式都会不断得到丰富与发展。相信企业能通过这些方式，使企业中的利润分享制落到实处，从而激励老板和员工的积极性，调动他们工作的热情。而企业的效率一旦增加，老板和员工的收益也会随之增加。

2. 员工持股：和企业利益保持一致

对于中国的企业而言，员工持股更具有特殊意义。如果企业的总资产中有一块员工集体持有的股份，可以促使员工集体作为资产占有者的利润与资产所有者的利益长期保持一致，也就是员工和企业利益的一致，由此调和相互之间难以避免的各种矛盾冲突。由于员工集体持有的股份都是记在每位员工个人名下的，最终属个人资产，因此，它又可以在企业资产与员工个人之间，员工集体与员工个人之间，很好地保持长期利益的一致性。这个道理其实很简单，**奥妙在于把各个方面的利润捆在企业资产的战车上，增加了共同利益的驱动作用。**

（1）员工持股的激励作用

在我国，员工持股计划的激励作用主要体现在以下几个方面。

①为员工提供保障。由于员工持股计划的实施，员工可以从企业得到劳动、生活的保障，在退休时可以老有所养，同时员工也会以企业为家，安心工作，充分发挥自身的积极性。

②有利于留住人才。在我国，劳动力的流动日益频繁，但人力资源的配置存在着很大的自发性和无序性，而且劳动力技术水平越高，人才的流动性也越大。实行员工持股计划，能有效地解决人才流失的问题。当员工和企业以产权的关系维系在一起的时候，员工自然会主动参与企业的生产

经营，这是思想政治工作达不到的效果。在员工的参与下，企业精神、企业文化才可以真正形成，员工才会将所从事的工作作为自己的一份事业。

③有助于激励企业经营者。实行员工持股计划，更为重要的是，让经理层持有较大的股份，既有利于企业实现产权多元化，又有利于充分调动企业骨干的积极性。公司还可以实行期股制度，进一步奖励经理的工作，这样也就解决了激励企业经营者的问题。

员工持股的普遍推行，使员工与公司的利益融为一体，与公司风雨同舟，对公司前途充满信心，公司因此获得超常发展，员工也从持股中得到了巨大的利益。员工持股计划更有利于调动员工工作的积极性，增强员工的归属感，增强企业的凝聚力，吸引人才，降低人员流动，从而提高企业经济效益。因此，国内许多企业也开始在企业内实施员工持股计划。

(2) 实施员工持股计划的原则

员工持股计划引入我国的时间毕竟较短，国内企业在实施员工持股计划时，需要把握以下原则。

①员工持股计划必须有严格和规范的绩效考核制度。只有通过绩效考核制度加以甄别，企业才能搞清谁为企业做出的贡献多，谁还能继续为企业做出持续的贡献，并在这一前提下，给予持股激励。否则，只能按照诸如工龄、年龄、职务、学历、职称等因素为员工配股，员工持股就成了一种新的大锅饭，成了没有任何激励价值的落后福利制度。

②员工持股计划必须有配套的约束机制。员工持股计划中的激励，是基于责任的激励，必须在确定持股对象、持股额、持股权力、持股责任等方面设置控制点，通过"金饭碗"来吸引和激励优秀的人才，通过"金手铐"来留住人才。归纳起来讲，员工持股计划所生成的机制让员工关注公司的持续发展，关注自身业绩和能力的不断提高，以自己的诚实劳动致富，有制约地使员工持股成为一种投资行为，而不是投机行为。

③员工持股计划必须有足够的倾斜力度。强调员工持股的比例并不意味着平均持股。相反，员工持股必须拉开差距，否则又会走到内部职工股的老路上。员工持股的激励力度大于其他报酬形式的原因有三个：一是其回报的长期性，二是其回报的不确定性，三是其有足够大的倾斜力度。问题的关键是应该使用多种员工持股形式，拉开持股差距，即坚定不移地向

那些为公司创造价值的部门和员工倾斜，向公司的核心层、中坚层倾斜。

此外，员工持股一定要有预留机制，以保持对新员工和老员工不断创新与创业的牵引和激励。

3. 精心设计员工持股，保证利润共享实现

员工持股必须做到规范化，才能有序运行，从而维护员工利益，真正达到利润共享、激励员工的目的。

（1）职工股的发行程序

①职工根据职工持股会章程规定，计算各自持股额度，向职工持股会提出个人持股申请。职工申请持股时应填写持股申请表，见表3-1。

表3-1　　　　　　　　　内部职工持股申请表

申请人姓名		性别		身份证号码	
任职部门		职务		工龄	
申请持股总额　　　元，其中：①现金申购　　　元； 　　　　　　　　　　　　②贷款申购　　　元； 　　　　　　　　　　　　③企业福利资金划转　　　元。					
在本公司工作简历		申购人（签字）：　　年　月　日			
人事部门审核意见		（公章） 负责人（签字）：　　年　月　日			
工会意见		（公章） 负责人（签字）：　　年　月　日			

②由工会审查该员工持股资格，确定其持股额度，并张榜公布。

职工向职工持股会交付认购资金，借款持股的要填制借款凭据。

公司在登记注册或变更登记后，向职工持股会交付由董事长签发的内部职工股份凭证。内部职工股份凭证由职工持股会统一集中管理。

职工持股会向会员发放出资证明，作为会员查核本人出资金额、据以

享受权利和承担义务的书面凭证。

会员出资证明由持股会负责人即职工持股会理事长签发，出资证明应当载明下列事项：

- 会员姓名、身份证号码、工作证号码、出资证明号码；
- 发证日期及注意事项、会员的权利义务；
- 职工持股会董事长签章。

③职工持股会应当建立职工持股名册，作为职工持股会管理内部职工股的依据。

职工持股名册应当载明下列事项：

- 会员姓名、身份证号码、工作证号码、住所、出资证明号码；
- 会员出资金额、持有的股份数；
- 股份的变动情况；
- 职工持股会理事长、会员本人及经手人的签章。

(2) 预留股份和备用金

公司根据发展需要，在内部职工持股总额中，可设置部分预留股份，由职工持股会以社团法人名义持有。

预留股份是职工持股制度的一个特色。因为企业是不断发展的，所以必定存在着人才的流动，包括新职工的加入以及原有职工在企业内各岗位之间的职务变动。**按照持股额度与职务级别挂钩的原则，职工的职务级别提高后就可以增加持股额度。**这就要求职工持股会手中应持有一部分职工股，以便随时根据情况转售给新职工或职务级别提高的职工。还因为职工股具有不交易、不继承的特征，当职工退休或调离本企业以及因其他原因与本企业脱离时，其所持职工股应退还给职工持股会。这同样需要职工持股会以一定的方式容纳、存放这些回购的股份，而预留股份就起到了这样一个"蓄水池"的作用。它的存在维持并保证了职工持股的普遍性、连续性，使职工持股制度得以顺利运作。

备用金是指职工持股会用于购买内部职工预留股份和回购脱离公司的职工所持股份的专项周转资金。

备用金的来源主要有以下四种：
①以职工持股会名义借放的资金；
②新增员工认购股份所交纳的资金；
③提职职工增加持股额度而认购股份所交纳的资金；
④内部职工预留股份每年所分红利。

备用金有以下用途：
①购买预留股份；
②回购脱离公司职工所持股份，脱离公司是指调离、离退休、自动离职、停薪留职、被辞退或解聘、被开除或死亡等情形；
③回购降职职工应减少其所持的职工股份；
④归还职工持股会用于购买预留股份的借款本息。

（3）职工股的转让、回购和再分配

①职工股内部转让的具体操作方法，可以借鉴上海矽钢有限公司的经验，该公司在职工持股会章程实施细则中对职工内部股转让做出如下规定。

职工持股会会员持股三年后，可在本公司内部职工间进行转让，转让应符合下列条件：

- 出具本人出资证明、身份证、工作证；
- 出让方和受让方按自愿结合的原则，凭双方的有关证明到持股会办公室填写"持股转让申请表"，经确认后办理转让手续；
- 每次转让以 100 股为一份，不拆零转让，每股价格由理事会参照公司上年度每股资产值确定指导价，并由出让方和受让方协商确定；
- 公司董事、监事、总经理、副总经理以及持股会理事成员在任职期间不得转让；
- 每次转让需向持股会缴纳一定的手续费，手续费收取标准为所发生转让面值的5‰（出让方和受让方各2.5‰），低于2元按2元收取手续费；
- 转让后的会员本人持股额不得低于 1000 股；
- 职工股中有一部分是由企业福利资金划转形式，直接分配给职工的，这种股份应规定不允许转让变现。

②职工股的回购主要出现在职工脱离公司，不再继续持有内部职工股时，其所持股份就会由职工持股会用备用金赎回，转作预留股份。

职工股的回购分为以下几种情况。

其一，职工脱离公司，其股份由职工持股会回购，转作预留股份。职工持股会应退还个人股款，股价按公司上年末每股账面净资产值计算。职工股中由企业福利资金划转形成的股份直接转作预留股份，不予退还等额股款。

其二，职工死亡时，由职工持股会按上年末每股账面净资产值回购该职工所持股份，转作预留股份，股款交给合法继承人。其所持股份中由企业福利资金转成的股份直接转作预留股份，不予退还等额股款。

其三，经营者股份的回购股经股东会同意。经营者离开本公司，经离任审计后，由职工持股会按审计后的每股账面净资产值回购股份，转作预留股份，股款退还本人。其所持股份中由企业福利资金划转形式的股份转作预留股份，不予退还等额股款。

其四，职工降职后，其持股额度应减少部分，由职工持股会回购，转作预留股份，股份按上年末每股账面净资产值计算。其所持股份减少额中由企业福利资金划转形式的股份转作预留股份，不予退还等额股款。

其五，技术人员享受科技成果折股，股份参加分红，是一种优惠待遇，因此可以要求持有科技成果股达到一定年限，才可享受回购。例如可规定：科技人员所持科技成果折股的股份不满三年而脱离公司，由职工持股会回购该科技成果股，转作预留股份，可酌情将30%~50%的股金支付给本人。科技人员所持科技成果折股的股份满三年以上而脱离公司，其科技成果股由职工持股会按上年末每股账面净资产值回购，股金支付给本人。

③职工股的再分配主要针对以下两种情况。

其一，职工升职后，其持股份额应增加部分，由职工持股会从预留股份中拨出相应数额股份，出售给职工，职工购股资金转作备用金。

其二，进入公司工作满一年以上的新职工申请持股时，职工持股会根据其岗位、职务，核算其应持股数额，从预留股份中拨出相应数额售给职工，所得购股资金转作备用金。

4. 分享激励技巧之一：患难与共，唤起伙伴意识

若要提高下属的学习意愿及工作效率，除了运用动机理论外，另一方法就是患难与共，唤起团队精神，即伙伴意识。一般说来，患难时形成的牢固关系往往会产生一种同仇敌忾的伙伴意识。**此时，下属就会毫无条件地顺从上司的指导，务求击败共同的敌人。**

（1）共同体验，产生伙伴意识

就企业来说，所谓共同的敌人可能是竞争的公司，也可能是公司内明争暗斗的部门。无论如何，如果没有实际的敌人，身为领导者不妨为属下设定一个假想敌，只要能使下属产生给对方一点颜色看看的共同意识即可。

另外，与下属增进共同的体验也可产生伙伴意识。此项共同的体验，如果是共担劳苦，便可增进密不可分的伙伴关系。

所以，与其与下属共进午餐，不如当下属加班时，也加入他们之中，如此必能加强同甘共苦的患难意识。

某公司管理部的某经理，有一天因工作需要，将两名下属派往另一公司，处理有关业务索赔的问题，该经理当天凑巧也留在公司加班。此时，两名下属打电话报告事情已处理妥当，经理正好得以在电话中加以慰劳并鼓励一番。该下属在日后谈及此事时一再表示：经理担心我们事情处理不好，所以留在公司里等候消息。

经理在无意间听到这话，感到相当难为情，但这件偶然的事情却也发挥了共同体验的效果，使得该公司上下的伙伴意识大为增强，所有人员的学习意愿与工作效率也自然获得相应的提高。

一个领导，两个部下，再加一间小屋，几个人同心协力、白手起家，终于独占鳌头，成就自己的功业，这样的例子在商业史上数不胜数，许多企业巨头由此而来。

企业的成功靠的是领导与部下同甘共苦、患难与共。 这种情况下，上级、下属的心往一块贴，力往一处使，还有什么困难克服不了呢？又有什么困难能阻止他们成功呢？

其实，与人共患难并不是一件困难事，因为危难情况下，共渡难关，同舟共济往往是唯一的选择。但困难的是危难之后，苦尽甘来，领导是否仍能与部下共享安乐。

作为一名主管，身处逆境时，与部下共渡难关，时来运转时，千万不可独自居功，尽享成果，唯有如此，才能赢得威望，得到部下爱戴，共创公司大业。

因此，作为一名主管，对待属下要以义为重，与部下同甘共苦。

逆境中，与部下同心协力。哪个公司都有运气不佳之时，哪个主管也都有身处逆境之日。这时，一个出色的主管应做一个好的舵手，看准方向，动员所有部下共同努力，要充满自信地面对困难。这时千万别摆着架子指使别人，危船上，你也要尽一份力，否则桅倒船翻，你自己也要掉进海里。

时来运转，莫忘难兄难弟。当时来运转，春风得意之时，千万不能翻脸不认人，即所谓过河拆桥，忘恩负义。这样的主管会为人所不齿，谁愿意自己拼命保全的竟是一个忘恩负义的小人，一旦主管的魅力丧失殆尽，并且背上不义气的骂名，下属便不会再为你效力，新来的人也会望风而逃。

这时，不妨慷慨解囊，为部下加官提薪，让他们分享你的成果，使其自身的满足感和成就感得以实现。切不可排斥有功的部下，落得骂名。

一个公司的发展壮大需依靠主管与下属共同努力，同舟共济。而患难与共之中形成的上下关系才是最牢固的关系；身为主管，一定要做到与部下同甘共苦，安不忘危，才能使事业蒸蒸日上。

(2) 同下属分享荣誉和权力

一位著名的美国足球教练保罗·贝尔·布列安谈到他的球队如何建立团队精神时说："如果有什么事办糟了，那肯定是我做的。如果有什么事做得很好，那一定是你做的。这就是使人为你赢得足球比赛的所有秘诀。"

在企业中，主管也要有这种和员工共享荣誉的精神和敢于为部属承担责任的勇气。主管被授权经营管理，无论获得成功还是遭到失败都有着重要的责任，即使是员工的失误，也有你失职、指挥不当、培训不够的问题。荣誉对你当之无愧，但取得荣誉的路途仍离不开团队的协作、配合，这是你应该做到的。这不仅是一种美德,也是激励员工、建立团队精神的重要手段。

主管获得各种荣誉后,如果以各种形式让部属分享荣誉及荣誉带来的喜悦,这会使部属得到实现自身价值和受到领导器重的满足,这种满足会在以后工作中释放出更大的能量,也无形中冲淡了人们普遍存在的对受表彰者的嫉妒心理。

一位获得上级表扬的厂长在全厂大会上的讲话,不是泛泛地说"成绩归于大家"的套话,而是颇有感情地把所有在工作中有突出贡献的员工的事迹一件件列举出来,连一位员工未歇完婚假就上班的事都没忘。最后他说:"这个荣誉是全厂员工的,没有你们的努力,就没有今天,我向大家表示深深的谢意。"

随着信息经济的来临,时代的变迁对领导权力产生了深远的影响。如今权力集中于拥有知识信息,以及知道如何运用知识的人手上。主管再也不可能握有一切信息、参与一切决策,而是必须和部属分享权力,让部属自行做出正确的决定。领导者的成就感应该来自协助部属发展,而非凡事自己作决定。**能让部属分享权力,部属便会视你为既有远见,又能着力拟定策略的领袖人物。**

美国密西根大学社会研究所的阿诺·泰宁布曾对组织权力做了大规模、有系统的研究。他们的研究涵盖了美国国内及国外各种公、民营机构,包括了医院、银行、工会、制造厂和保险公司等。从这些研究中,他们得到最重要的启示是人们越是认为自己能够影响、控制组织,则组织的效率和成员的满意度也就越高。由此可见,**分享权力能为整个组织带来工作的高度满意和优良表现。**

某家全国性保险公司,它位于各地的分公司比其他的保险公司更有效率。因为该家保险公司的总公司非常熟悉各分公司的表现,并评定其中的十家分公司表现最佳,十家表现最差。这样的评定是以许多财务数据,例如利润、增长率和费用控制,以及各分公司员工自行评分的结果为依据。在经过财务因素、环境因素以及管理因素等详细考核后,他们发现员工的力量是影响分公司表现优异和差劲的最重要因素。

这项研究中，所有的人都认可来自职位的权威。权力在许多分公司里，仍是以传统的方式分配在各个层级中，人们在某一层级里拥有的权力要比低层级的人来得多，但是，那些表现较佳的公司，每个层级里所看得见的权力，要比那些表现较差的分公司多得多。

比较成功的分公司领导人，不但深知也身体力行着"权力是可扩张的大饼"这个观念。他们明白，权力并非一种零售商品，并非当别人拥有比较多时，领导人就变得比较少。他们了解，当组织成员越是感觉拥有权力和影响力，他们的认同感和对公司的投入也就越高。领导人和成员若乐意受到彼此的相互影响，那么每个人的影响也会叠加，且可带来彼此互利的影响。

当领导人和其他人分享权力时，他们就表现出对他人的高度信任，以及对他人能力的尊敬。这仿佛是领导人缔结的一项盟约帮助员工成长发展，而这样的帮助对自己是有益的。当人们感觉自己能够影响领导人时，他们的向心力会更强，也会更有效率地贯彻自己的责任，因为他们"拥有"工作。

越是能释放影响力、能倾听、能帮助他人的领导人，也是最受尊敬和最具效率的领导人。 然而传统管理学，却迷信高度控制和铁面领导这一套，和上述的理念背道而驰。其实，领导人若能尊敬他人，就能建立信任感，而这样的信任感可以促使员工达成前所未有的良好表现。除此之外，当领导人了解人们的需要、并留意他们的需求时，他也可以有效地依照人们的才能来指派工作。在这样的环境下，人们就能比较愉快地接受领导人或新任务，将权力和责任交付给别人时，别人会报以同样的回应，这时候就可以创造一种协力和循环的做事方法。当拥戴者的能力增加时，就可以给予更多的权力和责任。而随着拥戴者承担的责任越多，领导人便能将越多的精力投注于其他事务上，这样不仅可以加强自己的影响力，也可以为部门带来更多的资源，让部属分享。

5. 分享激励技巧之二：寻求共同点，增强归属感

（1）创造共同立场

所谓共同立场，就是领导和部下之间的一种默契，即所谓的心有灵犀

一点通。发达时,上下一心朝着共同的目标奋进;危难时,同仇敌忾,互相支援,共渡难关。这是一个公司不断发展的根本前提。

怎样达成共同立场?其中一个法则就是给予利益。

给予利益,就是我们所说的奖励。利益是使部下心系公司的一条纽带,人人都趋利而动,主管向属下提供的奖赏多,他必然会对公司忠心耿耿,如果属下做成事,主管却像铁公鸡一般一毛不拔,那么属下必然会奔走他方。

可见,给予利益是与部下达成共同立场的第一步。

在工作当中主管如果想要让部属团结一心,共同努力,团结互助,相互促进,形成友爱互助的氛围,那他就要善于揭示出团体的共同利益,从而让下属们达成共识,为着共同的目标而奋斗。

其具体的方法,就是要揭示团体的共同利益,使员工们达成共识,感到大家在一条船上,必须同舟共济。

通过揭示适当的共同利益,部下不会意识到意志自身方面的限制,也就排除了他们激发干劲的最大的障碍。

此外,上司如果能让下属产生"自己人"的感觉,自然可加以学习的意愿。对于下属,找出共同点,据此加以强调,便能起到激励的作用。

从心理学而言,使对方与自己的心理连在一起的作用称为"促进彼此信赖的关系"。

寻找与下属的共同点,便相当于此种"促进彼此信赖的关系"。这种共同点愈多愈好,而且关系愈近,愈有效果。例如出生地、毕业的学校、性格、类似的遭遇等,只要能找出二三项,即不难加强团体内成员的向心力。

事实上,要找出彼此的共同点并不困难。就出生地而言,对方是否在某地出生并不重要,只要是曾经都在某地居住过,即可成为谈话的资料。

但若同校毕业者、同乡形成一个小团体时,则多半会引起其他同事的反感及排斥,此点应加以注意。

(2) 让下属有归属感

年轻员工"跳槽",会使企业在人才方面蒙受不小的损失。这一问题必须引起领导者的充分重视。

当今的年轻人更注重家庭生活。工作选择的专业范围扩大了，对工作的各方面因素也变得越来越挑剔，比如工资、住房、人际关系、福利待遇等。他们容易"跳槽"，对单位的依赖感和亲近感远不如年老员工；他们最看重的，往往是收入的高低，不像中年人那样偏向稳定。他们往往在获得了一定的工作经验和能力之后，就跳到条件更优越的单位去，谋求更好的发展机会。

这种人不大受欢迎。虽然他们有充沛的精力，足够的能力，但一旦"跳槽"，则使原单位在人才、信息、公关以及正常工作程序方面都受到重大的损失。业务骨干的跳槽甚至会使相关工作中断。对这类员工，领导在欣赏他的优点的同时，不能不为他的野心感到担忧和焦虑。在接受"跳槽"员工之前，要事先查看一下他的记录。他的工作能力固然重要，他的目的也不容忽视。**纯粹将你的部门作为跳板的人在录取的时候要慎之又慎，不要等你依靠于他而他要跳槽时再想办法补救。**

如何挽留员工？除加薪外又有什么方法？方法就是归属感，因为归属感能让员工与大家分享组织的一切。

员工外流，不外乎为名、为利、为争口气。为名者，希望职位上、名衔上有所改善；为利者，更加简单，一切向钱看；争口气者，则不满上级的不公平对待，跳槽为求证明自己的能力。

为利者，公司可以增加其他额外福利，例如医疗、房屋津贴、交际津贴，甚至汽车津贴等。这样一来可以令员工的收入增加，二来也避免大幅加薪。

至于为名的员工，公司则要小心审察公司的结构，看看有什么方法既可提高该员工的职衔，但又不会牵一发而动全身。

至于为争口气的员工，公司一定要弄清楚人事斗争的背后原因，不妨把他调往另一个部门继续为公司效力。

除上述方法之外，还可以通过以下五种方法来提高员工的归属感。

其一，为他们提供良好的工作环境；

其二，制订利润分享计划；

其三，让他们享有选购公司产品的折扣及优先权；

其四，尽量采用内部升迁，使得人人都有晋升的机会；

其五，在特殊节日里向他们分发具有一定价值的礼物。

（3）把企业成员看成是平等的伙伴

美国前总统里根有一次在华盛顿公园演讲，正好一对年轻人在公园举行婚礼。因为里根是新闻人物、大人物，不少来宾跑去看里根了，使得婚礼冷冷清清。这对新婚夫妇写信给里根总统，将他好一顿埋怨，里根连忙写信致歉，并送上一束鲜花表示祝贺。

美国人的这种平等精神已经渗透到企业人事管理中去了。他们认为，对员工的尊重和信任是企业经营管理的核心内容。**尊重和信任首先要平等待人，管理者与被管理者打成一片，不分彼此。**美国一些大公司已经取消了经理专用停车场、专用洗手间、专用餐厅；一些企业主管经常下工厂和工人交谈、争论，或跪在地上和工人一起摆弄机器；一位经理公开讲过："凡是我能做的，大家也有权做……"他们认为特权必然造成上下级之间的隔阂，使员工情绪低落，影响工作效率。像电视台播出的美国电视剧《大饭店》里的总经理彼得先生，他对待普通的侍者戴夫、治安员比利、登记员梅甘等一些小人物总是那样彬彬有礼。电视剧可能有美化生活之嫌，但毕竟可以看出美国管理的平等导向。

日本企业提倡团队精神，平等意识更加强烈。不少经理、董事长在车间同工人穿一样的工作服，一起干活；下班一起到酒吧喝酒聊天，到舞厅娱乐，简直就像一家人一样相处。纪实文学《日本留学一千天》，就生动地记述了中国留学生和日本饭店领导一同工作、一同喝酒、一同唱歌的情形。中日合资上海重机缝纫机有限公司日方总经理佐伯先生年过半百，每日下车间和员工一起做工、搬弄集装箱、吃饭、聊天，倘若哪位员工有红白喜事，他还要花钱买点礼物。

美国、日本企业家的这些做法，满足了员工自尊的需要，分享了甘苦，共尝了成果，缓和了管理者与被管理者之间的矛盾，协调了上下级之间的关系，从而激发了员工的工作热情。如果管理者以高高在上的姿态进行管理，势必导致员工的逆反心理，激化矛盾。**管理者以平等的地位出现，就会淡化矛盾，员工必然有归属感、安全感、认同感。**

我国企业中对干部同群众之间建立平等的关系一直是注意的，但是目前，某些企业平等的意识还不浓，伤害了员工的积极性，造成了干群关系紧张。比如，不大的干部就有专车，别人不准用；专给领导准备餐厅；领导发的任何东西都比员工多，连劳保用品和工会发的电影票都是双份的、最好的；专为领导组织旅游；领导可以不记考勤，爱几时来就几时来，没人考核……诸如此类的特权很多，员工经常背后骂大街。还有一些就更不平等了，如管理人员挖苦讽刺员工，像训斥小孩子一般。

企业管理的中心是对人的管理，人与人之间虽然职务不同，但在人格上都是平等的，只有在平等的基础上管理，才能激励员工贡献出聪明才智。所以，企业主管要放弃一切形式或实质上的特权，穿上工作服，和工人一起上班，一起就餐，一起娱乐，去共享一切，这样尝试，员工肯定会接纳主管的。

6. 分享激励技巧之三：激励员工的自豪感

员工的自豪感是其主人翁精神焕发的感情基础，它来源于公司对员工组织感情的重视程度与方式。

在一次计算机产品展示会上，国际商用机器公司带着他们的拳头产品也来参展了。在他们的展台前，一位在国际商用机器公司工作了20多年的老员工与参观者们亲切交谈着，有些人甚至与他互换了名片。那张名片制作得是如此精美，让接受者不得不为之赞叹。名片上是一个蓝色镶金边的盾牌，印着烫金的压纹字。那个盾牌是那位老职员25年工龄荣誉徽章的复制图样，上书"国际商用机器公司，25年的忠实服务"。

这也许不是什么大不了的事，但正是通过这一种"不引人注意"的方式，公司对职员传达了对雇员25年工作的感激之情，并且希望让每一位员工熟悉、认识，让所有职工都来分享这份荣誉。

这位老员工是足以为之而感到自豪与骄傲的了，当他在与别人互赠名片时，他内心深处激荡的不仅仅是那份对组织的崇敬之情，还有如何利用自己的有生之年为这个光荣的、奋斗了25年的公司再增添一份荣誉的激情。

主人翁精神意味着自豪感的不断增强——为自己感到自豪，也为亲密的同伴感到自豪，这种自豪来源于公司赋予的荣誉，以及公司赢得的声誉。

自豪感是抽象的事物，但从员工们自信的神情，以及他们自觉为组织所做的每一件事情，都能折射出这种美好的情感的光华。作为组织的管理者就要为这种伟大的精神创造回归的空间。

在香港的一家公司，新年将至，公司经理将制作精美的新年台历作为礼物送给每位员工。员工们拿着台历情绪并不高涨，公司业绩那么好，年终却只有一本台历，人们心里发着牢骚！可当他们拆开一看时，顿时全都明白了经理的心意。

台历显然是特制的。在每一页的背后全是语录与一些重大事件、事迹的记录。这些语录都是员工们在过去的一年中对工作的"心得体会"与总结，还有一些是善意的怨言。细心的经理将这些资料经过整理，加工制作成了这个有如员工感言录的台历。在台历中，有几页是这样写的：

"发现本人有良好的口才与组织才能，在现在部门不太对口，可否让我一试身手！"

——蒋真

"大家都知道质量的重要，可为什么质量却还是没有改进，我觉得我们缺乏一个有效的监督机构。"

——陈鹏

"主管销售的部门人员应该换辆车了，那辆破吉普没有效率，也降低了公司的格调！"

——刘仪

这些出自员工之口的话，让员工们通过这本精巧的台历再一次回味，心里真是暖融融的。

这本台历的巧妙之处还在于将公司在上一年度发生的较重大的事件，与员工的事迹都按照月、日写进其中，在相关的每页中都有总经理的致谢信与亲笔签名。

毋庸置疑，这一本本分散在员工手中的台历，是最好的新年赠品。员工在理解了组织的关怀的同时，也定会为拥有这样一个温暖的环境而感到无比自豪。

麦当劳是人们所熟知的。在麦当劳的一家连锁店的经理这样说："公司如果名扬四方，遥遥领先，那么你的员工会感到他们都成了明星，而他们也会像明星那样工作。"员工的自豪感与主人翁精神需要你对他们的关怀，同时也来自于组织所创造的一个个成绩，以及所赢得的个人声誉。

在麦当劳工作的员工，遍布世界各处，他们鲜艳的制服、麻利的身手、饱满的热情，会让你在吃快餐的同时，还领略到一种快感。员工们工作的自豪感也深深感染着每一位顾客。

似乎每一位员工都深切地懂得那个 M 型字样代表着什么含义，因为身处的企业是最大的快餐店，也是有着最多的连锁店的组织集团，所以自己也应该以最好的服务来为之奉献。

自豪感确实是可以培养的，无论是 IBM 的精神名片，还是印满员工心语的特制台历，或是麦当劳 M 字样的神奇魔力都可以看出员工的自豪感、荣誉心，这都是管理者与组织悉心培植的结果。当然，这些培植最好是从小处着手！

那么什么是微不足道的小事呢？也许说出来你不信，许多成功的公司似乎都将眼光投向了卫生间，他们都在大力宣传清洁的洗手间与员工的自豪感之间的微妙关系。**我们当然并非要每位经理都去搞厕所文化，但主管必须要从这样的小事着手去树立员工的自豪感。**

有一位经理曾做过一篇"对于人的刻骨铭心的信念"的演讲。之后，一位上了年纪的老员工找到他，说了这样的话：

"我喜欢你讲的那些东西，但你宣扬的那种信念真能鼓起我们的信心与自豪感吗？它们离我们太远了，太抽象了。其实，全部的问题都在于干净的卫生间上。一切都应当从清扫厕所开始，假如那个鬼地方臭气冲天，看上去脏得像地狱，假如你自己都不愿在那里小便，哪里还有什么自豪感，谁还会在乎或者关心工作？如果商店的天花板都挡不住楼上厕所的臭气，那你怎么还能宣传对自己产品的自豪感呢？即使你说了，谁又会相信呢？"

老员工的话的确非常的朴实，但却提醒主管，员工的自豪感的形成是一个积累的过程，我们应从小处着手，激发出员工的自豪感、荣誉心。

三、股权激励：激励高级管理人员的最佳选择

世界知名企业的成功经验证明，让高级管理人员持股是促使其忠实履行责任，强化经营管理和提高企业经济效益的有效方法。企业让高级管理人员持有股权，便将其个人利益与公司利益紧紧地融为一体，与公司风雨同舟，使他们对公司前途充满信心，认真负责地管理公司和发展业务，对于激发持股人的聪明才智和敬业精神，改变公司管理体制，提高工作效率起着至关重要的作用。因而公司获得了超常发展，持股人从中得到了巨大利益。此外，**股权激励有利于更好地吸引优秀人才、留住优秀人才、减少人才流失，也有利于激励管理者提高经营决策水平，提高抵制腐败行为的自觉性。**

1. 股权是管理人员发展的激励支点

自从1789年人类历史上有了第一个企业以来，如何激励管理人员成为人们一直关注的问题。是强制和高压，即通过大棒来获取超额利润，还是牛奶加面包式的犒劳，稳定员工和激发创造力呢？是X理论，还是Y理论，抑或是Z理论更适合企业呢？特别是我国，经历了从理想主义到现实主义的回归，经历了从精神世界和物质世界的富裕和贫困的交替变迁，达到双平衡是人们的共同追求。**一旦人们的思想打开樊篱，而新的道德秩序和行为规范还没有到位，就会出现无序和混乱的振荡阶段。**

我们常常看到这类的报道：某某把某个企业搞得乌烟瘴气、一塌糊涂，却能心安理得地升迁到另一个企业继续做官，造假功夫越高、贼胆包天者，头上的光环越多、官衔越大，因此也就越安全、保险系数越大。在这场游戏中，最终损失的是国家的利益，是广大劳动者的利益。表面静如止水，实则潜伏暗流，我们惊异于：雷锋在异国西点军校开花结果，大庆精神被成功移植到日本许多企业，而这"精品"的主人们都似乎迷失了航向。

当然，我们在这里鞭挞我国目前存在的一些丑陋现象，并不是要全盘否定我国的企业界，应当看到有许多企业这些年在经营机制的转换、管理

制度的建立和完善、营销策略的运用等方面取得了显著的成效。我们在这里主要探讨的是：未来管理人员发展的激励支点在哪里？

首先，管理学专家认为最根本的法宝在于激励自我实现，而这一点往往被人们所忽略。

按照马斯洛的需求层次理论，人的需求自下而上分为五个层次：生存需要、安全需要、社交需要、自尊需要和自我实现需要。这里的自我实现就是指个人通过自己的诚实劳动、科学经营达成自己的理想目标。也就是说，管理人员们在现实世界与理想世界之间存在着缺口，要弥补缺口就必须付出努力。当然，管理人员在制订自己的理想目标时，必须考虑自身的经营能力，目标不能订得太高，高不可攀容易受到挫折；同样地，目标也不能订得太低，太低会缺乏激励效应，管理人员容易满足，无法产生成就感。

当务之急，是必须撕下面具，重塑价值观念和伦理道德体系，呼唤自我理念的复归，倡导自我实现的追求，只有自我观念的复位才有可能建立合理的管理人员激励机制。否则，无论是年薪制还是经营者股票期权等良方，都会在中国这片土地上失去作用。

其次，应当客观看待经营者的奉献与索求，对管理人员准确定位。

管理人员不是慈善家。在当今世界，罗宾汉式仗义行侠的管理人员不可能持久，西部牛仔式劫富济贫的管理人员只能是驿站过客，武士道式一夫之勇的管理人员尽管悲壮但仍不足取，而梁山好汉式均贫富的管理人员只能接受招安，靠政府的供给过日子。

管理人员不是圣人，不是没有七情六欲，必要的物质激励十分有用，但话说回来，人毕竟不同于低级动物，人有精神追求，有自我实现的追求，在有些时候，人完全可能"超越自我物质需求"（弗洛伊德说法），达成精神实现。

管理人员不是政治家，不可能包办所有社会问题，管理人员不应当把企业作为自己增值保值的砝码去敲开政府大门，商而优则仕的做法不应鼓励。

再次，经营者与企业利益更紧密地结合在一起，通过经营者股票期权这个"金手铐"留住人才，也有利于降低企业的代理成本。

所有者与经营者之间的关系实质就是委托和代理关系，所以可以说委托和代理是微观企业治理中的核心问题。然而，由于所有者和经营者存在着信息不对称，而且所有者和经营者的追求目标存在着差异，所有者关心的是资产的保值增值，经营者关心的是自己的收入和奖励，所以如果激励制度不到位，就可能会出现经营者滥用职权，或者在其位不谋其政，抑或风险经营造成亏损，损害了所有者利益的情况。比如尽管现在许多企业经营者的工资收入水平比较低，但是如果考虑到他们庞大的"在职消费"，那么其实中国的企业经营者是世界上待遇最高的。也就是说，传统体制下，企业的代理成本十分昂贵。因此，经营者股票期权可以有效地解决经营者和企业所有者之间的利益平衡问题，降低企业的代理成本。

2. 股票期权是调动管理人积极性持久的新方式

调动企业管理人员的积极性是保证企业经营管理稳定的有效途径之一。股票期权，是企业给予高级管理人员的一种权利，是企业一种激励人才的新型机制。股票期权已是当今各企业人事管理的流行模式。

（1）股票期权是一种激励机制

股票期权是一种特殊的股权，它可以在市场上流通，也可以作为企业资产所有者对经营者实行的一种长期激励的报酬制度。

标准的股票期权是指经营者享有在与企业资产所有者约定的期限内（如3~5年内）以某一预定的价格购买一定数量本企业股票的权利。行使本企业股票期权的经营者，在约定期限内，按照预先确定的价格购买本公司股票，如该股票价格届时上涨，那么，经营者在他认为合适的价位上抛出股票，就能赚得买进股价与卖出股价之间的差价。

据资料显示，在全球排名前500的大企业中，至少有89%的企业对经营者实行了股票期权制度。我国率先实行股票期权制度的国有企业是上海仪电控股（集团）公司（1997年）。目前，已经有上海市、武汉市、深圳市和北京市制订了对国有企业经营者实行股票期权制度的方案。

公司的高级管理人员时常需要独立地就公司的经营管理以及战略发展等问题进行决策。诸如公司购并、公司重组以及重大长期投资等重大决定，给公司带来的影响往往是长期性的，效果往往要在 3~5 年，甚至 10 年后才会体现在公司的财务报表上。如果一家公司的薪酬结构完全由基本工资及年底奖金构成，那么出于对个人私利的考虑，高级管理人员可能会倾向于放弃那些短期内会给公司财务状况带来不利影响但是有利于公司长期发展的计划。为了解决这类问题，公司可以设立一些新型激励机制，将高级管理人员的薪酬与公司长期的业绩联系起来，鼓励高级管理人员更多地关注公司的长期持续发展，而不是仅仅将注意力集中在短期财务指标上。

经营者获得股票期权主要有两种途径：一是经营者要投入个人资金购买股票期权；二是根据经营者的业绩获得股票期权奖励。一般来讲，依据股票期权持有的股票，应在任期届满或延后几年经考核合格后才允许流动和兑现，这样做更加强调了对经营者长期经营业绩的考核，促使其关心企业的长期发展。

建立股票期权制度主要是解决企业责权不统一的问题。那么什么样的企业可以实行股票期权制度呢？凡经过公司制改造的企业均有资格实行股票期权制度，这些企业应包括国有资产控股的股份有限公司（上市和未上市）、国有资产控股的有限责任公司、国有独资公司在内。未实行公司制改造的国有企业不得实行股票期权制度。

(2) 股票期权让企业与管理者共担风险

股票期权主要有以下几种：经营者用个人资金购买的股票期权，包括经营者的部分现金奖励化的股票期权；调整公司股本结构，划出一部分形成经营者的股票期权，用于设立经营者岗位股（干股）或奖励业绩良好的经营者；对有突出贡献并得到社会各方面认同的经营者，实行其无形资产（人力资本专用性）折股形成股票期权；通过股权转让形成经营者的股票期权；在公司增资扩股中形成经营者的股票期权。

在企业实行股票期权制度的初期阶段，应以第一种形式为主。将对经营者的部分现金奖励转化为股票期权，既适当降低了对经营者庞大的现金支付，又相当于让经营者自己出钱买股票期权，使经营者承担部分经营风险。

(3) 实行股票期权要因人而异，因地制宜

美国有接近一半的公司使用股票期权计划作为一种激励机制，各个公司的规定有较大差异。根据美国国内税务法则，可以将不同的股票期权计划分为两类：激励性股票期权以及非法定股票期权。激励性股票期权必须符合国内税法的相关规定，持有者的期权收益可以按资本升值纳税，同时，公司纳税时可以在税金中扣除；非法定股票期权的实施条款不受国内税务法则限制，可以由各公司自行规定，但是个人收益不能从公司所得税税金中扣除，个人收益必须作为普通收入缴纳个人所得税。

股票期权发展初期，其受益人主要是公司的高级管理人员。近年来的发展趋势是将受益人范围扩大到本公司、本公司母公司或者子公司的所有全职雇员。

高级管理人员一般在以下三种情况下获赠股票期权：受聘、升职、每年一次的业绩评定。通常受聘时与升职时获赠股票期权数量较多，每年一次的业绩评定后获赠的股票期权数量较少。董事长的薪酬委员会将根据该高级管理人员的工作表现、公司该年的整体业绩来决定合适的股票期权数量。股票期权的赠予额度一般没有下限，但是有些公司规定有上限。例如雅虎公司规定每人每财政年度获赠的股票期权不得超过150万股。

3. 高级管理人员持股的激励效应

西方发达资本主义国家的经验证明，高级管理人员持股是促使其忠实履行责任，强化经营管理和提高企业经济效益的有效方法。外国公司在这方面的做法一般是制订一套吸引高级管理人员购买本公司股票的优惠措施，以一个优惠的价格向高级管理人员配售一定限额的股票，高级管理人员在认购了这些股票后，在规定的期限届满后才可以转让。一些公司甚至根据高级管理人员的职务高低及责任大小送给一定数额的股票，目的是把他们的个人利益与公司效益连接起来，促使他们认真负责地管理公司和发展业务。

建立高级管理人员持股制度对于激发这些人的聪明才智和敬业精神，以改变公司管理机制，提高公司效益来说是一条值得探索的道路。这一制

度至少有以下几方面的好处。

首先，高级管理人员持股制有利于增强高级管理人员对公司的责任心。

高级管理人员持股后，其个人利益就与公司利益紧密地联系在一起，一荣俱荣，一损俱损。不仅如此，由于管理人员的职位越高，其所持股份的数额也越大，他的个人利益的收益和风险也越大，责任心也会越强。这种制度对高级管理人员既是动力，又是压力，但无论是动力还是压力，终归能够促使高级管理人员对企业更加尽心尽责。

其次，上市公司高级管理人员持股能增强投资者对公司股票的信心。

上市公司的高级管理人员持股情况应每年在公司披露重大事项的文件中予以披露。当股民看到高级管理人员持股，而且某些高层管理人员持股的数量还较多时，会增强对该公司股票的信心，股民会觉得公司的高级管理人员与他们共同分担着公司在经营中可能遇到的风险。特别是在公司遇到了某种市场压力，公众对公司的前途各执一词的时候，如果高级管理人员能在允许认购的额度内尽量多认购本公司的股份，对稳定股民对本公司股票的信心会产生极大的作用。

其三，高级管理人员持股有利于提高公司的决策水平。

在其决策不但会直接影响公司的利益，也会间接地影响到个人利益时，管理人员在决策时就会慎重得多。在有关的决策者对决策的后果并无十分把握时，他的决策过程可能很自然地民主化，听取其他管理人员、职工或专家的意见。为了增大公司的利益，同时也使其个人利益最大化，管理人员会反复斟酌、权衡利弊以选择最佳和最实际可行的决策，这在某种程度上有利于减少那些好大喜功、轻率盲目的决策。

其四，建立高级管理人员持股制有利于建立一种有关管理人员会业绩的综合考评方法。

现在对经营管理人员业绩的考察，通常是以其为公司创造的效益为基础逐年考察的，这在客观上刺激了经营决策上的短期行为。建立高级管理人员持股制至少可以促使管理人员关心公司未来直至自己卸任后一段时期内的效益情况，而且促使管理人员将注意力放到公司主营业务上，提高公司的生产效益，这样才能使资产和股票增值。所以，建立高级管理人员持股制后，管理人员更倾向于接受一种综合的考评办法。

其五，建立高级管理人员持股制也是防止腐败的重要方法。

在管理人员持有公司一定股份后，他们就会对现有的一些腐败做法主动抵制，因为公司利益的减少就意味着个人利益的相应减少；至少那些拿着公司的财产为个人润滑人际关系的做法将引起其他管理人员的不满。

其六，高级管理人员持股制可以作为一种动态的奖惩制度。

如果高级管理人员能在任期内得到适当的奖励，卸任后人走茶凉，就只能刺激高级管理人员在任期内为自己捞足敛够。如果高级管理人员卸任后可以对自己给公司造成的困境不负任何责任，利益不受任何影响，那也不能很好地制约高级管理人员为公司负起长远的责任。因此，首先，可以让奖惩作用与管理人员的经营效果直接挂钩。**如果经营效益好，高级管理人员会因此得到一份丰厚的回报；相反，如果经营效果差，管理人员的预期个人收益也付诸东流。** 其次，让奖励和惩罚的力度动态化，经营效益越好，奖励越多；经营越差，惩罚越重。在这种制度之下，高级管理人员在卸任后一段时间仍可能从公司得到一大笔财富，自己为公司所做的贡献在卸任后仍有回报，这对高级管理人员来讲是一个有效的激励机制。

4. 高科技公司管理人员的股权激励

高科技公司能否持续发展，关键是人才，而如何引进人才、留住人才、开发其创新才能则是人才工程的三大主体。目前我国大部分高科技公司都存在一个重大制度缺陷，即长期激励机制的缺位乏致使人才战略难以很好地实施，人力资源管理处于低效状态，从而极大地影响了高科技公司发展的后劲。同时证券市场为高科技发展服务也仅仅表现在金融支持上，更深层次的支持功能比如激励功能、竞争优势的培育功能则显得极其微弱。

在我国，大部分高新技术公司中的高级管理人员和科技人员的收入是以工资、福利、奖金为主，股权收入很少。 这种薪酬制度有三方面的缺陷。

一是激励短期化。因为工资、福利只是才能和努力的历史指标，弹性不足刚性有余，同时差距有限，基本上对人的工作没有激励效果，而奖金是对本期（或月或季或年）贡献的报酬，评定标准主要是以上一财政年度公司经营业绩为准，与公司未来没有关系，公司价值的变动与经理人员的当前收入几乎不存在相关性，这样必然导致经理人员的短视心态和短期行为。这种制度必然导致个人理性和公司理性的矛盾，其必然的结局是公司利益得不到保护。

二是不利于人才引进。由于现行的薪酬制度提供的是一种非常弱的短期激励，因此就没有办法形成机制优势去吸引和聚集高素质的人才并使其努力工作。目前我国许多高科技公司处于二次创业阶段，市场的发展和业务的拓展急需更多的优秀人才，但因激励制度落后，人才引进和开发的难度很大，即使一些优秀的公司也同样存在这种问题。

三是不利于技术创新。公司经理是资源管理者，对公司的发展具有决策权力；科技人员是公司的台柱，公司的命运与他们的行为关系重大。如果一家公司的薪酬结构完全由基本工资及年度奖金构成，那么出于个人私利的考虑，经理和技术人员可能会倾向于放弃那些短期内会给公司带来不利影响但是有利于公司长期发展的创新计划。这显然不利于公司的长期持续发展。

认股权制度是对现行薪酬制度激励弱化的矫正，体现在以下两个方面。

一是提供长期激励机制。在认股权制度下，经理人拥有按某一固定价格购买本公司普通股的权利，且有权在一定时期后将所购入的股票在市场上出售获取收益。经理认股权使经理人员能够享受公司股票增值所带来的利益增长并承担相应的风险，在经理人看来，最重要的不是已经实现的收益，而是他们持有的未行权的认股权的潜在收益，从而可以实现经理人利益的长期化。即使经理人退休或离职仍会继续拥有公司的认购权或股权（只要他没有行使认购权及抛售股票），会继续享受公司股价上升带来的收益，这样出于自身未来利益考虑，经理人员在任期间就会与股东保持视野上的一致性，致力于公司的长期发展。

二是增强公司凝聚力，强化创新意识。在认股权制度下，企业支付给经理人的仅仅是一个认股权，是不确定的预期收入，这种收入是在市场中实现的。在这种制度下，经理人和股东收益实现渠道是一致的，真正建立起"利益趋同、风险共担"机制。此时大家都会把公司的生存和发展当成自己的事业来看待，会主动为公司的长期发展尽力尽责。当然，经理人持股的优越性对任何公司都是一样的，我们要强调的是，股权激励机制，特别是科技人员持股对高科技公司的发展尤其重要，是高科技公司持续发展的必然选择。国家应尽快出台相关的优惠政策，鼓励高科技公司对科技人员实行股权奖励，这不但关系一家或几家高科技公司的生死存亡，更重要的是关系着我国高科技产业的发展。

5. 对股票期权激励的冷思考

股票期权在激励企业管理者、减少代理成本、改善治理结构、促进稳健经营等方面能起到积极作用这一点已经成为不争的事实。但股票期权在我国还是一个新生事物，还极不规范。它的本质特点究竟是什么？能否在我国目前的经济大环境中获得迅速发展？在现实制度上和具体操作中又会存在什么障碍？这些问题需要我们冷静思考和深入探讨。

（1）股票期权存在的一些缺点

首先，经营者片面追求股票升值的收益，可能导致企业经营的短期行为，出现经营者的收益与所有者的收益增长不同步的现象。因此，有人质疑经营者股票期权——经营者的"金手铐"，能否成为"套牢"经营者与企业利益关系的良方？

其次，通过业绩好坏来激励经营者，有可能掩盖了某些真实情况。比如，某企业的经营业绩在考核中比去年有了较大进步，但是这种进步可能并不是经营者管理能力的发挥产生的作用，而是由于整个社会环境的变化、行业发展甚至可能得益于政府的支持。例如，近几年美国的高科技企业的股票巨幅升值，CEO们因此获得了高额的经营者股票期权奖励，但是这是整个信息行业的发展促使了这些企业业绩上升，很难说是他们的经营所致。

（2）我国推行股票期权面临的问题及建议

没有包治百病的灵丹妙药，在设计管理者激励和约束制度时，不能期望一种激励约束制度能够完全解决中国企业目前存在的问题。中国，在经历了承包制、租赁制、抵押资产、年薪制、绩效挂钩、员工持股等形式后，股票期权作为舶来品，还是近几年的新生事物。目前，股权激励存在一些发展问题。

①股票期权是激励方式而非产权重组。股票期权作为企业一项新的金融创新，在美国多数公司得到成功实践和推广。股票期权是企业所有者对企业管理者实行的一种长期激励的报酬制度。具体是指经营者享有在与企业资产所有者约定的期限内（如 3~5 年内）以某一预先确定的价格购买一定数量本企业股票的权利。行使股票期权的经营者在约定期限内，按照预先约定的价格购买本公司股票，如该公司经营业绩优良，股票价格届时上涨，则经营者在他认为合适的价位上抛出股票，就获得差价利润。

从股票期权的基本含义可以看出，它实质上是企业所有者对经营者的一项长期激励制度，企业所有者的目的就是利用一种长期潜在收益激励企业员工尤其是高级经营者，促使企业经营者的目标与企业股东的目标最大限度地保持一致，保证企业价值的持续增长。而企业经营者的目标就是通过行使这种权利获得丰厚收益而非企业的所有权。实行股票期权的前提和基础是企业的产权可以衡量，具体讲就是企业的股权可以分割，并随时可以进行市场计价，这就需要有一个较为完善的资本市场。而股票期权制度成功的关键是企业经营者认为在可预期的未来行使期权会有利可图；如果风险过大，或收益过少，经营者不会有兴趣，这种激励方式就失去了意义。

在民营企业，由于企业产权明晰，企业的所有者实行股票期权是为了用资本的纽带联结企业和员工，进一步给经营者以长期激励。但由于在我国占主导地位的是国有企业，其面临的困难也较多，于是股票期权成为一部分国有企业破解产权难题、走出经营困境的新希望。政府和国有企业主要是希望利用这样一种新的金融工具，解决国有企业产权不清的难题，这中间产权制度建设成为主要动因。因此人们大都是寄股票期权希望于后者，**这实际上曲解了股票期权的内涵，违背了设计股票期权的初衷。**因为股票期权毕竟只是激励员工的一种手段，其对员工的最大价值就是获得差价利润而不是控制公司。因此股票期权实质上并不是一种企业的产权制度安排，如果政府和国有企业把解决产权问题的希望寄托在股票期权上，试图以一种手段解决一个制度问题，就会走入思想误区，最后难免大失所望。

②股票期权环境条件尚待成熟。从我国资本市场发育程度和有关政策制度分析，目前并不具备实行股票期权的成熟条件。

其一，现阶段中国证券市场环境还不十分完善。我国资本市场不完善，实施股票期权存在较大障碍。最适宜实行股票期权的企业就是上市公司，但如果非上市公司发行股票比较容易，也可以把未来的股票作为股权来激励经营者。而我国目前国有企业还占主导地位，许多国有企业都没有进行真正公司制的改造，没有实行股票期权的基础，而且在国有企业还普遍存在着所有者缺位，内部人员控制等问题。同时我国资本市场刚刚发育，公司改制上市的限制目前还比较严格，实行股票期权的一般基础——股票都不存在。而且，我们目前还不是一个强式或半强式有效市场，公司股票的价格与业绩并不高度相关，股价在很多情况下并不反映公司的质量。有些公司业绩并不怎么好，只是由于流通盘子比较小，庄家比较感兴趣，所以股价一直比较活跃；有些公司甚至出现操纵利润、和庄家联手操纵股价等现象。**所以，股份与公司的经营业绩背道而驰成为一种常态，股价往往并不能反映公司经营者的实际经营业绩。**经营业绩好，股价不一定高，反之亦然。因此，仅此单一的手段能否有效激励经营者，还是一个未知数。

其二，经理人市场现在还没有真正建立。很多国有控股企业的经理不是由市场来筛选，而是由政府主管部门或者大股东来筛选，而筛选者又不一定追求股东和公司收益的最大化，它们选择的经理，常常并非是最佳人选。

其三，法律、法规问题有待解决。在我国，政府在股票期权计划的实施面具有重大影响，一方面政府作为国有资产的代理人和大多数上市公司的大股东，对公司内部股票期权计划的制定实施起决定作用，另一方面作为社会事务的管理者，政府又是各种法律政策的制定者。从国际惯例来看，企业股票期权计划中的股票主要通过增发新股和回购本公司股票来实现，但在我国这两个渠道都受到限制。例如《公司法》第 149 条规定"公司不得收购本公司的股票，但为减少公司资本而注销股份或者与持有本公司股票的其他公司合并时除外"，这就极大地限制了股票期权计划的股票来源。同时《公司法》第83条亦规定除发起人认购股票外，"其余股票应当向社会公开募集"，上市公司新发行的股票应向原股东配售或向社会公开募集，公司一般不得留置。它限制了公司通过发行新股获得股票来源。另外，所有的股票发行和回购都需要证券监管部门的核准，中国证监会《上市公司章程指引》第24条和26条对此都有明文规定。这些要求在一定程度上延长了股票期权计划的实施时间，增加了股票期权计划的实施成本。

其四，没有形成一套完善的操作机制，缺乏操作经验，也没有一套正式和非正式的操作规程。实施股票期权在理论上已没有很大困难，但在实际的技术操作中却面临众多难题。由于股票期权最后还是要由具体的企业去设计和实施，企业股票期权设计方案的好坏直接关系到最后的成败。**如果激励程度过大，则造成企业成本过高，反之却会使企业经营者失去兴趣和动力。**企业里哪些人可以获得期权，是少数核心管理人员还是包括一般员工？股票又从哪里来，能否规避法律的限制？如何科学衡量经营者贡献的大小？如何合理设计期权的数量和价格？行权期限如何规定？经营者以何种方式行权，现金还是无现金？如果以现金购买，经营者可能拿不出巨额资金；如果进行非现金行使，先卖后买的卖空行为在法律上又有限制。由于实施股票期权计划是一种企业行为，具体到不同企业，尤其是国有企业，又会遇到各种复杂的矛盾。一旦设计不当，就会适得其反。因此，必须权衡各方面的利弊，大胆假设，小心论证，摸着石头过河。

其五，尚未防止只有激励而无约束，激励与约束不对称的问题。要激励也要有相应的约束、合理的惩罚措施。许多管理经营者把股票期权看作"最后的晚餐"，不吃白不吃。

其六，税收政策和会计制度尚待完善。就目前美国的情况而言，由于涉及纳税的问题，无条件股票期权和激励性股票期权两者略有不同。无条件股票期权执行时没有税收优惠，要交所得税，但是，在出售时都需要缴纳资本税。而我国目前的税收政策尚不明确。因而没有特定的税收优惠。

从我国的实际情况来看，目前对股票交易行为除了征收证券交易印花税外，还对个人的股息、红利所得征收个人所得税。这些规定不利于股票期权计划的实施，在无形中加大了公司的成本，减少了经营者的实际收益，最终激励的目的难以达到。其次是没有相应的会计准则来规范。美国会计准则委员会意见第 25 号——股票期权的会计处理（1972 年），对企业此类业务的会计处理做了比较详细的规定，使有关企业的会计计量和确认有了原则和依据。但我国在会计制度建设方面还比较滞后，加上股票期权的推行刚刚起步，还没有相关的会计准则和规定，企业难以对此类业务进行较为恰当的会计处理，实际上也影响到企业的实际损益和股票期权计划的有效实施。

其七，经营者、大股东与小股东的着眼点不同，会导致经营方向的偏差。特别是，在我国股市操作上存在着较大的投机行为，股市上的厚利极具诱惑力，因此可能出现经营者关注从股市上获利，而不在经营管理上下功夫。所以，"三年董事长，万两雪花银"的现象并不少见。因而股票期权并不是万能的。

其八，最根本的问题在于如何进行绩效考核。因我国目前的股市不成熟，股票信息失真，无法真实反映企业的业绩，同时也严重地影响了对经营者的业绩考核。因而，我国目前经理层存在着年度报酬与业绩不相关的问题。

针对以上的问题，有关专家提出如下的建议：

- 国家有关部门尽快出台统一法规政策。
- 培育推行股票期权的大环境，包括产权明晰、税收减免、规范股市等。
- 激励对象应当包括核心管理层和技术骨干。
- 积极探索虚拟股票的激励方法，以回避目前现状约束。
- 推动长期激励制度的同时必须强化约束机制。
- 培育经理人阶层，鼓励中介机构的进入。
- 明确税收政策和会计制度。
- 建立健全绩效考核制度。

所以，我们奉劝人们对股票期权应有一个清醒的全面的认识，面对现实，做好基础工作，让股票期权在激励企业高级管理者的实践中结出胜利的果实。

第四章
对员工的精神激励

　　精神激励是相对于物质激励而言的，是指通过一系列非物质方式来满足个体心理需要，改变其思想意识，激发其工作活力。

　　美国著名心理学大师马斯洛认为，人的需要分为生理需要、安全需要、社会需要、尊重需要和自我实现的需要这5个等级，其中后3种较高级的需要主要是通过精神激励来满足的。美国另一位著名心理学家麦克利兰则认为，像经营管理者这样的人主要有对成就的需要，合群的需要和权力的需要这3类社会性需要。这3类需要无疑都是通过精神激励来实现的。

　　企业员工的需要是多方面的，因此对他们的激励也不能单纯是物质激励。事实上，在物质收入达到较高水平后，金钱等物质手段的激励作用会越来越弱，而精神激励的作用会越来越大，重视对员工的精神激励可以说是十分必要和重要的。

一、尊重激励：满足员工的自尊心以凝聚人心

尊重激励是激励管理中的一种基本方式。上级尊重下级、领导尊重下属，员工之间的相互尊重，是一种强大的精神力量，它有助于整个组织的和谐，有助于组织团队精神和凝聚力的形成。

1. 尊重是激励与管理的重要根基

尊重，包括尊重自己和尊重别人，或者称为自尊和尊人。什么是自尊呢？自尊就是自我尊重，表现为人对自我行为的价值和能力被他人及社会承认或认可的主观要求，是个人对自我价值和尊严的追求。自尊既包括对获得信心、能力、本领、成就、独立和自由等的愿望，也包括来自他人的敬重，例如威望、承认、接受、关心、名誉地位和赏识等。尊人，是指尊重他人，社会和自然。这里体现出尊重的二重性，即人不能独立于社会而存在，因而确定了个人与社会的统一性，也就是体现了自尊和尊人的互动性。人要想得到尊重、得到发展，就必须不断地调整自己和社会的关系，例如社会认识关系、社会实践关系，而其本质就是价值关系。一言蔽之，如果你不尊重他人。你也不可能获得他人的尊重。

尊重激励作为激励员工的方法，有两个很突出的特点：一是人性化；二是有效。 企业管理者要尊重每一位员工，对待员工要有礼貌，不嘲笑任何一位员工、不轻视他们，尊重员工的人格，认真听取员工的建议，让他们感到自己对企业的重要性。

管理者应有天空一样的胸怀，只有尊重下属的优点，宽恕下属的缺点，才会赢得下属的心，从而调动下属的工作热情。

作为一名管理者，懂得尊重下属，是高效地管理企业，特别是管理企业中的人的重要前提。作为管理者，若想感化下属，想让下属承认你的领导，就必须尊重下属，表达你对他的真情。

企业要想发展，就需要有能够让企业发展的有战斗力的团队，而团队的组成离不开企业的每个员工。但是，企业拥有了员工，并不一定就能提升企业的生产力，只有当员工被适当地激励，其潜能才能被充分地激发

出来。

利用物质和金钱作为奖励是企业常用的激励手段之一，但却不是长期有效的，原因是企业不可能无限制地加大物质奖励成本；再者是人的需求欲望是无止境的，随着时间和环境的变迁，当旧的需求被满足或不完全被满足的时候，新的需求就又出现了。正如美国著名心理学家马斯洛关于《人的需求层次论》所论述的那样，**当人对生理、安全和归属需要得到满足之后，尊重的需要就会产生并支配着人的生活**。显然，如果企业能基本提供相当甚至高于社会平均报酬水平的同时，也能不断满足员工对尊重的需要，那么这种精神上的激励将比单从物质上的激励来得更持久、有效。

在企业管理中，要满足员工对被尊重的需要，就要使员工所从事的工作能反映其个人价值，让"天生我材必有用"这个观念在他们身上得到充分体现，从而得到同事和上司的赞赏，甚至于社会的认同，令其享受这种精神上的满足而达到激励的目的，这就是尊重激励。

然而，实际生活中确有个别管理者，他们不懂得尊重他人，尤其不懂得尊重下属的气度和品行。他们不会通过尊重下属来管理下属，进而赢得下属的尊重，大家齐心协力，取得工作成就。当工作不能朝自己希望的方向发展，他们就会急不可耐。这样的领导只把工作硬塞给下属，却不给他们应有的机会；这些领导有实干能力，但由于缺乏宽容和尊重精神，很难原谅下属所犯的错误。

作为下属，如果跟随这样的管理者工作，就会整天提心吊胆，不敢放开手脚，时间长了，就会对工作丧失热情。胆怯的下属在这样的领导面前就会畏缩不前，领导者不说让他干，他就不会在工作中主动去干，因为这样可以少犯错误。这样一来，他们就根本无法发挥自己的能力，感到憋闷，产生不愉快的情绪，即便有时产生一些上进的火花，也会因领导一句话或同事的"忠言"相劝，而全盘放弃，墨守成规，不敢越雷池半步。

作为一个企业管理者，不要习惯于责怪别人，而要努力去发现别人身上的优点。**企业管理者要试着了解下属为什么会这样做或那样做。这样比批评更有益处，也更有意义。**

如果企业管理者了解员工的才能，人尽其才地进行任命，那才是对员工能力和价值的承认，也是对员工莫大的尊重。而员工的涌泉相报，不就是老板所期待的吗？三国时期，诸葛孔明能为刘备和刘禅鞠躬尽瘁，死而后已，正是报刘备屈尊枉驾，三顾茅庐的知遇之恩，这正说明了尊重激励的重要作用。老板对员工价值体现需求表示尊重，同时员工也尊重企业使命，为公司贡献自己的价值，这是一个双赢的关系。

管理者要充分认识到，每个人都有自尊心和荣誉感。当人的自尊心受到社会和人们的尊重时，就会产生一种向心力、合作感，就会与社会、人们保持和谐一致的行动。但当人的自尊心受到别人的侵犯时就会本能地产生一种离心力和强烈的情绪冲动，过度的刺激和过度的情绪作用，都会对社会和个人产生极为不良的后果。因此，只有尊重别人的人格、尊重别人的劳动成果，才能团结别人，并受到别人的尊重。管理者要带头尊重人，使组织内部人人感受到别人对自己的尊重，从而和睦友好相处，齐心协力完成组织的共同任务。

激励员工的方法虽然有很多，但是激励的根基却在于对员工的尊重。企业的管理者要想做好激励管理工作，打好尊重的激励根基是成功激励的第一步。

2. 努力让下属的自尊心得到满足

尊重，就是要尊重人们的自尊心。尊重员工的自尊心，就能得到员工拥戴；员工自尊心得到满足，工作就受到激励。

（1）尊重能使人产生优越感

管理者和员工有级别之分，没有贵贱之分，管理者绝对不可以说出伤害他人自尊的话，比如："你真笨！""我要开除你！"等。话一出口，覆水难收，再想恢复到原有的相互对等的关系便十分困难，甚至会引起员工强烈的反感甚至辞职。

同员工谈话时，语气非常重要。同一种意思，同一个出发点，如果表达得过于激烈，就会伤害到对方的自尊。领导如果经常有意无意地伤害到职员的自尊心会产生许多不良影响，比如不得人心，连带着产生沟通的障碍，影响企业的业务进展，甚至影响管理者本人工作上的进展。

伤害员工的自尊之后，员工一定会良久不忘，如果不作妥善处理，职员心里的疙瘩便会越结越大，管理者此时不要不好意思说"对不起"。还有其他比较好的处理方法，比如找同他关系比较好的同事从中斡旋，自己再做一点积极的表示。

对员工的尊重，还表现在"留有余地"上。一边赞扬对方的长处，一边提出具体的建议，不下过于绝对的结论式的断言，给自己和对方都留下余地，从而达到沟通的目的。

尊重员工的另一表现是不触及员工的弱点，个人弱点一旦被触及，便会产生反抗心理，或者更消极。

作为管理者，尊重了员工，便尊重了你自己，也为自己赢得了尊重。

赞扬也是一种尊重。赞扬能使人勤奋工作，但在表扬和称赞时，一定要根据每一个具体的人来选择语言，这样才有效果。每一个人都有自尊心，领导表扬或称赞部下时，如果能让部下的自尊心得到满足，那就可以达到促使他们努力工作的效果。

为了能满足下属的自尊心，管理者在必要的时候可以故意表现出自己的疏忽，让部下来提醒自己，这样他们就会产生一种自己很能干的优越感。

（2）在组织内部鼓励员工自尊

鼓励员工自尊，首先从这几个方面入手。

①不仅向员工方便地提供他们工作所需要的信息，而且还要让他们了解工作环境的信息——企业的目标和进展——以使他们理解他们的活动是如何与企业的总体任务和计划相关联的。

②提供持续学习和增长技能的机会，尽可能地向员工表明企业是一个能够使他学到东西的地方。

③如果有人干了件了不起的工作或者做出一项漂亮的决定，请他一起探讨他是怎样做到这一点的，不要仅仅局限于表扬。通过适当提问，可以帮助此人提高他对于取得成就原因的认识，并借此增加其他人在将来做出同样成就的机会。如果有人做了件差劲的工作或者糟糕的决定，这一方法也同样适用。**不要局限于改正错误本身，要分析发生错误的原因，以使犯错人充分觉醒，并将再犯错的机会减到最小。**

④避免指导过多、观察过多和报告过多。过度管理是自治和创造性的

大敌。

⑤给革新提供适当的计划和预算。不要一方面要求人们进行革新,另一方面又宣称资金和资源有限,如果这样的话,创造热情(扩展了意识)将会由士气低落(意识减退)代替,并最后枯竭。

⑥有意识地锻炼下属,给他们布置一些稍稍超过他们现有能力的任务。

3. 用尊重点燃下属的工作热情

管理工作的业绩是管理者和全体员工共同努力的结果,没有上下同心的工作热情和共同努力,就没有管理工作的成绩。因此,如何成功地激发下属的工作热情,和激励的效率有着直接的关系。

工作行为受工作动机的驱使。如果每一位管理者都能为下属寻找一个好的动机,点燃其热情,便可以使下属对工作全力以赴。也就是说,给下属一个不得不努力工作的理由,下属便自然会极有效率地执行业务,呈现给组织一个丰硕的成果。

人们决定了目标后会开始为之行动。欲望愈大,动机就愈会发挥出强大的力量来左右一个人的身心。

管理者若想让下属们全力以赴地达到目标,则必须为下属寻求动机。可提供的动机很多,如:共同目标,激励士气,期望的表达,给予其自由发挥的空间,公正的评价,尊重其存在的价值及意见等。其中,尊重下属存在的价值及其意见,是一种十分有效且成本极低的激发下属工作动机的方法。

为了尊重下属存在的价值,领导者需要把下属当成主角。也就是赋予其主要的角色,利用所有机会,只要稍微运用一点"主角"中心人物的做法,便可使得下属的潜力发挥到极致。此时,管理者只需做好从旁支援、协助的工作即可。组织的业绩一旦有所提升,实际上受益的"主角"还是管理者。

管理者需要注意的是:一个组织中,最宝贵的财富是人,而不是资产和成就,有了人才有一切。**每个人都有自己独特的个性和自我的尊严,管理者应当尊重他们,不应让他们觉得自己仅仅是管理者的工具而已。**

事实证明，领导者只要在尊重人上下功夫，就可以激励下属坚持干好工作，而且还会使其爱上这一行，做出一番成绩来。

4. 鼓励下属畅所欲言，积极采纳合理建议

在上下级关系中，平等是创造和谐的前提。而管理者鼓励下属畅所欲言，既可使下属感觉到被尊重，又可使上下关系和谐平等。当下属能够在管理者面前自由地表达意见、提出建议时，内心自然获得了一种被尊重的满足。因为将心里想说的话全部说出，有一种减少其心理压迫的释放感和轻松感。

能够对上级直言的下属，都是对工作很热心、很认真的。如果可使他们安心顺意，并能形成自由交谈的气氛，那么你的部门自然会显得朝气蓬勃。

善于让每个人畅所欲言，是一个组织、一个管理者走向成熟、取得成绩的根本途径。

在一个组织中，不论何人，大家都希望自己的意见和建议被采纳。在会议上或工作中下属不发言，并非表示他们没有意见，他们对于工作的分配也常有意见，会在心中嘀咕，也许他们会认为"这样做不是更好吗？""让我们这样做也许我们工作起来更有干劲！"领导者若能倾听下属的建议，他们心中就会有满足感，有被尊重的感觉，若是采纳了他们的意见，他们就会拼全力做事。

张晓，平日沉默寡言，无论在任何座谈会上一向都三缄其口。有一次，他竟然将蕴藏于心中，一直想说又不敢说的有关工作分配之事，一口气说了出来。这是他经过长时间的观察，对工作分配产生的疑问，故而提出的意见也极有道理，管理者与同事们都一致接受。在那一刹那间，他忽然觉得勇气百倍，信心十足，从此积极参与各项活动。

无论下属多么微小的建议，若管理者都能尊重并接受其意见，此人的工作积极性都将大为提高。

管理者尊重下属提出的建议要注意两点。

（1）建议不采用时，应向下属说明理由，并加以鼓励

管理者若不说明不采用建议的理由，则下属必不服气，还会认为领导是不尊重自己的劳动，还会认为建议就是多余之事。在说明理由时，须赞美建议的优点，改变不理想之处，并且加以鼓励，使其充满信心。

所以，领导者为获得良好计策，必须让下属感觉到管理者对自己建议的尊重。

（2）保障言论与行动上的自由

有些下属担心自己写了或说了什么会招致领导的斥责，对自己不利。倘若下属有这种观念，则提不出好建议。因此，**作为企业的管理者，对每个成员的建议，不论大小，都要认真对待，一视同仁。**只有保证下属的言论与行动，员工的积极性才会大增，每个人才会畅所欲言，因为他们会觉得自己受到了尊重，从而迸发出无限的活力，使组织在激烈的竞争中立于不败之地。

总之，任何人只要上级倾听并采纳了自己的建议或者构想，总会觉得非常高兴，如果提议被公开，被认可，更会激励他研究或工作的热情。许多领导之所以成立鼓励下属提出建议的制度，就是希望借此制度汇集众人智慧，以提高生产力，由另一角度来看，对工作人员积极性和工作效率的提高大有效果。

5. 表达对下属尊重的工作技巧

之所以说尊重是一种有效激励的形式，是因为如果企业员工感觉到自己没有被尊重，特别是感到没有被平等对待，受到歧视，那么就一定会心情压抑、情绪低落，从而影响工作效率。**领导者如果不能平等地对待每一位员工，不尊重他们，不仅会伤害他们的自尊与自信，而且对企业的发展是非常有害的。**而要平等对待每一位下属，要真正使下属感到被尊重，要求领导者在日常生活工作中必须注意掌握一些激励的细节与工作技巧。

（1）下达命令不要摆官架子

很少有人喜欢被别人呼来唤去的，当管理者用命令的口气来指挥组织

成员做事时，就等于是在向他们传递三条信息：第一，这个成员很笨；第二，他对工作团队来说并不重要；第三，他不如你。

作为管理者，要深深地认识到**在企业中每个人都是重要的，尽管岗位分工不同，工作业绩有差异**。

因此，当管理者想让下属按某种要求去做事情的时候，可以考虑这样对下属说"你认为这样做行吗？""可以用这种方法做吗？"这样的建议性指令方式，将会使下属有一种身居某个重要位置的感觉，因此，他们会对某些问题产生足够的重视。反之，如果摆出一副当官的架子，"你必须这样做，没得商量"就只会打消下属自觉工作的积极性。

（2）处理问题时要给下属留面子

"人要脸，树要皮。"这是一句老话，非常形象。生活中也确实如此，谁都不愿脸上无光，不愿意丢面子。

通用电气公司曾经在关于罢免其计算机部门主管的问题上陷入了困境。这位主管是电气方面的行家，但是对于管理工作却不是内行，而且在计算机部门管理工作中也处理不好下属与他之间的关系。公司若下令解除他的职务，对公司来说不但是个很大的损失，而且会在公司里引起各种舆论。最终公司决定以表彰他在电气方面的卓越贡献为名，为他新添了电气顾问工程师的头衔。主管之职他自然欣喜地让出，结果皆大欢喜。该主管在新的工作岗位上做出了非常出色的成绩，为通用电气公司解决了不少技术难题。

可见，让下属保住面子，这点非常重要。但是在实际工作中，一些管理者往往由于不冷静，考虑问题不周全，冲动之下会采用某种无情的处理方法，伤害别人的自尊，抹杀别人的感情，而自己却不自知，认为事情处理得很好。这无疑会在组织工作中留下不利的影响。

作为管理者，**平静宽容地待人，给下属在企业中留下立事做人的面子**，他们就一定会更加积极努力地工作。

（3）找合适的借口给下属台阶下

人的提高与进步是无数次教训的积累，但人其实是很脆弱的，打击太多，很容易让人失去信心。

一次失败的经历，往往会使那些意志薄弱者丧失振作起来的信心与勇气，他们会这样想"我是一个失败者""我什么事都做不好"。当他们再遇到稍具挑战性的工作时，一种莫名的潜意识会提醒他们：过去有过这样的痛苦经历，现在会不一样吗？你最好小心再小心，作最坏的打算。

一旦下属被这种消极的信念纠缠，那他以后也注定是个失败者。最好的办法就是领导者让那些意志弱的下属在学会坚强的同时，为他们的失败找一个台阶、找一个借口，让他们觉得自己尚未失败，只是在某方面受了挫折而已，小小的失败算不上什么，以后自己会成功的。这也是尊重人、激励人的领导艺术。

在一次提案的初审会上，张楠兴致勃勃地带来了自己的方案计划。他的计划构思非常新颖，但预算成本太高，而且有些活动的开展又不太符合实际。在他对其报告做了精彩的陈述之后，他的领导以及同事们马上发觉了提案的不可行性，大家纷纷提出质疑，张楠一时间也因为自己对问题考虑的不全而羞愧万分。主管计划实施的副总经理李诚马上意识到了问题的严重性，立刻及时插言，结束了大家的讨论，将大家的注意力集中到了自己身上。他对张楠计划的可行性的部分给予了充分的肯定，并亲自让秘书复制了两份备用。然后，他又鼓励小张继续考虑这项计划，把工作做完，建议张楠把同事们提出来的意见补充到他的提案中，同时李诚副总经理还表示希望下次会上能够得到一份完整的计划。

李诚的高明之处就在于不失时机地为下属提供了下台阶的机会，然后，**用鼓励性的语言使问题本来失败的一面变成了趋向成功的一面。**

（4）用鼓励提高下属自信心

人们一说起戴高帽子，不免就认为是不切实际的夸大。其实，给人戴高帽子并不一定就是坏事，在某种程度上，它能够让组织成员重新重视自己，能够提高个人的自信心。

管理者的几句赞美的话，也就是我们所说的戴"高帽子"，可以让下属找回自身的自信，从而激发自己的工作积极性，让下属觉得自己在组织中是很重要的一个人，更加努力地工作。

管理者在平时要掌握尊重下属的技巧,注意维护下属的尊严,保护其工作积极性,这样,下属才会真正努力地工作。

二、赞美激励:让员工在鼓舞中强化信心

赞美,在对方做出某一事情取得成果时我们加以肯定表扬,有再接再厉再创佳绩的勉励的意思;鼓励,在对方受到挫折不如意时,我们给以支持给以力量,让其树立自信相信自己,以帮助其渡过难关。

每个组织成员都有荣誉心和成就感。管理者对员工的评价,尤其是表示肯定、支持和褒奖的赞扬性评价,往往可以使员工精神上受到激励,荣誉心得到满足。**赞美激励是一种管理者鼓舞员工工作的精神动力,善用其法,会使员工增强自信,干劲倍增。**

1. 渴望赞美是人的本能欲望

"人人都喜欢称赞。"美国历史上的伟大总统林肯曾这样说:"人类本质里最殷切的需求是渴望被人肯定。"美国口才学家威廉·詹姆士说:"人性最深刻的原则,就是恳求别人对自己加以赏识。"美国钢铁公司首任总裁夏布曾说:"促使人将自身能力发展到极限的最好办法,就是赞赏和鼓励。"他同时还指出:"来自长辈或上司的批评,最轻易丧失一个人的志气,我从不批评他人,我相信奖励是使人工作的原动力。所以,我喜欢赞美。假如说我喜欢什么,那么就是真诚慷慨地赞美他人。"**称赞是激励员工工作的动力,哪怕只是一句简单的赞语,都会使人感到无比温暖。**

渴望赞美是人的天性,管理者的赞美是对员工最好的激励。一个优秀的管理者往往是使用赞美激励的高手。

美国著名心理学家斯金纳说:"要想达到最大的诱因效果,应尽可能在行为发生后立即加以赞美。"世界化妆品大王玫琳凯说:"我认为,应该尽可能随时称赞别人,这犹如甘霖降在久旱的花木上的反应。"

俗话说:"笑一笑,十年少。"称赞可以给平凡的生活带来温暖和欢乐,可以给人们的心田带来雨露甘霖,给人带来鼓舞,赋予人们一种积极向上的力量。从这个意义上说,称赞不仅可增强人们的自信心,还具有延

长生命的功能。心理学家认为，使一个人发挥最大能力的方法就是赞赏和鼓励。在生活中，大多数人希望自身的价值得到社会的承认，希望别人欣赏和称赞自己。美国一位哲学家曾说："人类天性中都有做个重要人物的欲望。"这是人类与生俱来的本能欲望。所以，**能否获得称赞，以及获得称赞的程度，便成了衡量一个人社会价值的标尺。因此，每个人都希望在称赞声中实现自身的价值。**

美国成功学家卡耐基在《人性的弱点》中，讲了他曾经历过的一件事。一天，他去邮局寄挂号信，从事着年复一年的单调工作的邮局办事员显得很不耐烦，服务质量很差。当她给卡耐基的信件称重时，卡耐基对她称赞道："真希望我也有你这样的头发。"听闻此言，办事员喜出望外，她惊讶地看着卡耐基，接着脸上泛出微笑，热情周到地为卡耐基服务。

卡耐基的一句称赞声，改变了办事员的工作态度，使自己也得到了良好服务。

美国的一位企业家这样形容卡耐基："他是一位会握着你的手，鼓励你、称赞你的人。在我的生活经验中，还没有碰到一个能赶得上他的人。有许多人，虽然拥有职权，但他们没有嘉许人的雅量，只会讥讽别人，像这样怎能成就伟大的功业呢？"

正是这位企业家将称赞别人变成了一种异乎寻常的驱动工具。

当这位企业家就任造船厂厂长的时候，所有人都被他调动起了巨大的热情，他的传记中这样写道：

"从经理到工人，我都很大方地给予嘉奖，称赞每一位工作人员的工作技巧，使受奖的人都觉得这比金钱奖赏更为可贵。"

由于这种赞美，造船厂里所有的记录都被打破了，这家造船厂承造的军舰拖甲虎号在27天内就完工。管理者召集造舰的全体工作人员发布一篇庆功的演说辞，并且赠给每人一枚银质奖章和威尔逊总统的一封信。最后，这位厂长转向负责监造人，从自己的袋子里掏出个金表，亲手交给他，作为一个小小的纪念。

把赞美送给别人，就像把食物施给饥饿的乞丐。在许多时候，它就像维生素，像一种最有效果的食物。**即使是片言只语，也会在精神上产生神**

奇的效应，令人心情愉快，神经兴奋。 在赞美的过程中，双方的感情和友谊会在不知不觉中得到增进，而且会调动其交往合作的积极性。心理学家认为：情绪是人类社会生活和人际交往中不可缺少的一个重要环节。情绪的好坏，与对方言语表达很有关系。可以说赞美的语言是好情绪的启动开关。管理者的赞美激励，正是基于这一认识而巧妙应用于对组织的管理工作中。

有位年轻导演，在重拍镜头时，一定会先赞美所有的工作人员："嗯，好极了，现在我们来个稍微夸张的演出。"经他这么一说，没有人会表示反对，自然地就接受导演的指示。因此，以温言轻语来褒奖他人，会让对方产生接纳的态度，可见，赞美是一种博取好感和维系好感最有效的方法。而且它还是促进人继续努力的最强烈的兴奋剂，这都是由人性的本能所决定的。

总之，每个人都需要得到他人的赞赏，需要得到别人，包括陌生人的尊重；需要别人知道自己的价值，自己的优点；也希望能在家庭或工作单位里感受到一种不可缺的信任。这是一切交往、一切谈话的基本出发点，也是古人所谓"行止于礼"的含义所在。当然，我们并不提倡那种廉价而虚伪的恭维。但人际间善意和诚意的交流能增进管理沟通与上下的意见统一，这是企业管理永远需要的，它尤其体现在管理者的激励方法中。

2. 赞美是具有重要价值的精神激励

赞美可以作为管理者激励员工的一项重要技巧。其实，人们工作是为了更好地生活，有金钱和职位等方面的愿望；除此之外，更加追求个人的荣誉。一份民意测验显示，98%的人希望领导给自己以好的评价，只有2%的人认为领导的赞美无所谓；当被问及人为什么工作时，92%的人选择了"个人发展的需要"。**作为管理者要明白，人的发展的需要是全面的，不仅包括物质利益方面，还包括名誉、地位等精神方面。**

在一个企业里，大部分人都能兢兢业业地完成本职工作，每个人都非常在乎管理者的评价，而管理者的赞美又是员工最需要的激励。一般说来，管理者赞美员工有下列三个方面的激励作用。

(1) 赞美可以使员工认识到自己在群体中的位置和价值

员工工资收入都是相对稳定的，人们不会在这方面费很多心思。但人们都很在乎自己在管理者心目中的形象，对管理者的看法非常敏感。因为，管理者的表扬与赞美往往具有权威性，是确立自己在本单位同事中的位置的依据。

有的管理者善于给员工就某方面的能力排座次，使每个人按不同的标准排列都能名列前茅，可以说这是一种匠心独具的激励方法。比如，某单位的领导赞美小马是单位第一位博士生，小李是单位"舞"林第一高手，小赵是单位计算机专家等，人人都有个"第一"的头衔，人人的长处都得到肯定，整个集体几乎都是由各方面的优秀分子组成，能说这不是一个领导有方、充满激励的集体吗？

(2) 赞美可以满足员工的荣誉心和成就感

常言道："重赏之下，必有勇夫。"但是，在政府部门，奖金作为一种物质激励方法，有很大的局限性。在政府部门，奖金不是随意发放的，员工的很多优点和长处也不适用于物质奖励。相比之下，管理者的赞美不需要冒多少风险，也不需要多少本钱或代价，就能很容易地满足一个人的荣誉心和成就感。

无论他们所完成的事属于重要抑或次要，都应给予一定的称赞，例如"我没选错人""你又一次成功了""是你的功劳"等，员工才会有成就感和继续努力工作的意欲。

如果一个员工很认真地完成了一项任务或做出了一些成绩，虽然此时他表面上装得毫不在意，但心里却默默地期待着领导对自己进行一番嘉奖，而管理者一旦没有关注，不给予公正的赞美，他必定会产生一种挫折感，对管理者也会产生看法，"反正领导也看不见，干好干坏一个样"。这样的管理者，怎能调动起员工的积极性呢？

管理者的赞美是员工工作的精神动力。 同样，一个员工在不同的管理者的指挥下，工作劲头判若两人，这与管理者是否善用赞美的激励方法密不可分。

魏征是唐朝很有才能的一个人，原来侍奉皇太子李建成，因为直言进谏而不受李建成的赏识，李建成不仅对他的建议漠然处之，有时还批评他。李世民掌权后，很器重魏征，为了鼓励魏征直言进谏，李世民每次都很虚心地听他献策，并经常赞美他敢说真话实话。在唐太宗的赞美和鼓励之下，魏征至诚奉国，竭尽所能，知无不言，先后共陈言进谏200多次。后来，唐太宗说："以铜为镜，可以正衣冠；以古为镜，可以知兴替；以人为镜，可以明得失。我以魏征这样的良臣为镜，也就不糊涂，可以少做错事了。"

（3）赞美能够消除员工对管理者的疑虑与隔阂

有些员工长期受管理者的忽视，管理者既不批评他也不表扬他，时间长了，员工心里肯定会嘀咕："领导怎么从不表扬我，是对我有偏见还是妒忌我的成就？"于是，同管理者相处时不冷不热，注意保持距离，没有什么友谊和感情可言，最终形成隔阂。

管理者的赞美，不仅表明了对员工的肯定和赏识，还表明管理者很关注员工的事情，对他的一言一行都很关心。有人受到赞美后，常常高兴地对朋友讲："瞧我们的头儿，既关心我又赏识我，我做的那件连自己都觉得没什么了不起的事，也被他大大夸奖了一番。跟着他干气儿顺。"双方互相都有好的看法，能有什么隔阂？能不团结一致拧成一股绳把工作搞好吗？

3. 不要错过机会，及时地赞美员工

每个人都渴望得到赏识，无论是身居高位的人，还是地位卑微的人；无论是刚入单位上进心正强的小青年，还是升迁无望即将退休的老人。即使是每天都板着脸的人，赞美他时，他的面部肌肉也是放松的，因为人们普遍能接受赞美他的人。

知道了赞美的巨大力量，作为管理者就不必吝惜赞美，不妨自然大方地赞美员工。只要发现他们工作突出，就应立刻不失时机地给予赞美，不见得非要是惊天动地的大事。如秘书起草的报告、文件书写得非常潇洒漂亮，可以赞美她的心灵手巧；看见车工师傅磨的车刀非常锋利，可以赞美他的技巧超群；看见锅炉工拾煤渣，可以赞美他的勤俭作风；对提批评意

见的员工,即使提得不正确,也可以赞美他对单位的责任感。如果你留心,就会发现人们不少优点,都值得赞美。

美国著名财经杂志《福布斯》的领导人深深懂得赞美的奥妙,因此总是及时运用"赞美"这一武器。布鲁斯·福布斯是个很有魅力的人,他和员工接触很多,大家对他的印象都非常好。在发圣诞节奖金的时候,为了避免给人以施舍的印象,他会走到每个人的桌子前面,连邮递室的员工也不漏掉,然后握住他们的手,真诚地说:"如果没有你的话,杂志就不可能办下去。"这句话让听到的每个人都感到心中温暖如春,油然而生一种敬业感和责任感。

马孔·福布斯同样深谙此道,而且运用得更为巧妙。有一次,《IAI周报》的承包印刷商送给马孔·福布斯一瓶香槟,恭贺这份刊物的订户超过2.5万大关。马孔·福布斯当即派人把那瓶香槟送给雷·耶夫纳,并且还在上面附了一张纸条说:"这是你的功劳。"当时,《IAI周报》在雷·耶夫纳的调整下,重振雄风。而收到这份意外礼物,雷·耶夫纳自然会加倍努力了。

《福布斯》的领导人之所以不吝惜赞美,是因为他们深知:**唯有管理者和员工的关系和谐,才能增加企业组织的正能量。**正如《福布斯》的创始人柏地·福布斯提到的,他对于值得夸奖的人绝不会吝惜夸奖,因为"一般人一被夸奖,就算他没那么好,他也会因此尽力做好的"。

有些员工经常对领导溜须拍马,并以此为天经地义的事,而要让领导拍员工的"马屁",就有点儿让人难以接受了。其实,出于把单位搞好的目的,管理者对员工奉承也是有道理的。

一般人总爱听赞美话,聪明的管理者就不妨大方一点,不要放过每一次机会,多赞美员工吧!"这个意见不错,就这样做吧!""真棒,你给我提供了一个好办法!"这样,下一次他会更努力地为你效劳。

4. 运用赞美激励一定要出自真心

人们希望得到赞赏,赞赏能真正显示他们的价值,即人们希望你的赞赏是经过思考的结果。可以说,赞扬是经过思考的结果,是真正把他们看成是值得赞扬的人，是你花费了精力去思考才得出的结论。**赞美或赞扬的价值在于真诚。不要以为赞扬便是"灵丹妙药"，包医百病。**在员工没有好的表现和成绩时，就随便对其施加一通赞扬，反而会起到反作用。

用"诚恳""诚心诚意"的字眼看似多余，其实不然，你对员工的赞赏必须诚恳地、真实地、真诚地表现出来，如果不真诚人们一下子就能看出来。

(1) 赞美要得体

赞美是贴近人的本性的激励方法，得体的赞美，会使你的员工感到很开心、很快乐。它是一种博取好感和维系好感最有效的方法，还是促进他人继续努力的最强烈的兴奋剂。以温言轻语来褒奖他人，会让对方产生接纳的态度。如果有一天你对员工说："公司对你的工作很满意，你安心努力做下去吧！"他会觉得这一句话比后来你增加他工资还要感到高兴。

得体的赞美要求你对员工的赞赏必须是诚恳的、真实的和真诚的。假如不是出于诚意，就不要说出来。管理者亲自表达赞赏非常有意义，亲自送达感谢信比邮件的方式更有意义，在一个员工的同事面前直接赞扬他就显得更加重要。

值得注意的是：赞赏不要过火，要事出有因，且在适当时候给予奖励来认同。如果你做得过于频繁，这一行为就会失去其重要性和价值，要让赞赏成为一种殊荣。

(2) 赞扬员工要持平等的态度

放下"架子"是管理者赞扬员工的前提条件。对于员工而言，管理者本来就高高在上，具有一种相对的优势。如果管理者不注意自己的"架子"问题，摆出一种高高在上可望不可即的姿态，势必在自己与员工之间划出一条鸿沟，不可能进行情感交流和沟通，其称赞也不可能做到自然，更不可能引起员工的心理共鸣。

(3) 赞扬具体的事情

赞扬员工要切合实际，既达到沟通的目的，又不违反客观的事实。如果确实不了解对方，暂时无法实现思想的沟通，不如从具体事物入手，达到感情的沟通。

其实，赞扬员工具体的工作，要比笼统地赞扬他的能力更加有效。首先，被赞扬的员工能清楚是因为什么事情使自己得到了赞扬，员工会由于管理者的赞扬而把这件事做得更好。其次，不会使其他的员工产生嫉妒的心理。如果其他的员工不知道这位员工被赞扬的具体原因，会觉得自己得到了不公平的待遇，甚至会产生抱怨。赞扬具体的事情，会使其他员工以这件事为榜样，努力做好自己的工作。

（4）赞美源于事实

没有事实根据，虚无的赞美不仅不能起到激励作用，反而会让员工不信任你。管理者一旦有虚无的赞美，会让员工感到上司是伪君子，使员工产生被捉弄感。在赞美时，语言要发自内心，这是很严肃认真的。不能给人以造作感和过于随意感。如果管理者在赞美员工时漫不经心，一边读报、喝茶，一边说着几句赞美的话，不但不会起到赞美的效果，反而会引起员工的反感，认为你是在敷衍他，对他不尊重。久而久之，即使当你严肃认真去赞美员工时，员工也会不在乎和不理睬。**"人不畏惧倒下，但最怕人格和威信再也树不起来。"** 而人格和威信的"倒地"也就在不经意的**琐碎事中**。因而，赞美不能不关痛痒，赞美更要显出真诚。赞美员工时，一定要让他有认同感，故而赞美应符合事实，要出于真诚并且不能过度，才有可能发挥出激励员工的作用。

5. 公平公正是赞美激励应当掌握的原则

管理者赞美员工，也是员工的一种期望得到的报酬。管理者的赞美实际上是把一种精神奖赏给予员工，这当然也需要公平、公正。

有的管理者因不能摆脱自私和偏见的束缚，对自己喜欢的员工极力表扬，对不喜欢的员工即使有了成绩也看不到，甚至把集体参与的事情归于自己或某个员工，常常引起其他员工的不满，从而激化内部矛盾。这样的管理者不仅不总结经验，反而以"一人难称百人意"为自己解脱，实在是一种失败。

要做到公正地赞美员工，管理者必须做到下面几点。

(1) 称赞有缺点的员工

有的员工缺点明显,比如工作能力差、与同事不和、顶撞领导等,这些缺点一般都被领导所厌恶。其实,**有缺点的人更需要称赞。称赞是一种力量,它可以促进员工弥补不足、改正错误**。而领导的冷淡和无视则会使这些人失去动力和力量,无助于问题的解决。人们心目中常常这样认为,受到领导称赞的人应该是没有很多缺点的人,受到领导的赞美就应该把自己的缺点改掉,才能与领导的称赞相符,同事看了也提不出意见。

(2) 称赞比自己强的员工

现代社会中什么能人都有,许多单位里也不乏"功高盖主"的员工。一些员工在某些方面超过管理者,从而使管理者处于一种不利的局面。小肚鸡肠的管理者会容不下这些人,对这些强人或超过自己长处的人不敢表扬,这也有失公正。

(3) 称赞时要把握好分寸

管理者与员工交朋友很常见,每个管理者都有几个比较得意的员工,不仅工作合作愉快,而且志趣相投。称赞这样的员工要不偏不倚,把握好分寸,不能表扬过分,也不要不敢表扬。

如果领导的表扬过多,一有成绩就表扬,心情一高兴就夸奖几句,喜爱之情溢于言表,很容易引起其他员工的不满。与其说是向着自己喜欢的员工,倒不如说是害了他。有的管理者怕别人看出与某个员工关系密切,因而不敢表扬,这也是错误的做法,会影响员工的工作积极性。

(4) 不要把集体的功劳归于一人

单位的工作成绩往往是员工和领导集体智慧的结晶,是齐心协力的结果,评功论赏时要表扬集体,不能归于一人,否则就有失公道。

有的领导向上级汇报工作时往往把集体的功劳归为自己所青睐的某个员工,这种做法很不明智,其他员工可能会把这样的信息反馈回来,如果这个领导与上级不和,那么其上级有可能进行调查取证,迟早会露馅。

因此,管理者在赞美员工时,一定要把握好分寸,做到公平、公正、合理。

6. 在对的时间场合选择对的表扬方式

给予员工赞美,要选择适当的时机、适当的场合和适当的方式,这很重要。管理者对于员工**工作表现给予肯定和赞美,越是时机、场合、方式适当**,他们就越有动力像以前一样努力工作。

选择适当的表扬方式,要考虑以下这些因素。

(1) 能否找到适当的时机

你多久才能见到某位员工?你与他是否在不同地方工作,或者他只通过电脑终端与你联系?是否有类似定期会议这样的场合让你有机会公开表扬某位员工?

(2) 员工的偏好

你知道某位员工是否愿意被他人公开表扬吗?你是否与他讨论这一问题?例如,某位性格内向的员工,可能会更希望收到书面的表扬信或电子邮件形式的表扬,而并不喜欢被人当众赞美。

(3) 管理者本人喜欢的方式

作为一名管理者,你喜欢采用什么样的方式去称赞美员工?你可能觉得当面称赞别人很尴尬,所以,即使你觉得应该这么做时,也不会这么做。如果你不喜欢当众称赞员工,也可以采取另外一种更亲切、更真诚的方式。

在单位中,管理者对员工的赞美,必须基于员工的工作表现,这样才能有效调动员工的积极性。有的单位在周五的时候为员工发放食品和水果,或者,在员工生日的时候,送给他们生日贺卡,不知不觉,单位里就形成一种惯例,这些变成了理应享受的某种权利。最终的结果却是,员工会期望更多。因此,对于员工的肯定和认可,必须基于员工的工作表现和工作业绩是否达到所期望的标准。这样,员工才会更加珍视这份荣誉,效果也会更好。

管理者认可员工,需要采取多种方式,有的放矢,心诚意切,而不要反复使用某一种表扬方式,否则,效果就会越来越差。

（4）巧妙地在第三者面前赞美员工

虽然管理者不应当着其他员工的面大肆宣扬某个员工的工作成绩。但是另外一方面管理者也应该看到，任何事物都有正反两面，在第三者面前赞美员工有它消极的一面，也有其积极的一面。人都是有竞争性的，当管理者在第三者面前称赞某位员工时，或许会激励第三者鼓足干劲向这位员工学习，努力将工作做得更好。

在此值得一提的是，当管理者直接赞美员工时，员工极可能以为那是应酬话、恭维话，目的只在于安慰他罢了。若是在第三者面前赞美某个员工，效果便截然不同了。此时，被赞美的员工肯定会认为那是发自内心的赞美，毫无虚伪成分，于是会真诚接受，感激不已。在深受感动之后，这位员工会更加努力，将自己的工作做好。

管理者在评价员工的工作时，可以使用在第三者面前赞美员工的方法。 例如，对员工的同事说该员工的好话，或故意在员工的妻子面前赞美该员工。这些方法都是为了抓住员工的感情，让其产生继续努力的意愿。

在第三者面前赞美员工，其目的有三个：一是鼓励第三人以该员工为榜样，争取做出成绩；二是借第三者之口，向被赞美的员工传达管理者的赞美之辞，使其相信管理者毫无夸大成分，是出自真心的赞美；三是营造一种互相认同的气氛，向员工传达工作怎样做才算是出色的，从而引导每一位员工向着这个目标努力。

当然，在第三者面前赞美员工，管理者一定要考虑员工的感受以及第三者的感受，只有把握好分寸才能收到好的效果，否则只会使员工关系紧张，不利于提高工作效率。

三、荣誉激励：满足员工高层次需求的终极手段

荣誉是众人或组织对个体或群体的崇高评价，是满足人们自尊需要、激发人们奋力进取的重要手段。从人的动机看，人人都具有自我肯定、争取荣誉的需要。对于一些工作表现比较突出、具有代表性的先进员工，给予必要的荣誉奖励，是很好的精神激励方法。

1. 荣誉激励是表扬先进的最高精神奖励

所谓荣誉激励，是指管理者对员工工作态度和贡献所给予的荣誉奖励，是满足员工高尚精神需求、鼓舞士气的一种奖励形式。如颁发荣誉证书、会议表彰、在组织内外媒体上的宣传报道、记功、休假、疗养、外出培训进修、推荐获取各种社会荣誉等。

荣誉激励作为管理工作中一种激励手段，主要是把组织成员的工作成绩与晋级、提升、奖励、表彰联系起来，以一定的形式或名义标定下来。荣誉可以成为不断鞭策荣誉获得者保持和发扬成绩的力量，还可以对其他人产生感召力，激发比、学、赶、超的动力，从而产生较好的激励效果。因为在现实中，每个人都对归属感及成就感充满渴望，都希望自己的工作更有意义。

如果说，自我实现是人类最高层次的需要，那么，荣誉就是一种终极的激励手段。

西方管理专家认为，追求良好的声誉是组织管理者成就发展的需要。其目的是为了获得组织最大化的长期利益。

著名的跨国公司IBM有一个"百分之百俱乐部"，如果公司员工能够完成他的年度任务，就会被批准为该俱乐部会员，他和他的家人就会被邀请参加隆重的集会。结果，公司的雇员都将获得"百分之百俱乐部"的会员资格作为第一目标，以获取那份荣誉。IBM公司通过这种方法换取员工的认同感，很好地激励了员工。

管理者在运用荣誉激励方法时，一定要正确地认识荣誉激励的本质。首先，荣誉的设置是为了奖励先进，表扬贡献，鼓舞士气，是一种激励；其次，既然是奖励先进，就不能搞平均主义；最后，设置荣誉时应当有统一规范的指标要求。

2. 严格把握荣誉激励实施过程中的原则

管理者对员工实施荣誉激励的成功经验表明，要想让荣誉真正起到激励组织成员的作用，管理者必须把握以下几个方面的原则。

(1) 荣誉的评选要公开公正

荣誉是奖励先进的，不是奖励权力的，各级荣誉要分清。特别是基层荣誉，更不能让领导层参与。如果他们参加，本身就不公平，普通成员会认为有权力就有业绩，感到不平等。因而荣誉的设置应当采取公开标准，分开层次，民选投票等方式。

(2) 荣誉的奖励要根据贡献大小

荣誉是奖励贡献的，不是奖励资历的，不能论资排辈。许多组织及管理者都有这样的固定思维，只要评选，首先要考虑资深员工，认为如果荣誉不给他们，不仅对不起他们，让他们心理失衡，资格浅的人也不自在，这样，荣誉就成了论资排辈。有的组织及管理者为了平衡这种矛盾，采取晋级制，比如将荣誉分为不同等级，依资格深浅授予。这种做法将会使荣誉僵化，失去其激励作用。应采用动态奖励，荣誉奖励主要以业绩为依据，与资历无关。

(3) 荣誉的授予要严肃庄重

荣誉需要郑重其事地授予，不能简单地草率从事。颁布荣誉需要隆重的仪式，仪式越隆重激励的作用越大。IBM、玫琳凯等著名企业每一次授予荣誉都兴师动众，极度招摇，恨不得让功臣们成为全世界的焦点。国内有些组织在这点上做得也不错，通过内部报纸、会议等方式，让每一位获得荣誉的组织成员都能感受到自己得到了重视。

(4) 荣誉的背后要与利益挂钩

只有精神奖励的荣誉很难使员工保持持久的热情，荣誉必须要有利益载体。利益包括经济利益、福利利益、机会利益等。组织及管理者可以在授予成员某种荣誉时，结合其他奖励方法，如提长工资、发奖金、培训、送他们去度假旅游等。**管理者应让员工真切地感受到，只要为组织做出贡献，既能得到荣誉，还能得到实惠。**

综上所述，实施荣誉激励，需要管理者灵活设计、巧妙执行，具有高超的艺术性。只有运用灵活，才能收到良好的效果。

3. 增强员工荣誉感，提升工作满意度

对管理工作而言，最大的危险是组织吸引力的退化、消失，这会使组织成员缺少荣誉感和进取心，甚至可能使组织失去最好、最有创造力的员工。激活与提升组织的吸引力，一个十分有效的举措便是荣誉激励，使每个员工具有强烈的荣誉感，以自己成为组织的一员而自豪。达到这一理想效果，就需要管理者以特殊的激励手段，让员工认识到工作的价值和意义，并努力表现出自己的闪光点，这也是荣誉激励的高明手段。

具体来说，管理者可以从以下几方面着手，对员工进行荣誉激励。

（1）弘扬企业文化，让工作变得有价值

建立和弘扬企业文化包括以下五个方面。

其一，鼓励员工打破陈规去努力创新，使工作变得更有乐趣。

其二，提出和宣传振奋人心的口号，让员工忘掉疲劳的工作，并从工作中获得振奋的快感，促进大家更快乐地工作。

其三，鼓励员工在工作中制造欢乐气氛，培养团队意识，共同为组织增添活力。

其四，适时召开沟通情感的会议，让大家在轻松的气氛中缩短彼此间的距离。

其五，开展丰富有趣的活动，形成良好的宣传效应，扩大企业影响力。

良好的企业文化，会使每一位员工有一家人的亲切感，共同为目标奋斗，并能使组织上下保持竞争意识和旺盛的工作热情。

（2）实现工作丰富化，提升工作满意度

一般意义上的工作满意度，通常是指某个人在组织内进行工作的过程中，对工作本身及其有关方面（包括工作环境、工作状态、工作方式、工作压力、挑战性、工作中的人际关系等）有良性感受的心理状态。而决定一个人工作满意度的根本因素，是人们的各种需要和价值观。

管理者在荣誉激励中实现工作丰富化是提升组织成员工作满意度的重要途径，具体包括以下六个方面。

其一，增加员工责任。

其二，赋予员工一定的工作自主权和自由度，给员工充分表现自己的机会。

其三，及时将有关员工工作绩效的数据反馈给员工，了解自身工作绩效是形成工作满足感的重要因素。

其四，通过考核使得组织成员认识到报酬与奖励决定于自己实现工作目标的程度。

其五，加强培训，为员工提供学习的机会，以满足员工成长和发展的需要。

其六，表彰成绩，以增加员工工作的成就感。

管理者对员工实施上述激励举措，可大大增强员工的荣誉感，提升其工作满意度，这会使领导工作收到意想不到的效果。

4. 让荣誉真正起到激励员工的作用

在一个组织中采用荣誉激励可以有很多种方法：开展优秀组织成员的评比活动；给予员工非业绩性竞争荣誉；颁发内部证书或聘书；进行奖励旅游；允许员工携带配偶或同伴出去旅游；给员工考察参观、听音乐会、举行联欢会、看球赛等机会；借助荣誉墙和组织年鉴等特别的方式来激励员工。同时，还有许多"出其不意的认可"等形式的奖励，成为管理者激励组织成员的方法。这样的激励形式很多，如员工狂欢夜、与员工合影、团队午餐、重新装饰工作场所、证书、卡片、特殊成就奖以及其他有趣的东西。

让荣誉真正起到激励员工的作用，必须注意以下四个方面。

其一，**荣誉是奖励先进的，不是奖励权力的，各级荣誉要分清**。特别是像"小红星"这种基层荣誉，更不能让管理层参与。如果他们参加，本身就不公平。给他们，员工会认为有权力就有业绩，感到不平等；不给他们，就会有好事者无事生非。因而荣誉的设置可以分开层次，比如普通员工有小星星奖，店长有大星星奖。成大方圆在这方面做得也不错，明确规定店长和主任不得参与"小星星"评选。

其二，**荣誉是奖励贡献的，不是奖励资历的，不能论资排辈**。许多企业都有这样的固定思维，只要评选，首先要考虑资深员工，认为如果荣誉不给他们，不仅对不起他们，让他们心理失衡，资格浅的人也不自在。这样荣誉也就成了论资排辈。有的企业为了平衡这种矛盾，采取晋级制，比如将荣誉分为五个等级，一"星"是资格浅的，五"星"是资格老的。星多，只表明他工作时间长。这种做法将会使荣誉僵化，悄然死亡。成大方圆采用的是动态奖励，"星"多少主要表现在业绩，与资历无关，一个季度没评上，就没有"星"了，又必须从头再来。

其三，**荣誉需要郑重其事地授予，不能简单草率从事**。颁布荣誉需要隆重的仪式，仪式越隆重激励的作用越大。IBM、玫琳凯等著名企业每一次授予荣誉都兴师动众，极度招摇，恨不得让功臣们成为全世界的焦点。成大方圆在这点上做得也不错，通过内部报纸、会议等方式，让每一位获"星"的员工都能感受到公司对自己的重视。

其四，**荣誉要与利益挂钩**。利益包括经济利益、福利利益、机会利益等，只有精神奖励的荣誉很难使员工保持持久的热情，荣誉必须要有载体。成大方圆设置"服务之星"奖励时就充分考虑到这一点，既发奖金，又给予培训提升，还送了一批"星"到香港去旅游，让员工真切地感受到，有"星"不仅风光，还很实惠。

综上所述，荣誉的授予需要精心设计，精心执行，需要高超的技巧。

5. 实施荣誉激励的四大操作要求

作为企业管理者，通过荣誉激励法激励员工，在具体操作过程中要注意以下四个方面的具体要求。

(1) 颁给员工一定的名号和头衔

对那些长期以来一直在为企业默默奉献的员工，或在某个领域有突出表现的员工，企业管理者不妨授予他们一些响亮的头衔或名号，以换取员工的认同感，从而激励他们更好地为企业服务。

员工感觉自己在公司里是否被重视是工作态度和员工士气的关键因素。经理人在使用各种工作头衔时，要有创意一些，可以考虑让员工提出建议，让他们接受这些头衔并融入其中。其实，这是在成就一种荣誉感，荣誉产生积极的态度，而积极的态度则是成功的关键。比如，可以设立诸如"工作能手""创新发明家""服务标兵"等各种荣誉称号，每月、每季、每年都要评选一次。当选出合适人选后，要举行适当隆重的颁发荣誉的仪式，让所有团队人员为荣誉而欢庆。

（2）奖励员工适当的休息

休假也是一种激励员工的好方法。如果员工做出了突出贡献或提前完成了全年的营销计划，不妨用休假的方法来奖励他们。在员工眼里，这样的休假其实也是一种荣誉。

（3）开会表扬成绩突出的员工

如果企业管理者能够充分地运用表扬来表达对员工的肯定和赏识，不但能有效地提高员工的工作效率，还能够引发其他员工对这种荣誉的追求。

需要注意的是，管理者在表扬一位员工时，一定要注意表扬员工所独自具有的那部分特性。如果表扬的是所有员工都具有的能力或都完成的事情，会让被表扬的员工感到不自在，也会引起其他员工的强烈反感。

总之，**表扬是激励员工的最好方法之一，也是增强企业吸引力的重要方式**。但如果方法不对，其收效就会大打折扣，甚至会带来副作用。

（4）以正规的方式表彰员工

书面表扬肯定让人回味无穷，它是一份值得珍藏的永久荣誉证书。

员工做出成绩，都希望得到上司的肯定，如果仅仅得到上司口头上的表扬，虽然也有激励作用，但绝对没有书面表扬有效。

最好的方式是把你对员工的欣赏写出来，因为口头表扬随着时间的流逝会让人淡忘，而书面表扬（哪怕是个小小的便条）则会永远存在。这并不需要花什么钱，也不会占用太多时间。下面提供三条书面表扬的方式供参考。

比如给员工写感谢卡。企业管理者可以准备一些卡片，卡片正面印有漂亮的"谢谢你"几个字，背面是空白。每当员工做了值得称赞的事情时，部门领导就在上面写上一条，详细写明他的成绩及对他的评语。

还比如给表现突出的员工颁发证书或奖章。证书和奖章对员工的激励是巨大的，虽然员工嘴里不说，但每个人都十分重视这一点。稍微留意一下你就会发现，很多员工都喜欢把这些荣誉悬挂、摆放在宿舍、办公室、工作台或家中。员工的工资可能很快就会花光、衣服可能很快就会穿坏、旅游随着时间也会变成遥远的回忆，但是证书或奖章却能永远提醒他曾经得到过怎样的荣誉。

还有为员工建立业绩档案。企业管理者可以给优秀员工寄表扬信。可以把信封装入标有"成功档案"的档案夹中，并写上下述鼓励："也许你以后会遭遇失败，但你要记住，你曾经成功过，你曾经是一个优秀的人，只要你努力，没有什么可以难得住你。""我们公司永远以你为豪，你是一个有能力的人，相信你以后会表现得更优秀。"这些文字可以给员工战胜困难的勇气和信心，会帮助员工克服各种各样的工作困难。

总之，书面肯定与表扬是一份值得珍藏的荣誉证书，会让员工回味无穷。巧用书面激励，会让员工感到自己得到了莫大的荣誉，而这种看得见、摸得着的荣誉会激励他们继续努力，为企业作出更大的贡献。

四、目标激励：以愿景激发员工的热情

韩国现代集团郑周永说："没有目标信念的人是经不起风浪的，由许多人组成的企业更是如此。以谋生为目的而结成的团体或企业是没有前途的。"可见目标对人和企业来说是何等重要。企业目标是一面号召和指引千军万马的旗帜，是企业凝聚力的核心，它代表了员工工作的实际意义，预示着企业美好的未来。设定企业愿景的目标，会对员工产生激励作用，而以理想和信念为支撑的激励是一种高层次的激励。正如管理家彼得·德鲁克曾指出的那样："人们不是因为工作才有目标，而恰是因为有了目标才去工作，为了目标的实现，人们才会努力的工作。"可以说，目标是激励方法的思想根源。每个卓越的管理者都应当是深谙目标激励之奥秘的大师。

1. 目标能够激发员工对未来的向往

人生活和工作的一个重要动力，是为实现一定的目标而奋斗。正如马

克思所指出的："人们通过每一个人追求他自己的、自觉期望的目的而创造自己的历史。"承认人们有自己所期望的目的，运用这种目标动力去激发下属的积极性，是现代企业管理激励过程中的一种艺术。

人们的行为特点是有目的性的。有无目的性其行为的结果是大不一样的。**一般说来，没有目的性的行为无成果可言，而有目的性的行为，才可取得最大最满意的成果**。任何行为都是为了达到某个目标。目标是一种外在的对象，它既可以是物质的，也可以是精神的或理想的对象。目标是一种刺激，是满足人的需要的外在物，是希望通过努力而达到的成就和结果。适当的目标能够诱发人的动机，规定行为的方向。心理学上把目标称为诱因，由诱因诱发动机，再由动机到达成目标的过程称为激励过程。目标作为诱因对人们的积极性起着强烈的激励作用。

在现代企业管理中，常常通过目标的设置来激发动机，指导行为，使员工的需要与组织的目标结合起来，以激发他们的积极性，从而释放出员工的巨大潜能。

企业管理实践证明，宏伟的目标有巨大的激发力。1954年日本经济萧条时期，许多企业都处于山穷水尽的窘境；而本田技研工业公司的本田，即在"紧急对策"中宣布了一个惊人的目标："本公司要训练出世界第一流的选手，骑上本田牌摩托车，参加国际长途锦标赛。"国际长途锦标赛又称"技术的奥林匹克运动会"，在不景气的当时提出这个目标使人们万分惊奇。有人说本田虚张声势，有人说本田说胡话，但是本田却全神贯注，为这个目标奔波不止。开始人们还冷眼旁观，久而久之受到感动，于是整个公司全力以赴。1960年，本田牌摩托车终于在国际长途锦标赛中夺得了团体冠军，本田的产品也就从此打入了国际市场。

这件事足以说明，宏伟的目标对企业成员有多么巨大的感召力。它可以使勇敢者更加勇敢，使怯懦者摆脱怯懦，使人们深层的智慧得以迸发，使人间难遇的奇迹变成现实，由无形的精神信念变成强大的物质力量。所以，有管理专家认为："领导者的首要任务就是给予集体、成员以具有意义的目标。集体存在着沉闷气氛，大致是由于没有树立催人进取的目标。"

由此，可以看出，假如一个人把目标的价值看得越大，估计能实现的

概率也越高，那么激发的动机就越强烈。

在有些企业中，许多员工觉得工作枯燥乏味，究其原因是他们看不到所在团队的发展远景。他们的领导虽然也有一个宏伟的设想，但都放在肚子里，员工并不了解。这如同两家企业的领导者在教育员工，一个说"快去工作"，另一个这样说"你们今天的努力会在明天得到超值的回报。因为，企业在你们的努力下会越来越好"。前者只知道工作不知道远景，后者不但知道工作而且了解远景，你认为哪一个企业的员工工作起来更有动力？有人总结出这样几句话：干活如果没有远景就会枯燥乏味，有远景而没有实干只是一个美好的空想，如果有远景再加上实干就有了希望。这里需要注意的是：远景决不能是虚假的。为了克服枯燥乏味，赢得员工们的心，管理者必须告诉员工，我们追求些什么，我们正在怎样干。

远景与可能性及未来有关，是理想、卓越的标准，也因而成为乐观主义与希望的表现。以远景为基础的思想，能启动企业每个成员去揣想各种可能性，而不只是去思考可行性。

理想可以显露出一个企业追求更高层次的价值完美性，也表示人们在经济、技术、政治、社会及审美上的最终选择顺序。世界和平、自由、公益、更舒适的生活、快乐、自尊等理想，都在于我们的终极奋斗中，这些都是我们长远企求达到的目标。

远景会使我们非凡、无可匹敌，让我们与众不同。假如管理者想要吸引并留住员工、志愿工作者、顾客、捐款人或投资者的话，就必须要有使企业显得与众不同的远景。要知道，去经营与别人相同的业务，根本无利可图；唯有让人们了解到，我们的企业确实十分出色、与众不同时，别人才会想加入进来。不管怎么说，谁也不会想每天去一个门上写着"欢迎到这里来，我们和大家没两样"的地方做事的。

目标激励还会促进员工的荣誉心，助长公司里每个相关人士的自豪和自重。购物、提供产品或服务的商家，甚至企业所处的社区，目标越令人引以为豪，员工们就越可能产生忠诚度。因此，作为一个管理者，无论在任何场合，以未来展望激发员工努力工作的动机，进而鼓励起员工的工作积极性，都是领导者激励下属的好方法。

2. 拥有梦想与希望，就拥有了动力和激情

任何一个企业，只要拥有梦想与希望，就拥有动力和激情。有着悠久历史的人类，正是在梦想中成长起来的。一个企业的管理者，也应该让自己的员工拥有梦想，不让员工拥有梦想，就没有资格当领导。

激励人们前进和进步的，是梦想和希望。**人类正是存有各种各样的梦想，才发展到了今天的地步**。人们梦想日行千里才有了汽车、火车，人们梦想像鸟一样飞上天空，才有了飞机；人们梦想到月亮上看看，才有了宇宙飞船……可以说，如果没有梦想，人类必定处在一片黑暗之中。

人类的这种特性，也被充分地利用和发挥着。比如在学校里，老师们总是给新入校的学生以美好梦想，什么"未来的科学家""未来的工程师"种种。

管理者给员工的梦想，就是员工的美好前途，甚至是富裕、文明的整个社会。

早在 1932 年，松下幸之助在向企业员工演讲使命感的时候，曾经描绘了一个 250 年达成使命的过程。其内容是：把 250 年分成 10 个时间段，第一个时段的 25 年，再分成 3 期，第一期的 10 年是致力于建设的时代；第二期的 10 年继续建设，并努力活动，称"活动时代"；第三期的 5 年，一边继续活动，一边将这些建设的设施和活动的成果贡献于社会，称"贡献时代"。第一时间段以后的 25 年，是下一代继续努力的时代，同样要建设、活动、贡献。如此一代一代传下去，直到第十个时间段，也就是 250 年以后，世间将不再有贫穷，而是变成一片"繁荣富庶的乐土"。

松下的这个规划，可以说是绝无仅有的，不仅在企业界未有先例，就是那些赫赫有名的政治改革家，也没有多少人有这样宏伟的规划。有这种规划和梦想的，除了空想理论家之外，就是松下幸之助。但松下的规划是梦想，而不是空想。时至今日，可以说他的梦想在一步一步实现着。而更为现实的是，松下的这种规划让每个员工都拥有了灿烂辉煌的梦想，从而提高了他们的工作热情和积极性，提高了工作效率，促进了企业的高速成长。这种目标激励的巨大作用，更是不可估量的。

世人尽知，松下幸之助并不是一个富有心机的领导，他为人真诚坦率、正直无私。他能让员工拥有梦想，并不是出于任何心机，他确确实实是想让员工生活得好一些。而这种良好愿望的回报，今天也是人尽皆知的了。

如今的时代，早已不是资本原始积累的时代；如今的领导，当然也早已不复当年模样。加班加点、克扣剥削，再也起不到任何作用了。领导与员工，是同进同退的。**为了员工，为了社会，也为了领导自己，应该让员工拥有梦想**。松下说："经营者的重大责任之一，就是让员工拥有梦想，并指出努力的目标，否则，就没有资格当领导。"

3. 目标激励的理论模型

目标激励理论中存在两个变量，即效价和期望值，这两个变量都与目标有重要关系。效价主要考虑员工目标的重要性，期望值主要考虑员工目标实现的可能性。过程激励从实质上来讲是围绕目标的激励作用进行研究的。管理学家洛克对目标的建立进行了详尽的解释。解释的基本模式如图4-1。

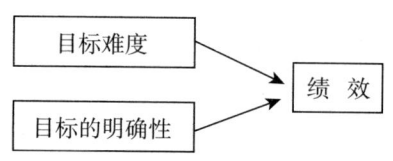

图4-1 目标与绩效的关系

此模式表明，绩效主要是由目标难度和目标的明确性形成的。

目标具有挑战性，要求用一定力量来完成。人们愿竭尽全力完成难度较大的目标，但不能接受无法达到的目标，如果过分要求人们完成难以实现的任务，人们会感到前途渺茫，信心不足。**尽可能使要求符合现实而又具有一定难度，无疑能刺激人们的完成感**。因完成困难的目标而得到报酬（内酬与外酬），人们会受激励而尽力争取达成下一个目标。由此可见，"高要求""浮夸风""不管有条件、无条件都要开工"等做法，必然降低员工的积极性，降低员工的工作效率。如果改成"条件不成熟，待条件成熟时再上"就比较符合现实条件，从而达到员工目标激励的目的和效果。

企业的目标和员工的个人目标必须具有内在的一致性，因此企业的目标必须具有明确性。以数量表示的目标，例如年产量提高20%，成本降低10%，销售量增加25%都是非常明确的。但有些目标是很难量化的，如工资提高，职务晋升，公开表扬后的满足感就难以用数量来表示。

目标建立理论的扩充模式如图4-2所示。

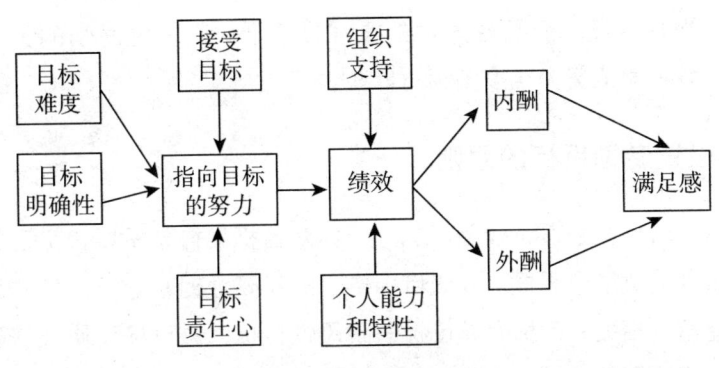

图4-2 目标建立理论

在扩充模式中，洛克认为指向目标的努力有四个目标属性功能，除上面所说的难度与明确性外，还有接受和责任心。**接受指一个人把目标作为自己追求事情的程度，接受越深越是努力**。责任心是此人渴望亲眼见到目标完成的心情。例如，一位管理人员下决心降低成本10%，以此为己任，不达目的誓不罢休，此时降低成本即成为他的责任心。影响这两者的因素是：①参与目标建立过程；②目标有挑战性且又符合现实；③坚信目标完成能导致有价值的报酬。

扩充模式实际上可以理解为由三部分组成，即"努力""绩效"与"满足感"。

美国心理学家费罗姆通过考察人们的努力行动与所获得的最终奖酬之间的因果关系来说明激励过程，并提出选择合适的行为达到最终奖酬的目标理论。这种理论认为，当员工有需要，又可以达到个人能力所及的目标时，才能充分发挥个人的积极作用，也就是说激励的水平取决于期望和效价的乘积。

激励水平 = 期望值 × 效价

比如，有两个同学甲和乙都想考取名牌大学，甲估计他考取的可能性为 30%，乙考虑他考取的可能性为 90%。再假设甲乙两同学对考取名牌大学的重视程度是相同的，那么乙的努力程度高，而甲的努力程度就相对低些。

再比如，有两个同学，他们对考取名牌大学的重视程度不相同。刘姓同学的重视程度高，而马姓同学的重视程度低。则刘姓同学的努力程度高，而马姓同学的努力程度则相对低些。

4. 设置激励目标的原则

由以上目标激励理论模型可知，个体对目标看得越重要，实现的概率越大，激励的效果越明显。设置目标要适时，要合理、可行，并与个体的切身利益密切相关。目标有总目标与阶段性目标，总目标可使人感到工作有方向，但达到总目标是个复杂过程，有时使人感到遥远或渺茫，影响人的积极性。因此，如何正确地设立目标是目标激励员工的关键。洛克等研究者在研究目标与人的工作绩效关系的基础上针对目标设置提出了如下几条原则。

（1）目标设置要具体

目标的具体性即能精确观察和测量的程度。目标理论研究者的绝大部分研究结果都证明：**具体、明确的目标要比笼统、空泛的要求或者目标达到更高的绩效**。例如，在制定每月要达到的销售目标时，用具体的数字要比含糊其词的"尽最大努力""争取有所提高"等要有效得多。

（2）目标设置要与组织协调

个人目标与集体目标一致，组织的目标与个人的目标可能是平衡一致，也可能是发生偏向，如果出现偏向，就不利于调动个人的积极性，不利于组织目标的实现。只有使这种偏向趋于平衡，即组织目标向量与个人目标向量间的夹角最小，这样才能使个人的行为朝向组织的目标，在个人间产生较强的心理内聚力，让他们共同为完成组织目标而奋斗。

（3）目标设置要适宜

在设置目标时，其难度应以中等为宜，这一目标又被称为"零点五"目标。**目标难度太大，容易失去信心；目标过小，又激发不出应有的干劲**。过高了力所不及，过低了不需努力，轻易得到，都不能收到良好的激励效果。只有"跳一跳，够得着"的目标，目标激励作用才最强。

（4）目标设置具有接受可能性

目标的可接受是指人们接纳和承诺目标或任务指标的程度。组织或上级提出的目标只有内化为员工个人的目标，才能对个人的行为产生激励作用。多数学者认为，让员工参与目标的制定比指令性的方法要好。这是因为通过参与，可以使员工看到自己的责任和价值，同时可以把目标定得更合理，从而提高目标的可接受性。

（5）目标设置要有时间性

目标的时间上，既要有近期目标，又要有无期目标。只有无期目标，易使人产生渺茫感；只有近期目标，则使人目光短浅，其激励作用也会减少或不能长久维持。

（6）目标设置要及时反馈

在实现目标的过程中，如果员工能够得到及时、客观、不断的反馈信息，其受到的激励要比无任何反馈信息大得多。同时，员工获取行动效果的信息后，会主动发动或调整下一步的行动，更有利于取得高绩效。

5. 企业激励目标的设置

目标会使人的行为具有方向性，引导人们去达到某种特定的结果，而不是其他的结果。目标具有感召力，而目标的确定与设立本身也是一个激励过程，利用目标设置也可以激励员工。前面我们比较详细地介绍了洛克的目标设置理论以及目标设立的原则，他认为，致力于实现目标是人们工作的最直接动机，人们追求目标是为了满足自己的情绪和愿望。**员工的绩效目标是工作行为最直接的推动力**。因此，为员工设置适当的目标是管理和激励工作中的一项重要任务。

(1) 激励目标的设置步骤

这是目标激励中最重要的部分，一般可以细分为四个步骤。

①高层管理者预定目标。这是一个暂时的、可以改变的目标预案，即可以上级提出，再同下级讨论；也可以由下级提出，上级批准。无论哪种方式，必须共同商量决定。其次，领导必须根据企业的使命和长远战略，估计客观环境带来的机会和挑战，对企业总体的优劣有清醒的认识。对组织应该和能够完成的目标心中有数。

②重新审议组织结构和职责分工。目标管理要求每一个分目标都有确定的责任主体。因此预定目标之后，需要重新审查现有组织结构，根据新的目标分解要求进行调整，明确目标责任者和协调关系。

③确立下级的目标。首先上级明确组织的规划和目标，然后商定下级的分目标。在讨论中上级要尊重下级，平等待人，耐心倾听下级意见，帮助下级发展一致性和支持性目标。分目标要具体量化，便于考核；分清轻重缓急，以免顾此失彼；既要有挑战性，又要有实现可能。每个员工和部门的分目标要和其他的分目标协调一致，支持本单位和组织目标的实现。

④上级和下级的沟通。就实现各项目标所需的条件以及实现目标后的奖惩事宜上下级要沟通，以达成协议。分目标制定后，要授予下级相应的资源配置的权力，实现权责利的统一。由下级写成书面协议，编制目标记录卡片，整个组织汇总所有资料后，绘制出目标图。

(2) 激励目标设置中的其他问题

①员工的广泛参与。激励目标的确立，应有员工群体的广泛参与。目标的对象是员工群体，它要通过员工群体及个人的遵循和追求来实现。在这一点上，员工的个体目标和系统的目标是紧密相连的。离开了群体的目标，个体的目标必然具有盲目性；而不足以吸引和约束个体的群体目标则是毫无意义的。系统的激励目标只有被员工群体普遍认同并自觉自愿地遵循和追求时，才能起到应有的积极作用。

因此，确立激励目标时，员工群体的广泛参与是必不可少的。随着国家政治体制和经济体制改革的不断深入，人们的民主意识、主人翁观念和人格受到尊重的愿望都在不断增强。动员和组织员工群体参与目标制定的过程，可以帮助人们加深对目标的理解，增强自觉性；可以使员工群体亲身体验到组织目标与个体目标的利害关系，增强紧迫感。

领导者应该鼓励员工去制定自己的个人发展目标，这样的目标应针对个人而言，而非针对工作而言。它们可能包括为满足当前目标需要提高个人在技术上、管理上以及自我领导上的技能，或者为承担将来的职责而做好准备工作。**个人发展目标涉及的是个人技能的发展而不是工作目标本身**，这类目标是基于活动的，其重点在于发展自我领导的技能方面。

领导者的主要目标是通过培养下属自己的自我领导能力来提高他们的工作业绩。我们知道，自我领导的一个重要因素是制订自我目标。因此，领导者需要做出的主要努力就是鼓励下属制订他们自己的目标。

需要注意的重要一点是，制订目标是一种在工作中学到的行为，是指员工们在一段时期里培养出来的技能或从事的一系列相关活动。对每个新员工而言，制订目标并不是他们生来就能带到工作中去的行为，而是在工作中慢慢学习的，因此，领导要扮演的将是一个模范教练或老师的角色。

教导员工如何制订目标时，应该遵从一个基本框架：首先是给员工提供一个可以效仿的模型；其次允许员工有指导地参与；最后是让他承担起自我领导的重任。作为领导者，你有责任对其他员工效仿的目标行为亲自进行说明，以便让他们制订更加明确而准确的目标。从属目标，甚至那些自定目标，都需要与上一层次的，甚至整个企业的目标保持一致。

是否由员工参与制订目标，这是企业文化讨论中一个多次提及的主题。其思想是，如果让员工参与制订对他们自己的工作具有影响的决定，那么他们会更有干劲，能够取得更好的成绩。但是光讲到"参与"还不够，还应把注意力集中在时间因素和经验因素上，随着员工逐渐变得成熟、老练、富有经验，使他们修改所设定的目标。

②目标确立要符合法律规范。激励目标的确立，必须与有关政策、法规相衔接。激励是在道德范围内对系统进行调节的手段，作为道德评价的行为，激励包括了对善、良好行为的赞赏、嘉勉，也包括了对恶的、低劣行为的批评和惩罚。就激励目标中和惩罚关系密切的内容而言，它应当同国家的政策、法规相衔接。具体来说，就是对某种有损系统良性运行的行为，不足以施以刑事处罚的，在受到舆论谴责的同时，给予低于法律责任

的适当的追究和惩戒。

③任何目标必须与总目标相容。我们知道,激励的长期目标具有全局性,是在较长时期内起作用的目标,激励的中期目标和激励的近期目标是长期目标的具体化。中期和近期目标的确立,必须服务于长期目标的要求;同时,长期目标的确立,又必须从阶段、局部所可能提供的条件出发,考虑中期和近期的实际情况。激励目标的确定必须符合总目标的实现,总目标是企业内所有员工努力的方向和奋斗的终点。激励目标作为总目标实现的手段,必须与之相适应。

在确定激励目标时,提倡什么,反对什么,赞成什么,禁忌什么,要求什么,不要求什么,必须和系统的目标相一致,不能与之相背离。**企业的总目标,就是提高劳动生产率,追求最大的经济效益和良好的社会效益。**但具体分解,就会有产值、利润和扩大再生产等量化目标。企业激励目标的内容,必须能够鼓舞人们努力生产,勤奋劳动,促使人们避免和对抗妨碍效益和正常生产秩序的有害行为。

6. 通过目标管理来有效激励员工

目标管理是美国管理学家德鲁克(Peter. Drucker)在其名著《管理实践》中最先提出的,其后他又提出"目标管理和自我控制"的主张。德鲁克认为,并不是有了工作才有目标,而是相反,有了目标才能确定每个人的工作。所以**"企业的使命和任务,必须转化为目标"**,如果一个领域没有目标,这个领域的工作必然被忽视。

因此,管理者应该通过目标对下级进行管理,当组织最高层管理者确定了组织目标后,必须对其进行有效分解,转变成各个部门以及各个人的分目标,管理者根据分目标的完成情况对下级进行考核、评价和奖惩。这是目标激励的思想渊源,这一思想后来又得到其他一些人的补充和发展。洛克的目标设置理论就是从激励的角度对目标管理的一个发展。

德鲁克认为,以科学管理原理为核心的古典管理学派偏重于以工作为中心,忽视人性的一面;行为科学又偏重于以人为中心,忽视了与工作的结合;目标管理则是综合了以工作为中心和以人为中心的管理技术和方法。

目标管理的具体形式各种各样,但其基本内容是一样的:使组织中的上级和下级一起协商,根据组织的使命确定一定时期内组织的总目标,由此决定上、下级的责任和分目标,并把这些目标作为组织经营、评估和奖励每个单位和个人贡献的标准。

目标管理提出以后,便在美国迅速流传。时值第二次世界大战后西方经济由恢复转向迅速发展的时期,企业急需采用新的方法调动员工积极性以提高竞争能力,目标管理的出现可谓应运而生,遂被广泛应用,并很快为日本、西欧国家的企业所效仿,在世界管理界大行其道。

目标管理指导思想上是以 Y 理论为基础的,即认为在目标明确的条件下,人们能够对自己负责,具体方法上是泰勒科学管理的进一步发展。它与传统管理方式相比更加重视人的因素。

目标管理是一种参与的、民主的、自我控制的管理制度,也是一种把个人需求与组织目标结合起来的管理制度。在这一制度下,上级与下级的关系是平等、尊重、依赖、支持,下级在承诺目标和被授权之后是自觉、自主和自治的。

目标管理通过专门设计的过程,将组织的整体目标逐级分解,转换为各单位、各员工的分目标。从组织目标到经营单位目标,再到部门目标,最后到个人目标,在目标分解过程中,权、责、利三者已经明确,而且相互对称。这些目标方向一致,环环相扣,相互配合,形成协调统一的目标体系。只有每个人员完成了自己的分目标,整个企业的总目标才有完成的希望。

目标管理以制订目标为起点,以目标完成情况的考核为终结。工作成果是评定目标完成程度的标准,也是人事考核和奖评的依据,成为评价管理工作绩效的唯一标志。至于完成目标的具体过程、途径和方法,上级并不过多干预。所以,在目标管理制度下,监督的成分很少,而控制目标实现的能力却很强。

目标管理一开始只用于激励管理人员,即上级管理人员激励下级管理人员,后来推广到激励全体员工。实施目标管理,对员工而言,能使员工发现工作的兴趣和价值,从而在工作中满足自我实现的需要,这样实现组织目标就有了可靠的群众基础;对管理人员而言,"它激励着管理人员进行活动,但并不由于有什么人告诉他去做什么事情,而是由于他的工作目标要求他那样做"，即管理人员在实行自我控制。**管理理论历来都认为，让人们从内部参与目标制订，会减少对外部控制手段的依赖。**

目标管理的具体做法分三个阶段：第一阶段为目标的设置；第二阶段为实现目标过程的管理；第三阶段为测定与评价所取得的成果。由于目标包括组织的总体目标和员工的目标，目标管理的全过程大致可以分为如下四个环节或步骤，即：设定企业总目标、分解总目标、实现目标、对成果进行检查和评价。

（1）设定企业总目标

这是目标管理的源头，也是最重要的一个环节。在这一步，企业要做的事是：如何根据自身的资源实力和外部环境条件，设定一个既符合企业共同远景方向又切合实际的目标，以此作为企业和全体成员在未来一段时间内努力的具体方向。

设定企业总目标时，要通过周密的思考、透彻的分析，把握企业的内在优势、核心专长和外部环境的机会、威胁，从而设定出符合企业长远发展利益而且通过努力可以实现的总目标。企业总目标一旦设定就成了企业计划工作的前提和依据，也成了评价企业未来成果的标准。因此，设定的企业总目标应该是可以用一系列相应的指标来衡量的。

（2）分解总目标，获得目标体系

目标管理的核心在于目标，而目标的有效性在于是否具体、明确。这一步就是要将企业的总目标按照组织结构进行纵向、横向的分解，获得具体、明确的目标体系。这一步可以说是目标管理过程中，最关键、难度最大的一步。

如何分解和配置目标主要包括以下步骤。

①将总目标按企业组织体系层次和部门逐步展开、分解，直至每一个员工。在这个自上而下的过程中，上级根据总体目标的要求给予下级一个初步的推荐目标，而不是最终的决定目标。

②企业的每个部门、每个员工根据自己部门、层级、岗位分工和职责要求对上级给予的初步目标进行思考、分析、讨论，然后提出自己的目标，并且将目标按层级上报，完成自下而上的过程。

③各上级与下级就上报的目标进行讨论、修订，经过多次反复后，最终达成共识，从而将企业的总目标分解成一个目标体系。该体系中，上下级之间的目标要相互衔接，每个目标都要以上级目标为基础，为上级目标服务，且相容于下级目标。

在企业将具体的目标下达给每个部门、每个层级、每个员工时，要求给出有关于该目标的具体说明、具体要求、自主权限、完成后的奖励等。**使接受目标的每个部门、每个层级、每个员工都有明确的工作努力方向，有明确的责任，从而发挥出目标的激励作用。**

（3）实现目标

这一步是为实现目标体系而进行的过程管理。但是这个过程管理同传统的管理方法不同，主要由员工自主管理或自我控制，上级只是根据例行原则对重大问题予以过问和实施干预。当员工的个人目标和各级管理者的部门目标和层级目标实现时，企业的总体目标也就能实现了。

（4）对成果进行检查和评价

对目标所达到的成果情况进行检查和评价是目标管理的最后一个阶段，也是对整个目标管理过程的反馈环节。在这个阶段，要对目标体系的执行情况进行检查，并通过反馈对照总目标和分解目标，确保总目标的实现。

应当指出，目标管理在实际运行中，会遇到许多具体问题。我们上面的步骤介绍只具有指导意义，在管理实践中要具体分析、具体处理。

7. 目标激励中需要注意的问题

目标就像航行中的灯塔，只要航船的方向明确，灯塔就会激励航船永远不息地去前进、去追求。管理者在目标激励中应注意以下几个问题。

（1）让个人目标与组织目标有机结合

楼梯的台阶不单是为了承载重量，还是为了帮助一个人达到新的高度。事业目标是企业对员工的一种利益驱动力，驱动是对大家行为方向的一种激励。

几乎每个人都在心里给自己设定了所追求的目标，由个人组成的组织同样也会有组织的目标。可是当个人和组织两者的目标很难同时获得成功时，该怎么办呢？此时，为了提高工作绩效，个人和组织就必须对所有目标有一个清醒的认识了。

管理者应该与下属进行沟通，帮助其制订个人目标，并促使员工理解个人目标与组织目标之间的关系。 因为那些看到组织目标与个人目标有直接关系的员工更容易产生一种强烈的工作欲望，这种欲望能够转化为工作积极性，会更有助于组织目标的实现。

把个人目标与组织目标间的直接关系用准确、精练的语言写出来，是一件很必要的事。应该帮助员工看到，努力取得成就与提高工作效率会有助于推动组织目标的完成。同时，更有必要让员工去理解，组织会以怎样的回报或提供其他机会作为员工努力工作的补偿，以便帮助员工实现自己的目标。

（2）使用图表引导目标

图表是一种引导个体目标向组织目标迈进的最佳途径。好的图表所提供的前景，十分具有可行性。**一张图表简直就是一幅显示人们过去、现在与未来的美好图景，图表所表现出的直观度远远胜过一堆网页所提供的资料。**

因此，作为管理者要善于使用图表来反映组织的现状和未来发展的方向，以此来吸引、引导员工向着明确的组织目标去努力。而且，使用图表可有助于组织更有效地决策。

（3）让目标充满乐趣

人们常常乐意付出更多的时间、精力去玩一场游戏，其投入程度远胜过他们所干的工作，这是为什么呢？这与游戏中人们所喜欢的角色因素有关。在游戏中，每个人都对最终的目标或结果充满兴趣，人们大多表现出异常的充沛精力。因此，游戏和竞争这种法则，对于一个组织的工作及挖掘组织中员工的潜力来说，是一种非常可行的方案。

作为管理者在用目标激励员工时，要善于通过图表、游戏和竞争的方法使目标变得充满个性并有趣。员工必定会因此更加投入，用行为给予企业相应的回报。

第五章
对员工的情感激励

员工的情感,是一种亟待开发的人力资源。情感对员工的工作积极性以及人际关系、工作绩效具有重要的影响。成功的企业都非常关注员工情感上的细微变化,实施恰当的感情诱导,积极满足员工的情感需求,可以增强企业的亲和力。

情感激励是管理者以真挚的情感,通过增强管理者与员工之间的情感联系和思想沟通,满足员工的心理需求,从而形成和谐融洽的工作氛围,激发员工的积极性、主动性和创造性的一种激励方式。

一、关爱激励：情感关怀更能激发奉献精神

企业对员工的激励管理，最有效的方式之一就是投入情感，以情感人，以情励人，以情待人，这样员工就会心感温暖，会心存感激，而这种温暖和感激又可化为巨大的工作动力。作为企业管理者，要想激励企业员工更加努力地工作，一定不要忽略对员工的关爱。

每个员工都有遭遇困难、心情低落时，企业管理者适时地给予关爱激励，无疑就是温暖人心的春风。任何员工都有经历曲折、工作受挫的时候，此时及时地给予关爱激励，必然会使他们振作精神，促使他们在低潮中坚定信心，接受教训，在跌倒后站起来无畏地前进。由此证明，关爱激励是一种企业管理智慧。

1. 以关爱激励打造和谐企业

一个人不仅仅是围绕着物质利益而生活，员工也不仅仅是为了金钱而工作。人有精神要求，有相互交流感情的需要，这一点在中国人身上体现得尤为明显。就领导来说，要充分发挥员工的能力和作用，使员工尽职尽责，只有对员工进行关爱激励才能达到目的。

所谓关爱激励，就是通过对员工进行关怀、爱护，来激发其积极性、创造性的激励方法，是"爱的经济学"，即不用投入资本，只要注入关心、爱护等情感因素，就能获得产出。组织的管理者对于员工的关怀，哪怕微不足道，但只要是出自真诚的关心，对于员工都是巨大的激励。

管理者的关爱能给员工带来温暖，也能给员工带来力量，更能让员工充满感激。管理者对员工的关爱激励是员工奉献精神的源泉。

关爱激励说到底是一种文化管理，是一项重要的亲和工程。它注重的是组织成员的内心世界，其核心是激发组织成员的正向情感，消除组织成员的消极情绪，通过感情的双向交流和沟通实现有效的激励。

管理者对员工的关爱激励的作用，主要体现在以下三个方面。

（1）激发员工的潜能

管理者对员工的关爱激励，可以有效地激发员工潜在的能力，使员工

产生强大的使命感与奉献精神。得到了管理者的感情投资的员工，在内心深处会对管理者心存感激，认为领导对自己有知遇之恩，因而"知恩图报"，愿意更加尽心尽力地工作。

(2) 增强员工的归属感

管理者对员工的关爱激励，会使员工产生归属感，而这种归属感正是使员工愿意充分发挥自己能力的重要源泉之一。人人都不希望被排斥在管理者的视线之外，更不希望自己有朝一日会成为被解聘的对象，如果得到了来自管理者的关怀，员工的内心里无疑会安稳、平静得多，所以，便更愿意付出自己的力量与智慧。

(3) 激发员工创新

管理者对员工的关爱激励，可以有效地激发员工的开拓意识和创新精神，使员工鼓足勇气，不会"前怕狼，后怕虎"，工作起来无所担心。人的创新精神的发挥是有条件的，当人们心中存有疑虑时，便不敢创新，而是抱着"宁可不做，也不可做错"的心理，只求把分内的工作做好。如果管理者能够对员工进行感情投资，建立越充分的信任感、亲密感，就会越有效地消除员工心中的各种疑虑和担心，从而更愿意把自己各方面的潜能都发挥出来。

关爱激励付出的是管理者的情感，而员工情感需要的满足是企业凝聚力与向心力的源泉。情感因素是增强企业凝聚力的重要因素，在领导工作中，情感交流给人们提供了共同的表达方式和心理体验，它使每个组织成员都成为组织的责任感和荣誉感的承担者；它能提高组织成员的情感调适能力，消除情感障碍，减少人际摩擦，形成和谐、奋进、具有凝聚力的和谐的人际关系环境。

2. 以员工为本的关爱激励

关爱激励体现的是以员工为本的管理理念和相互尊重、相互关心的企业人际关系。它经常表现为归属感、认同感和支持感。当一些积极的情感在组织内部得到公认并成为需要时，便能有效地控制员工的行为，取得心态的一致，建立相互和谐的人际关系。

管理者对员工关爱激励的内容是很丰富的，主要体现在以下几个方面。

(1) 了解员工的基本情况

了解是关爱的前提。作为一名管理者，对员工要做到"八个了解"，即了解员工的姓名、籍贯、出身、家庭、经历、特长、个性、表现。此外，还要对一些情况心中有数，即对工作情况有数、身体情况有数、学习情况有数、住房情况有数、家庭状况有数、兴趣特长有数、社会关系有数。

(2) 关心支持员工的工作

支持员工的工作，是关爱员工的最重要的方面。为此，管理者应注意保护他们的工作积极性，可以经常与下属谈心，了解他们的要求，帮助他们克服种种困难，并为他们的工作创造有利的条件。员工在管理者的支持下，就会干劲倍增，更有勇气和信心克服困难，顺利完成工作任务。

(3) 关心员工的身体健康

对于员工健康的关怀不仅体现在安排员工的身体定期检查上，还应该积极地改善工作环境，改进工作条件，降低劳动强度。在员工工作十分繁忙或加班加点时，应做到现场走一走，道一声辛苦，送一份温暖，以示理解和支持。

(4) 关心员工的生活

在条件允许的情况下，对于员工生活要予以关心，特别是对一个中层以上干部更应关心，让其感到工作有奔头、有梦想、有盼头。但是如果生活条件差，人人还在围绕温饱问题而发愁，那么再多的宣传口号也难以使高昂士气保持长久，最终是留不住优秀人才的。

(5) 关心员工的亲属

可以通过这样一种关怀反过来激励员工。如谁家有"火灾""亲属死亡"等，除公司出一些资助外，必要时应该自己亲自去看望。此法虽平凡，但意义深远，作用巨大。

3. 将"爱心"激励到"同心"

任何一个组织的管理者，如果能经常向员工施予爱心，那么这种爱心就会转变成一种激励，让员工心往一处想，力往一处使。

所谓情感管理就是管理者以真挚的情感，增强管理者与员工之间的情感联系和思想沟通，满足员工的心理需求，形成和谐融洽的工作氛围的一种管理方式。**情感管理是文化管理的主要内容，是一项重要的亲和工程**。情感管理注重员工的内心世界，其核心是激发员工的正向情感，消除员工的消极情绪，通过情感的双向交流和沟通实现有效的管理。它能从内心深处来激发每个员工的内在潜力、主动性和创造精神，使他们能真正做到心情舒畅、不遗余力地为企业开拓新的优良业绩。这种情感力量，是一种内在的自律性因素，它犹如一只"看不见的手"，可以深入到人的内心世界，有效地规范和引导员工的行为，使员工乐于工作，产生"士为知己者死"的心理效应。情感管理虽然是软性管理，但所激发的深层次的内在精神动力却是相当巨大的。

情感需要的满足、人情味的浓郁是组织凝聚力与向心力的源泉，**情感因素是增强单位凝聚力的重要因素**。在政府部门管理中，情感交流给人们提供了共同的表达方式和心理体验，它使每个员工都成为单位责任感和荣誉感的承担者；它能提高员工的情感调适能力，消除情感障碍，减少人际摩擦，形成和谐、奋进、具有凝聚力的和谐的人际环境。

一些著名企业的管理者也正是通过这种"爱心"激励员工形成一种真正的忠诚感，从而使组织产生巨大的凝聚力。

美国德尔塔公司在近来航空业不太景气的情况下，却能取得良好绩效，这要归因于"德尔塔家庭观"（Delta Family Feeling）。德尔塔公司能够避免裁员和支付员工高于竞争对手的工资的优势，充分体现了这种家庭观的"黏合"作用。保持这种"家庭聚合效用"使得德尔塔公司在减少分红的情况下却增强了员工的忠诚和奉献精神。

情感管理体现了人与人之间相互尊重、相互关心的人际关系。它以情感的疏导，达到尊重和信任；又以亲似家人般的关心体贴，达到情感上的共鸣。情感因素是培育亲密人际关系、创造健康单位心态的重要条件，它经常表现为归属感、认同感和支持感。当一些积极情感在单位内部得到公认并成为共同需要时，便能有效地控制成员的行为，取得心态的一致，建立相互和谐的人际关系。

美国的沃尔玛公司总经理沃尔顿对员工非常关怀，由于他的坚持和努力，几乎所有的经理人员都采用镌有"我们关心我们的员工"字样的纽扣。公司员工都被称之为"合伙人"，而不是雇员。沃尔顿善于倾听员工的呼声，他认为，要使公司经营业绩卓著，关键在于深入商店，听一听各个合伙人要讲的是什么，那些最妙的主意都是店员和伙计们想出来的。沃尔顿正是依据这种独特的看似形式主义，实则增进感情的管理方法，使企业成为了一个业绩不凡的活性组织。

如果管理者一味地依赖指挥和控制是难以达到满意效果的。管理者要增强本单位的向心力和凝聚力，首先要让员工"感觉良好"，视自己为单位这个"大家庭"的一员。

现代组织非常强调"板块意识"，强调管理的人情味，重视员工的归属感，一个组织就像一个大家庭，使组织成为"家"的放大体。在组织这个大家庭中，所有的人都被一视同仁，所有的家庭成员都有参与管理、参与决策的权力，这种"板块文化"是他们成功的秘诀。日本麦当劳除了关心员工之外，还与员工的家属建立了融洽的亲情关系。为了鼓励员工，他们还注意到了另外一点——"抓住员工太太的心"。在员工太太生日的时候，麦当劳一定会向花店订束花，送给员工太太，也许一束花值不了多少钱，但在员工及太太眼中却是无价之宝。就员工来说，自己的太太这样被重视，自己能不高兴吗？工作能不卖力吗？

4. 以情感人，做员工的"知己"

中国人的感情取向与文化传统决定了感情因素在中国人的心目中所占位置的之重要，甚至决定了人们的行动目标与方式。

企业管理不仅要做到以理服人，而且要做到以情感人。以情感人就是管理者用真挚的感情感动员工，感化员工，感染员工和影响员工。以情感人之所以具有解决员工思想问题的功能,从根本上讲,在于职工本身具有感情需求。这一般包括两个方面:一方面,要求得到别人尤其是管理者的真挚感情;另一方面,也希望自己的感情能有真诚的接受者。在解决职工的思想问题的过程中,如果管理者能抓住职工的这种感情需求,用真挚的感情去加以疏导,使双方做到心灵相通,感情融洽协调,那么,管理者说的话,讲的理,职工就愿意听、听得进,哪怕是很尖锐的批评也能心悦诚服地接受。因为对方相信你和他们的感情是真诚的,觉得你是从善意角度出发帮助他们的,而不是故意害他们的。这样,员工就会消除对管理者的戒备心理、防范心理和逆反心理,敞开心扉接受管理者的帮助,从而达到解决思想问题的目的。在现实生活中,我们常常会遇到这样的事情,同样的道理,有的人讲,群众就爱听,就乐于接受;而有的人讲,群众就不爱听,不愿意接受,甚至很反感。这是什么原因呢?其中重要的原因之一,就是和群众没有深厚的感情,群众还不信任他。所以,要使激励管理取得良好的效果,必须把"以理服人"和"以情感人"结合起来,做到情真理切,情理相融。

在中国的传统文化中,人人都十分看重自己与他人的交往程度,即与他人的感情联系程度。凡是感情深厚、交往亲切的人,自己就会愿意帮助他、支持他,甚至不惜生命代价,"士为知己者死"就是这一观点的简单概括和证明。

可是,"知己"的形成是需要付出一定努力的,其中最重要的就是感情投资中的关爱。

管理者通过对员工进行感情投资,可以使彼此形成亲密的关系,加深感情。在此基础上,才能更多地了解员工各方面的情况,员工也愿意对你说他的心里话。从而使员工有归属感,能够发挥自己的能力和作用。

5. 保护优秀员工,勇于为员工撑腰

用心做事的人受人攻击在所难免,表现出色也常常惹人嫉妒,成为被打击的对象,一些员工常常面临这种困境。

要改变落后的现状,自然会触动一些人的利益,得罪人是难免的,而且一不小心就被别人伺机报复。因此,原来一向很有干劲,工作出色的员

工常常无法忍受此类事情的出现。

这时，管理者要主动站出来为部下撑腰，给员工创造一个宽松的工作环境。若是不管不问，员工便会抱定"多做多错，少做少错，不做不错"的信条，那样，谁还会为你做事呢？其后遗症更是不可估量，最终致使组织利益受损。

下面的这位部长就是勇于为员工撑腰的好管理者。

王科长其人精明干练，不光把本单位上下打点周到，其他一些关系单位也在王科长活动下与本单位关系和谐，因此，一时间王科长几次受到处长表扬。然而，好景不长，很快，有关王科长利用工作之便为本人拉关系的谣言传出，传到了处长耳中。也传到了王科长耳中，她怕谣言再出，不得不偃旗息鼓，少出风头，这样难免士气低落，影响了效率。

部长明察暗访后，知道有人从中作梗，便找出了"刺头"，在大会上批评，并为王科长鸣不平，立下"再有无故生事者，严惩不贷"的规定。这样王科长又恢复了从前的干劲。

管理者要真正做到为员工撑腰，就要有意识地保护优秀员工，在工作中应尽力做到以下两个方面的要求。

（1）做优秀员工的坚强后盾

当员工被人指责时，管理者应查清情况，明辨是非，为冤者伸张正义，树立单位公正形象，做员工的后盾，这样才能上下一心，共谋大业，创造辉煌。

（2）树立单位公平竞争的风气

一定要杜绝工作中的不正之风，形成公平竞争的良好局面，这样的组织才能充满活力和效率。

6. 及时给予落后员工以关心帮助

人在什么时候最容易心存感激呢？在他被别人看不起，而得到你的帮助的时候。一旦你在此时给予他帮助，哪怕他明知你只是举手之劳，他都会发自内心地感激你。

在工作上也是这样，如果管理者能给予落后的员工以关怀和帮助，那么员工会心存感激，并通过更加努力地工作来回报你对他的关爱。

员工中总有那么一些人，尽管工作态度很认真，能吃苦，听指挥，但工作总是干得不如别人好，有些力不从心。其中有些人常常变得精神颓废，没有干劲，自暴自弃，见人不敢抬头。如果放弃不管这些人，无论是对团队还是对他们个人，都是一种损失。

一般的领导往往只垂青于那些才华横溢、有突出成就的人，经常表扬、提拔他们，而很少注意这些能力低、成绩差的人。**但是，在一个团队里，才能出众的毕竟只是少数，而才能平庸和低下的人则是多数。如果扔下这些"短板"不管，整个团队素质就很难得到提升**，而且也难以指望团队成员对管理者广泛拥护。所以，管理者要给落后者一些关怀和帮助，这样，既能更好地完成工作，又能得到他们的支持。

在日常工作中，管理者需要怎样帮助这些员工呢？

（1）消除他们的自卑感

人有了自卑感后，即使有能力也难以发挥出来。其实，除了少数能力特别突出的人外，其余人的能力相差并不大，如果能让他们增加信心，消除自卑感，他们甚至可以取得与能力强的人一样的成果。所以，领导要关心这些人，多与他们进行交流，列举他们的优点和成绩，证明他们并不比别人差多少，也一样可以干得很出色，从而激发他们的上进心和自信心。

（2）为他们开小灶

对这些员工，需要比对别人多花一点精力。给能力强的员工布置工作，交代清楚就可以了；给这些人布置工作，要更明确、具体一些。**不仅要交代任务，而且要教途径、教方法**。在其完成任务的过程中，要加强指导，帮助他们克服困难，清除障碍，使之不断增加经验，满怀信心地发挥自己的才干。

（3）让他们先出成绩

安排工作时，找一些相对比较容易的工作让他们干，完成得好，出了成绩，哪怕是小小的成绩，你也要立即表扬鼓励，让他们从自己的成功中看到希望，增强信心。随着其能力不断提高，对他们的要求也应该不断提高，相信过不了多久，他们的能力就会有很大的提升。

（4）及时消灭员工内心的不安

一些落后的员工内心往往不安，这种感觉也常常影响工作，并且难以消除，管理者可以通过关心，设法让他忘掉不安，例如给他一些有挑战性的或有乐趣的工作让他去完成等。把私人不快乐的事带到办公室，对自己、对工作及对同事均有害无益。不过，人毕竟是有感情的动物，要完全忘掉不快是很难做到的。

管理者应体谅员工的不安情绪，做出有限度的容忍，但这也必须视情况而定。例如，某员工近日魂不守舍，在工作中连连出现错误，但每天仍然准时上下班，也没有装病请假，作为管理者，不应不分青红皂白地批评、斥责甚至开除他，而应该详细了解他家里是否发生了什么事，并积极帮他解决。不过，如果遇上经常发脾气，又借故不上班或经常迟到，无心工作的员工，就必须加以引导，跟他谈些人生的问题，有助于了解他心中的不快，然后将话题转到责任问题上，让他的情绪容易适应。

要求员工无条件地、没有任何理由地服从上司、接受工作是不合时宜的，上司鼓励员工工作，比强迫他们忘掉不愉快的事情要有效得多。冰冷的面孔，严峻的规定，漠不关心的同事，都让人从内心深处感到不快。在办公室工作多年的人，可能已经适应了，但对于刚从学校毕业的年轻人来说，却是一种虐待。年轻人是未来的栋梁，应该多关心他们一点，使他们也懂得如何去关心下一代。

管理者应在适当的时候为员工解决问题，不单只是公事，也包括私人的情绪。 员工遇到挫折时情绪低落，工作效率和品质会受到影响，如果得不到上司的体谅，情况可能会更糟。以朋友的身份询问员工发生了什么事情，细心倾听，最重要的是绝对保密，永不将员工的私事告诉任何人，才能得到对方的信任，并可以使员工安心地投入工作。因为人的心随着工作或身体等状况，经常会产生变化，只要能敏锐地抓住员工心理微妙的变化，适时地说出吻合当时情况的话或采取合理的行动，就能抓住员工的心。

当员工情绪低落时，适时的慰藉、忠告、援助等，会比平常更容易抓住员工的心。因此，一方面平常就要收集员工的各种资料，然后熟记于心；另一方面，管理者必须及早觉察员工的心理状态。如何让员工忘掉不快，是管理者要多加注意的一个重要课题。

7. 把关爱延伸到员工的家庭

管理者对员工的情感激励，不但要从工作上对其激励，还要延伸到员工家庭，对于员工的家庭，管理者要给予特别的照顾。现代人的家庭观念越来越重要，管理者可以多关心一下员工的家庭，树立"员工之家即我家"的爱才思想，并把它应用到实际管理实践中去，定会得到意想不到的回报。

人生最大的两件事就是家庭与事业。工作固然重要，但是家庭对个人来说却是最重要的，一个人的家庭往往更能影响到工作。所以，管理者要赢得员工的拥护，一定不要忘了关心员工的家庭。

一般情况下，员工会遇到以下来自家庭的问题。

一是经济方面的问题。如家庭经济本来紧张，收入突然减少，一下子要支付一笔很大的开支而影响家庭经济平衡，等等。

二是子女方面的问题。如今的子女是"小皇帝"，"小皇帝"们有的常常有这样那样的疾病；有的地方入托难，入幼儿园难，甚至入小学也难；有的淘气、逃学、成绩差，升不了初中、高中；有的苦读寒窗十几载之后，高考落榜，要为他找工作，安排出路；有的从小走上邪路，闯祸，甚至送劳教、劳改，等等。

三是长辈方面的问题。如对夫妻双方的父母，或照顾不周，或他们觉得厚此薄彼而产生不满；老人难免有三病两痛，最后还得养老送终，等等。

四是夫妻之间的问题。夫妻是家庭的主体，矛盾也自然多些，比如：对家庭的诸多开支，亲友间的礼尚往来等方面的问题，夫妻间常有意见不一，甚至一方产生不快的事情；夫妻的兴趣、爱好有差异，甚至完全不同；夫妻都属于"事业型"的人，都有远大的抱负，家务方面的事干得一塌糊涂；一方身体不适，或者重病住院，甚至罹患不治之症，等等。

五是家庭其他成员相互关系方面的问题。家庭除了夫妻之间的矛盾以外，其他成员之间也常发生矛盾，其中婆媳之间的矛盾最为普遍和复杂。

六是邻里关系问题。常见的是争宅基地、护小孩、上下层楼之间不注意环境卫生等问题。

七是发生突发事件。即发生那些意想不到的天灾人祸，如车祸、火灾、水灾、口舌是非，等等。

这些问题常常会给员工带来困扰，如果处理不好，就会直接影响到员工的工作情绪。如果管理者能对员工及时地伸出援助之手，解除他们的后顾之忧，他们一定会产生十分感激的心情，从而积极努力地工作。

身为企业的管理者要积极为员工排忧解难。一个优秀的团队管理者，不仅要善于使用员工，更要善于通过替员工排忧解难来唤起他们内在的工作主动性，要替他们解决后顾之忧，让他们的生活安稳下来，集中精力，全力以赴地投入到工作上。

管理者关爱员工家庭要把握好几个重要时机：当重要员工出差公干时，要帮助安排好其家属子女的生活，必要时要指派专人负责联系，不让员工牵挂；当员工生病时，领导要及时前往探望，要适当减轻其工作负荷，让员工及时得到治疗；当员工的家庭遭遇不幸时，领导要代表团队予以救济，要及时伸出援助之手，缓解不幸造成的损失。

管理者对员工的帮助也要量力而行，不要开出实现不了的空头支票，管理者分担员工的困难要本着实际的原则，在力所能及的范围内进行。帮助可以是精神上的抚慰，也可以是物质上的救助，但要在公司团队财力所能承担的范围内进行。

对于困难比较大的员工，要尽量发动大家进行集体帮助，必要时可以要求社会伸出援助之手。同时，管理者还要处理好轻重缓急，要依据困难的程度给予照顾，不能"撒胡椒面"搞平均主义，要多"雪中送炭"，少"锦上添花"。

现代社会工作压力大，员工流动频繁。安稳的生活环境和安定的家庭成了员工安心工作的保障。大多数员工的内心中都求安惧变，因此团队管理活动必须顺应员工的这一心理，领导要让员工感到安稳，要做到这点，就必须帮助员工解决他们的后顾之忧。

关心员工，解决员工的后顾之忧是调动员工积极性的重要方法。如果你是这样一位企业管理者，不仅受关心的人会感激不尽，还会感动其他的员工。作为一位企业管理者，自己要对职工关心施爱，这样做特别有利于自己团队力量的凝结。

二、信任激励：诚做员工的"知己"

信任激励是一个很简单，却包含深妙玄机的攻心艺术和用人智慧，信任产生的心态就是认可，管理者只有认可员工，才能信任他。从这个角度上来说，信任就是一种与人为善的绝妙"攻心术"，是一种具有智慧的激励管理。信任让上下同心同德，共同创造成功的业绩。

1. 信任是一种高效激励的"攻心"艺术

作为管理者，当管理员工的时候，理应树立信赖他们的观念，以自己的诚心和人格魅力影响员工，打动员工，与员工产生心灵上的共鸣。

(1) 信任能诱发员工全力以赴的工作热情

管理者要信任下级，放手让下级大胆地行动，发挥其主观能动性和创造能力。

一定要记住，关键在于信任。

一般说来，人在受到信赖的时候，都会产生快乐和满足的感觉，进而诱发出全力以赴的心情。

可以肯定地说，对别人信而不疑的人，如果具备了力量和睿智，那么被信赖的人就很难产生"离心"的念头。他不仅会被上司信赖自己的态度深深打动，而且会被上司的能力和成就深深吸引。

说到底，**一个真正信赖别人的领导者，一定也会受到大多数员工诚心诚意的信赖**。毕竟，人是有感情的动物，几乎每个人都有"投桃报李""以心换心"的想法。相反，那种漠视他人对自己的责任、时刻想利用管理者对自己的信任的人，只是成千上万人中的极少数。

用人不疑是用人的一个重要原则。当然这个"不疑"要建立在自己择用人才之前的判定、考核、决策上。不用则罢，既用之则信任之。作为管理者只有充分信任部属，大胆放手让其工作，才能使员工产生强烈的责任感和自信心，从而焕发出员工的积极性、主动性和创造性。所以说，一旦决定了担任某一方面的负责人后，信任即是一种有力的激励手段，其作用是强大的。试想一下，使用别人，又怀疑他，对其不放心，是一种什么局面；试想一下，在你的公司里，如果员工得不到你起码的信任，其精神状态、工作干劲会怎样？假如你的员工情绪欠佳，精神沉郁，怨懑丛生，上下级关系怎么能融洽？这种彼此生疑生怨的状况，常是导致企业瘫痪的主要原因。

因此，企业管理者用人重在"信而不疑"，既然选准了就要信任，大胆使用。企业领导要有正确的用人态度，有清醒的用人意识，有坚定的用人信心。要谨慎对待各方面的反映，不因少数人的流言蜚语而左右摇摆，不因员工的小节而止信生疑，更不宜捕风捉影、无端地怀疑。而且在信任的程度上，也应该是离自己最近的最亲的，给他们以更多的、更广泛的、更高质量的信任，因为他们非常需要，一定要记住这一点。

(2) 坚守"充分信赖员工"的原则

充分信赖下级原则，就是指在用人行为中，**管理者应以"用人不疑、疑人不用"的精神，对员工予以充分信赖，以此来激发员工的积极性和创造性，从而达到努力获取最大人才效益的目的。**

在实践中，管理者几乎每日每时都要接触员工，经常不断地向员工布置各种大大小小的工作。这既给管理者提供了熟悉了解员工的理想场所，又给管理者提供了运用各种方式，巧妙地向员工表示信赖的绝好机会。如何充分利用这些天赐良机，进一步密切上下级之间的关系，尽力提高自己的凝聚力和感召力，就成为值得每个精明的管理者认真考虑的重要问题。

在建立上下级之间互相信赖、互相帮助的融洽关系时，管理者不应该等待员工信赖上级之后，自己再去信赖员工，而应该首先采取实际行动，以诚相待，主动向员工表示信赖。只有这样，管理者和员工之间才能建立起牢固的信赖关系。这是一条屡经验证的用人真理。

特别是当员工因为工作中的失误，受到人们的指责、非议，处在进退维谷的困难时刻；当员工身遭不幸，求援无望，处于极端悲愤和苦恼的痛苦时刻……此时，员工最害怕的，就是失去管理者对他的信赖；最需要的，也是管理者对他的信赖。倘若管理者果真能够及时向员工送去他最需要的东西——充分信赖，可想而知，这将对员工产生多么巨大的激励作用！

信赖员工，当然不是盲目信赖，而是以平时对员工的认识和了解为基础的。**信赖的基点，就是尊重知识，尊重人才。**

（3）以感情传递实现上下级的相互信赖

充分信赖员工，通常是通过上下级之间的感情传递和心理满足来实现的。要做到这一点，身处管理和支配他人的主导地位的管理者，就应该认真分析员工的心理活动，尽力满足员工的各种健康的心理要求。在正常情况下，绝大多数员工在接触上级时具有以下共同的心理特征，诸如：在研究问题时尽力与上级保持一致的愿望；在工作中希望上级能看到自己的成绩；当工作中偶尔出现某一过失时总是宁愿自己悄悄地采取补救措施，也不想让上级知道；强烈追求上下级之间在人格上的完全平等，渴望得到上级的尊重和信赖；愿意参与上级的管理工作，使自己的美好设想能在上级的决策过程中有所体现；要求上级能理解自己的美好心愿和良好动机，支持自己的工作；在遇到挫折和失败时，希望做出决策的管理者能理所当然地替自己分担责任；在完成工作任务之余，希望上级的管辖和约束，最好不要过紧，应给予自己适度的自由……对于员工这些共同的心理特征，管理者应在准确掌握的基础上，不断改进工作方法，尽量使员工达到心理上的和感情上的某种满足。只有这样，上下级之间才能进行有益的感情传递，员工才能在心理上处于一种健康的活动状况，并且相信管理者对自己是信赖和尊重的。

应该记住：倘若员工积极的、健康的心理要求得不到完全满足或部分满足，从而使员工一次次处于十分失望的境地，那么，哪怕管理者再如何真诚地向员工表示充分信赖，员工对上级的疑虑也是很难消除的。

2. 给予员工信任是最大的爱护与支撑

一般说来，人在被信赖的时候，都会产生快乐和满足的感觉，进而诱发出全力以赴的心情。对别人信而不疑的领导，如果具备了力量和睿智，那么员工就很难产生"离心"的念头。员工不仅会被领导信赖自己的态度深深打动，而且会被领导的能力和成就深深吸引。

对管理者来说，**最重要的工作之一就是在组织与员工之间建立信任**。让组织成员充分了解工作的价值和意义，激发每个人的工作和创造热情，并通过职责分配、授权等给予个人体现价值、追求卓越的机会。

一般人都有自信心，都有成就感，都抱有通过自己的努力去做好某项事情的心情和愿望。管理者在量才授职之后，应该信任他们，放手让他们大胆地开展工作。当然，这种信任不是盲目的、无根据的，而是经过仔细地观察和审慎地选择后的结果。信任别人的领导，才能得到别人的信任。那些在用人时嘀嘀咕咕、将信将疑、顾虑重重的管理者，往往会失去许多优秀的人才。

东汉光武帝刘秀在河北与自立为帝的王郎展开大战，王郎节节败退，逃入邯郸城里。经过二十多天的围攻，刘秀大军攻破邯郸，杀死王郎，取得胜利。

在清点缴获得来的书信文件时，官员们发现了一大堆私通王郎的信件。这些信件有好几千封，内容大都是吹捧王郎，攻击刘秀，而且写信者都是刘秀一方的人，有官吏，有平民。

有人很气愤，说这些人吃里爬外，应该抓起来统统处死。曾经给王郎写过信的人，则提心吊胆，心里十分害怕。

刘秀知道这件事后，立即召集文武百官，又叫人把那些信件取过来，连看也不看，叫人当众把它们扔到火盆中烧掉了。

刘秀对大家说："有人过去写信私通王郎，做了错事。但事情已过去，可以既往不咎。希望那些过去做错事的人从此安下心来，努力供职。"

刘秀的这种处理方法，使那些曾经私通王郎的人松了一口气。他们都从心眼里感激刘秀，甘愿为他效劳。

刘秀的做法很值得现代管理者借鉴。人非圣贤，孰能无过，如果抓住别人曾经犯过的错误不放，三天一提、五天一批，怎能使人安心工作呢？

如果管理者不能信任团队里的成员，他们将不可能与你一道工作。

首先要问的问题很简单，你为什么不信任员工呢？是因为员工做过什么事情才使你这样不信任他呢？你是直接了解到的，还是道听途说的？如果你得到的信息不是直接的或带有个人感情因素，你就应该亲自或让其他员工去确认这一事实。

如果这一员工确实做出让你不能信任他的事情，那么这只是偶然的一次还是多次？如果它只发生一次的话，你是否应该就此念念不忘呢？存有这些念头会影响你作为有鼓舞力的管理者的效果，而且会严重限制员工的职业生涯。

如果员工打消你的信任的是不止发生一次的问题，那么这个问题是否还在继续？如果不再继续，你能否把它搁到一边？员工怎样做才能恢复你对他的信任？如果这样的问题仍在继续，管理者就需要直接面对他，讲清你的忧虑和态度，使得问题得以解决。解决的方法可以是解雇他，或把他调到另一部门，或者消除误解、重建信任等。

作为一个优秀的领导，用人的首要工作就是把最优秀的员工安排在合适的位置上，讲清你的期望和目标，提供所需的资源，然后放手让他们自己去做，此后就不再干预了。

一个工作积极自觉的员工，需要得到下列因素，才能保证完成领导交办的各项任务：信任、信心和空间。而一个坚守"充分信赖员工"原则的管理者，会给予员工充分的信任，让其最大限度地发挥自己的能力，取得工作成就。

信任员工，实际上也是对员工的爱护和支持。古人云：木秀于林，风必摧之。特别是对于担当重要责任和岗位角色的员工而言，容易受人非议，蒙受一些流言蜚语的攻击。尤其是那些敢于直面领导错误又善于提建议、意见的，那些工作勤勉努力犯了错误并努力改正的，领导的信任是其最后的精神支柱，柱倒而屋倾，在此种状态下，管理者切不可轻易动摇对他们的信任。

3. 严格遵循用人不疑的信任原则

用人不疑是领导信任员工要遵循的一个重要原则。当然这个"不疑"要建立在自己择用人才之前的判定、考核、决策上。不用则罢，既用之则信之。做领导的人只有充分信任部属，大胆放手让其工作，才能使员工产生强烈的责任感和自信心，从而激发出员工的积极性、主动性和创造性。

所以说，管理者一旦决定了担任某一方面的负责人，信任即是一种有力的激励手段，其作用是强大的。管理者可以试想一下，使用别人，又怀疑他，对其不放心，将是一种什么局面；试想一下，在你的部门里，如果员工得不到你起码的信任，其精神状态、工作干劲会怎样？假如你的部属情绪欠佳，精神沉郁，上下级关系怎么能融洽？管理者要明白，**这种生疑生怨的状况，常是导致部门工作瘫痪的主要原因。**

领导用人不疑，不是指对任何人的能力、人品都不存疑虑，而是说，其一，既然把工作交付于人，就不应该再抱怀疑态度，而应给予完全的信任，放手让人去干。其二，由于主观的、客观的、各式各样的原因，导致下级工作失误，管理者可能会终止信赖行为，但对员工的信赖不能终止，还应给予另外的全权责任。

要做到用人不疑，管理者应该在以下几个方面下功夫，以使下级在心理上、感情上、行动上，与领导建立起交融与共的亲密关系。

（1）批驳进谗者

管理者与下级之间的信任危机，大多是在好事者、多疑者、挑拨者、离间者向管理者进言之时发生的。此时，如果管理者对言论对象没有切实的信任，那么信任感就会动摇。而批驳进谗者，继续信任员工，则易得人心，否则就会失去员工对你的信任，并且还会终止信任行为，信任感没了，员工便由此与你若即若离，或离你而去。

管理者要明白：**每个人都有长处和短处，而用人在于扬长避短。**扬长、用长是用人的最佳方法，也是避短的最好途径。作为管理者应该了解员工的短处，以便避短就长，还可适当引导，缩短助长。但是，当有人进谗别人的短处时，则应避而不听、断然拒斥。即使听到他人议论员工短处，也应淡然处之，不予理睬。这种冷处理，一是表明管理者用人不疑、坚定信任的态度；二是不让杂言碎语干扰自己的用人部署；三是可以净化用人环境，让人把注意力放在工作上。

（2）漠视部下的错误

在某些情况下，主要是下级发生了有悖于、有负于自己的错误行为时，作为管理者在已经察觉的情况下，可以断绝自己进一步了解或彻底调查的知情之路，漠然处之，不追不查，以此感化下级，促其反省。这不但是用人的最高境界，也充分显示出管理者的魄力。曹操在和袁绍官渡之战时缴获了许多部将写给袁绍的效忠信，这些人想给兵败时的自己留下退路。但曹操获得这些信后连看都没看一眼，就令人付之一炬，以断人后顾之忧，也断了自己的知情之路，这可称为经典一例。

（3）不怕自己承担责任

一些管理者之所以不敢大胆用人，或用人时将信将疑，除了作风不实，缺少了解人的基础性工作外，重要的原因是怕用错人担责任。 应该说，这主要还是管理者的气魄、胆识、意识问题。在这种情况下，管理者不应该去考虑个人承担责任之事，而是应该横下心来用人之长，即使员工出现失误，也要相信他可以从失误中吸取教训最终取得成功。

上述这些用人不疑的做法既有利于帮助管理者与员工之间建立和谐融洽的关系，又有利于保护员工的工作积极性。

4. 运用多种方法技巧表达对员工的信任

管理者对员工表示信赖的用人艺术，在具体运用时，可以因人而异，因地制宜，灵活巧妙，多种多样。以下是一些管理者在工作实践中总结出来的技巧。

①在大庭广众之中，众目睽睽之下，有意制造最隆重的气氛，将最困难、最光荣的重要工作交给某个员工，使他觉得这是上级对他的最大信任，"看得起他"。

②在员工发生某些工作失误，特意赶来向你解释时，管理者可以故意装作对此不感兴趣，打断他的汇报，并让他"好好休息"，甚至还额外给他一点不过分的安抚和照顾，暗示他继续大胆干，不要为此而背上思想包袱。

③不以一时的胜败论英雄。在员工屡遭挫折，工作进展不大时，决不因此而抹杀他过去的功绩，怀疑他固有的才能，草率地中途换人，而是及时向员工提供必要的支持和帮助，消除他心中的阴影和疑点，尽快恢复他战胜困难的信心和勇气。

④在和员工一起研究工作时,只要条件允许,就应该先听听员工的意见和看法。当员工由于自己的看法和上级不一致,因而表现出含糊其词或竭力"靠拢"管理者的观点时,作为领导,应及时鼓励员工坦率地说出不同意见。当员工在上级鼓励下,大胆发表了不同意见,而这些意见确实比管理者原来的想法高明时,管理者应当予以肯定;如果员工表述的意见毫无可取之处,管理者也不要生硬地完全否定,而应该首先肯定它在某些方面具有参考价值,然后再详尽地说出自己的看法。要知道,在员工面前充分发扬民主作风,正体现了管理者对员工的最大信任和尊重。

⑤听员工汇报工作时,应根据具体情况,有选择地听员工完成任务的经过。这样做,不仅可以更全面、周详地考察员工的德才水平,而且还可以使员工希望显示成绩的心理得到某种满足,感到上级领导对他的信任,从而更加情绪饱满地投入到下一项工作中。

⑥**虚心学习员工的长处,也是一种最好的信赖和尊重。**在时间允许的情况下,管理者应设法请员工谈谈自己的知识、建议和工作上的打算,通过虚心学习,使员工感到上级对他的信赖和尊重。

⑦有意"免检"员工从事的某项工作,甚至对员工在工作中偶尔出现的小过失佯作不知,只要本人知错改错,不再重犯,就不予细究。通过这种宽容的做法使员工切实感到管理者对他的充分信任。

⑧在制订计划,以及执行、检查、总结等管理过程中,管理者应尽量吸收员工参与这些活动,让他们充分发表自己的意见。通过最大限度地满足他们愿意参与的心理,增强他们对管理者的信赖感。

⑨当员工确因某些客观原因而遇到挫折和失败时,管理者应敢于承担自己的责任,决不可不分青红皂白地将责任全部推到员工身上,让员工当替罪羊。只有具有安全感的员工,才能真正感受到上级领导对他的充分信任。

⑩对员工不必统得过死,管得过严。应在抓好大事的前提下,适当放松一下缰绳,给予员工适度的自由,让他们根据自己的不同的兴趣、爱好、特长和追求,去奋力实现个人的小目标。有时候,员工在小目标上取得的进展,不仅不会影响上级制定的大目标,反而有助于大目标的提前实现,对于整个社会也能多作一些贡献。相信员工的自我约束能力,适度

"松绑",是管理者对员工的充分信任。

　　灵活多样的信任方式,不仅体现了管理者对充分信任原则理解的深度,也体现了管理者的智慧、才干、胆识和水平,而且还融进了管理者自己的个性和风格。这些丰富多彩的可供选择的信赖方式,正是各级管理者应用来密切上下级关系的绝好手段。如果说,失去领导信任的员工,决不是一个好员工;那么,疑虑重重,作茧自缚,不相信员工的管理者,也绝不是一个好的管理者。

三、沟通激励：增强组织的向心力、凝聚力

　　沟通用于社会交往,是一种交际手段。善于沟通,人与人之间会增进了解,建立人脉,沟通用于激励管理,就变成一种有效的管理方式。不善于沟通,上下级之间就会信息堵塞,管理失控。沟通激励的意义一是让员工明确做什么,二是告知员工怎样做才正确。沟通的过程中一旦融入了情感等因素,就会转化为激励的过程。实现有效沟通,管理者既需要掌握一定的方法,又需要善用情感的投入。沟通激励将管理艺术具体化,将管理沟通情感化,这种激励方式在体现管理者魅力的同时,能够有效地感化员工,教育员工,从而成为企业管理中重要的激励方式。

1. 以沟通引发共鸣,有效地提高凝聚力

　　所谓沟通,即人与人之间交换信息的过程,它是一个人获得他人思想、感情、见解、价值观的一种途径,是人与人之间的一座桥梁。通过这座桥梁,人们可以分享彼此的知识和想法,也可以消除误会,增进了解。

　　所谓沟通激励,就是指组织的管理者通过与员工的有效的信息交流达到激励员工的效果,提高组织的凝聚力和向心力。

　　随着社会的发展,沟通的激励作用越来越大,因此,现代企业管理者必须掌握这门激励艺术。

　　随着社会竞争的不断升级,有效的内部沟通已经成为组织成功的关键因素之一。根据国际权威机构的调查分析,组织绩效的提高主要来源于组织内部的沟通和反馈,引起思想共鸣的"沟通"是实现组织上下一条心的

主要方法。

在现代组织中,沟通激励是通过明确告诉员工做什么、如何来做、没有达到目标时应如何改进的途径来激励员工,进行绩效反馈和各种奖赏、强化。这样,沟通的过程自然就成了激励的过程,且具有以下三个主要功能。

一是信息传递功能。信息传递功能指为组织个体或组织从事活动提供决策所需要的信息,使管理者能够确定并评估各种备选方案。

二是控制功能。通过沟通,管理者可以对员工的行为进行控制。通过正式沟通,可以使员工们遵守组织中的领导管理行为,遵守组织的规章制度,完成组织的工作任务,实现组织的控制功能。同时在组织中,非正式的沟通也对员工的行为有控制作用,如某个人工作不够勤奋,影响了整个组织的进度,组织的其他成员会通过非正式沟通的方式帮助或敦促其完成任务。

三是情绪表达功能。对于很多员工来说,工作场所是其主要的社交场所,员工通过企业内的沟通来表达自己的挫折感和快乐,由此,**沟通就为员工提供了一种释放情感的情绪表达机制,满足了员工的社交需要。**

上述组织沟通的三种功能并无轻重之分。要使组织运转良好,管理者就需要通过沟通激励员工,为员工提供情绪表达的机会,以便自己做出正确的决策。

2. 实施沟通激励的前提条件

美国著名未来学家奈斯比特曾指出:"未来竞争是管理的焦点在于每个社会组织内部成员之间及其外部组织的有效沟通上。"管理的主体是人,管理就是如何做人的工作,所以说,人的因素是组织成功的关键因素。所有的管理问题归根到底,都是沟通的问题。通过沟通可以增强员工的信心,可以把团队的目标深入到团队中每位成员的心中,集合每个人的力量,将之引向整个团队最终追求的目标。

有效实施沟通激励的前提条件有以下几点。

(1) 尊重

管理者应像尊重自己一样尊重员工,始终保持平等的心态,更多强调

员工的重要性，强调员工的主体意识和作用。员工感到自己受到尊重，因而被激发与组织同甘苦的心态。将尊重贯穿在组织中，尊重体现了管理者的素养，也体现了组织的素养。

（2）合作

绩效是合作而非雇佣关系。管理者与被管理者的利益矛盾是无法改变的，但是通过合作关系的确立，可以改变组织的工作氛围。

（3）服务

把员工当成自己的内部客户，只有让内部客户满意才可以更好地服务外部客户。管理者是为员工提供服务的供应商，要做的就是充分利用组织现有资源为员工提供工作上的方便以及实现个人的增值。

（4）赏识

学会欣赏自己的员工而非一味地指责。当一个人被赏识的时候，他可以受到极大激励。作为管理者，需要以赏识的眼光对待自己的员工。

（5）分享

分享是最好的学习态度，也是最好的组织文化氛围。管理者与员工在工作当中不断地分享知识、分享经验、分享目标、分享一切值得分享的东西。

管理其实很简单：只要与员工保持良好的沟通，让员工参与进来，自下而上，而不是自上而下，在组织内部形成运行的机制，就可实现真正的管理。一句话，让员工把工作当成一件快乐的事情就是最大的成功。

3. 建立与完善企业内部的沟通机制

很多管理者并不是不清楚沟通的重要性，而是不善于沟通，不懂得怎样建立顺畅的沟通渠道，或者说，在他们的组织里并没有形成沟通的机制和体系。

在一个形成了有效沟通体系的企业里，沟通不是零散的，也不是随机的，而是以一种经常性机制贯穿在组织的全过程中。

现在，世界上任何一个组织，管理者与员工之间的沟通系统都已经相当成熟和完善。

下面浅析一下建立企业内部沟通机制的途径和方法。

（1）沟通要形成制度化、规范化

在企业内部要有一个沟通的规范，也就是说用什么样的方式，什么样的格式，什么样的语言要有一个规范，这样就不会因不同的沟通方式而产生信息差别。其中，合理化建议就需要形成一种制度，让其成为一种制度化、规范化的企业内部沟通渠道，使广大员工能够直接参与管理，下情上传，与管理者保持实质性的沟通，使企业内部的各种意见能够以公开、正面、肯定的形式表达或宣泄出来，从而具有"保险阀"的功能，提高企业内部信息沟通的管理水平。企业员工对企业有任何建议都可通过写信和拨打电话的方式来反馈。

（2）沟通要信息化

现代企业管理，已逐渐向信息化的过程迈进。**企业管理的信息化要求组织内部的沟通也要实现信息化，因为组织信息化能加强组织内部的沟通与交流，提高办事效率，有利于营造富有活力的组织。**通过内部网络办公，能加强企业内部的员工之间、部门之间、管理者与员工之间的沟通，提高工作效率，同时也为员工积极参与管理开辟了畅通的渠道，使企业内部整体运营效率提高。这种虚拟沟通平台的延伸，使互联网时代的组织更具备了真实性和有效性，更体现了沟通的价值所在。

（3）沟通要具有双向性

企业内的沟通必须是双向的，也就是说一个信号的下达是自上而下然后自下而上的或者自左而右然后自右而左的一个过程，这样可以保证沟通的正向性和准确性。但很多企业只注重自上而下的沟通，忽视了自下而上的沟通方向，这种沟通只是单向的，只偏重于领导传达命令，这样就会使企业内部的沟通信号被误解，造成沟通障碍。因此，**企业的沟通必须具有双向性原则，尤其是要重视自下而上的沟通过程。**沟通就是要消除员工之间的疑虑，设身处地，从集体和个人的角度出发，寻求二者利益的平衡点，营造管理者与员工之间双赢的氛围。管理者要以此为目的，重视自下而上的沟通，与员工共同营造出一种民主、进取、合作的健康氛围。

无论企业的大小，只要通过充分地沟通与交流，不仅可以减小管理过程中的阻力，而且可以进一步推动组织管理的变革。企业应搭建多渠道的双向式沟通机制，通过多种渠道和各种活动持续地向员工传达企业倡导的企业文化内容、经营理念、发展方向等，从而提升企业的凝聚力，共同塑造新的文化和价值观。

(4) 用信任构建平等沟通的氛围

人与人之间很容易产生误会，存在等级差别的管理者和员工之间彼此更容易产生隔阂。所以，要想避免沟通不畅对工作效率的影响，管理者必须掌握高效的沟通技巧。总结起来，其秘诀就是信任。

管理者与员工之间的信任程度对于整个组织工作的运转和协调是非常重要的，怎样才能取得员工的信任呢？下面三点极其重要。

其一，对管理者而言，尽早抓住问题是重要的，而找出事务中主要问题的最好方式，是让员工告诉你。这取决于坦率与信任，但这两点都有严格的内在局限性。在需要坦率和信任的时候，大部分人倾向于选择沉默，自我保护，而权力斗争也会妨碍坦诚。

其二，管理者必须认真培育信任，应该利用一切可以利用的机会，增进员工的信任感。同时要注意对信任培育极其关键的六个方面：沟通、支持、尊重、公平、可预期性及胜任工作的能力。

其三，管理者还必须注意麻烦要出现时所显露出的蛛丝马迹，比如信息量减少、士气低落、模棱两可的信息、非语言的信号以及外部信号等。必须建立一个以适当地使用、传播及创造信息为基础的交流网。

彼此信任，实际上是一个企业得以成为组织的基础。中国目前的管理者正在朝着职业化挺进，在这个进程中，信任显得更为重要。

4. 与员工公开全面地进行信息交流

许多管理者总是错误地保守信息，拒绝与员工共享。他们觉得，保守这些信息就可以使他们看上去比员工显得更加精明和渊博。

这是非常错误的！要知道你作为管理者是否显得聪明，取决于你的员工是怎样的人。

如果没有获得你本应提供给他们的信息，那些受你领导的人就可能犯错误，表现不佳，其结果是，你的日子比他们更难过。这是因为，对机构所作所为负责的只能是你，而不是其他人。

成功的管理者善于提倡全面交流的气氛。在全方位交流的气氛中，企业成员的结构、企业最新战略、面临的困境，几乎所有人都能随时了解到。这样做的结果是，所有人都会用真诚来回报组织，并敢于对企业的事务说出自己真实的看法。而这种信任与承诺是建立一种公开氛围的基础。

实行信息公开可以增加企业内部的信任气氛。如果员工们了解了各种情况，他们的建议也获采纳，那么，他们定会为企业做出更大贡献，为组织的繁荣承担更多的责任，并且，他们定能就组织如何进行更有效的管理出谋献策。如果企业提倡公开发表意见，从而使得最基层人员也有机会参与决策，那么，员工肯定会认真负责地履行这种决策的职能。在一个崇尚公开交流的单位，所有人都清楚别人对他们的期望是什么。

当然，要让每个人敞开胸怀并不容易，管理者必须真诚、让人乐于接近，富有亲和力，能给人一种信任感，能实现承诺。

沃尔玛公司开展的全方位公开交流方面的做法就值得管理者关注。沃尔玛公司的一大特点是公开交流、自由沟通。其总裁瑟德奎斯特倡导了这种风格，他深信："人是成功的决定因素，所有的职员都起着重要作用，平凡的人也可以创造出不平凡的成就。"

诚实、豁达、平易近人是瑟德奎斯特给员工的深刻印象。他不仅对自己的私事不保留，公司的经营状况、各种数字以及信息，他都对公司的所有人开放。

实行公开交流的一大障碍是，管理者常常会把自己的知识水平看得过高，管理者觉得他们知道员工怎样做才对。对此，瑟德奎斯特曾花大力气避免这种风气在沃尔玛公司的各级管理者中蔓延。

瑟德奎斯特说："高层管理者很可能对公司里发生的事并不了解。因为一旦出现什么事，中层管理人员就撒手不管了，只是把他们想让高层管理者知道的事报告上去，不管实际情况如何。不管他们对此做了多少努力，总还是有人觉得如果他向公司汇报了，对上层管理者说了，他会受责备，会受处罚。这也是为什么要对中层管理者做许多工作的原因。"

瑟德奎斯特曾明白无误地向所有人宣布，沃尔玛公司坚信公开交流的作用。在与员工的日常交往中，他不断强调这一信念，并不遗余力地努力把这种经营方式制度化。

从瑟德奎斯特的做法中，管理者可以看到，**给良好的经营策略再注入公开交流的内容，就如同给一辆赛车加上喷气发动机燃料。**

可见，在一个提倡全方位交流的企业里，不管是管理者，还是普通工作人员，都对组织里的情况很清楚。通过各种渠道，信息自由流通，畅行无阻。这种企业不仅是让人向往的，而且往往是最富有战斗力的。

5. 妥善处理沟通中的抱怨情绪

在沟通中，员工的牢骚和反对意见虽不总是正确的，但管理者认真对待牢骚和反对意见却总是能得到好的结果。

有些管理者对基层员工抱有偏见，总认为他们的话不值得关注和重视，与他们谈话都是敷衍了事，还没开始就盼着早点结束。许多管理者还有一个自以为是的毛病，自以为自己能猜测到别人想说什么，想表达什么。正因为如此，别人刚把话说了一半，他们就急着插话或打断对方，或者干脆妄加评论，替对方把话给说了，总是缺乏听别人把话说完的耐心。

有时抱怨的员工天天带着新的投诉到你的办公室里来，这种员工会耗尽管理者的耐心，让管理者无法认真倾听。有时这些员工只是想争得你的注意，在这种情况下，如果他们得到了足够的重视，他们就会停止投诉。如果这种投诉还在继续，则表明其确实需要倾听且认真解决，管理者可以采取下列方法加以处理。

（1）了解投诉的所有细节，做笔记

询问投诉的每一个细节、时间、地点、环境、其他在场的人等。一定要保证你能获得解决这一情况所需的全部信息。

但要注意，不要在这一步骤中评价员工的投诉。通过专心倾听，你可以获得所有的细节，一定要做详细记录以备以后参考，这些记录对解决问题非常有好处。

(2) 做出反应

说明你已了解了问题。重复每一个细节，在谈论问题的其他方面时对每一个细节都已掌握。注意当员工不同意你的表述时，所做的语言或非语言的表示。如果你发现员工根本不同意你的表述，要立即澄清事实。努力倾听员工的话，可以维持或强化他们的自尊心。

(3) 坦诚表明你的立场

记住，该说的都说了，该做的都做了，解决问题的责任就落在了你的身上。专心听使你易于理解员工在事件中的立场，但是，如你所知，每一个事件都有两个立场。只有你考虑到事件对整个组织的影响后，才能够处理这种投诉。要很诚恳地说明你的立场，说明你是就事论事，要针对投诉本身及其影响，不要针对员工的个性发表意见。这样，就可以做出一种客观的反应，有技巧的反应会维持员工的自尊心。

(4) 要询问员工如何处理投诉

一定要让员工参与解决，你会获得他的承诺。**如果问题很复杂的话，要和员工一起工作，以确定要采取的第一步，同时说明你解决问题的意图。**

确定下次会议的时间，看看解决的效果。如果第一次会议上拿不出解决的方案，明确下次会议的具体步骤。可能的话，在下次会议上让员工搜集更多的信息，包括对其他人的影响，以及可选择的解决方案等。

6. 努力在沟通中运用多样化的方式

大多数企业最常见的沟通方式是书面报告和口头表达。但书面报告最容易掉进文山会海当中，失去沟通的效率；而口头表达则容易被个人主观意识所左右，无法客观地传达沟通内容。因此，企业内部的沟通方式要多样化。

(1) 管理者与员工直接沟通

管理者可以通过定期或不定期地到基层调查研究和检查工作，与基层工作人员进行沟通交流，了解员工的思想状况；通过与员工代表座谈的形式，听取员工对组织各项改革的意见和建议，听取员工的呼声和意愿。

（2）员工之间的多种方式的沟通

在企业内部，员工之间也需要进行经常性的、多种形式的沟通，这样做有利于企业员工之间的相互协调与工作配合。为此，管理者应采取多种形式，通过开展部门例会、交谈、布置工作等方式来达到沟通目的。

（3）积极开展形式多样的文体活动

管理者应努力丰富员工的业余文化活动。通过举办体现整个组织团队精神的文艺晚会、拔河、篮球、足球比赛等，为管理者和员工之间构筑交流沟通的渠道。

（4）积极办好企业内部的刊物

通过企业自办的报纸或者简报及时刊登基层业务发展情况或者员工的思想动态，并及时将组织内部的重大决策或者重要活动等上情及时地传递给员工，使员工的思想和行动与组织保持高度一致。

通过以上努力，管理者可以在企业中建立一个有效沟通的体系。这样做，沟通不再是零散的，也不是随机的，而是以一种经常性机制贯穿在企业工作中。

7. 善于在沟通中倾听员工的心声

中国有俗语讲"听话听声，锣鼓听音""话里有话，话外有音"。如果不积极地倾听，就不可能真正理解说话者的意图。**倾听是沟通的重要前提条件。**试想，如果我们都没有听懂对方话语的意思，又如何很好地反馈或表达自己的思想感受呢？

善于倾听的人，是很难得的，任何心中有话要说的人，都会将其视为知心朋友。无论是谁，都希望在自己说话时，有人在听。也许你也碰到过这种情形，正在和人说话的当口，忽然觉得很不舒服，因为对方根本没在听，或者从一开始就知道对方根本没有在听你说话。碰到这种情形，你也许想问"你有没有在听我说话"，因为谁也不喜欢白费唇舌。

能让谈话生机盎然的并不是那些会说话的人，而是那些懂得倾听的人。

日常生活中，我们通常会把沟通认为是两个人的谈话，其实，沟通更重要的一面是倾听。

倾听是良好沟通的基础，如果管理者在听员工讲话时心不在焉，或者显出很不耐烦的样子，恨不得对方马上结束那些无聊的言语。这种方式会伤害对方的自尊心，让对方很快地终止谈话，这不仅不能达到沟通的目的，还会为以后的沟通留下障碍。

作为管理者，需要有耐心、有兴趣地倾听员工的诉说。外在的行为表现一般是眼神需要一直注视着对方，身体稍微前倾显示与对方的亲密关系。同时，在倾听中需要给对方一些语言上的反馈，表明你明白和理解对方的意思，如"嗯，是的，我理解"以及点头等。

全面了解员工，切忌抢话头。有的管理者在倾听时比较急，经常在员工说话说到一半时，他就把别人余下的意思做了一个总结，而事实上他往往是把自己的意思投射到对方身上，误解了对方的最终意思。因此，这样的沟通是失败的，不能了解对方的真实意图，也容易使沟通中断，不能达到预期的沟通效果，更是起不到任何激励作用。

管理者在倾听时应该保持第三方的立场，完整地听完员工的话，在全面了解对方语言信息的基础上，再理智地帮对方分析问题。倾听时，管理者只需要很好地倾听和伴随对方，不需要去猜对方的意思，或用自己的思维方式来接对方的话。

企业与员工的立场难免有不能共通之处，要善于运用沟通的力量，及时调整双方利益，才能够使双方更好地发展，相互推动。许多企业的沟通只是单向的，即只是各级管理者向下传达命令，员工只是象征性地反映意见，这样的沟通不仅无助于决策层的监督与管理，久而久之，还必然影响到员工的积极性及归宿感。所以，单向的沟通必须变为双向的沟通，双向沟通的方式有许多种，其中的关键是管理者要善于倾听员工的心声。

管理者的艺术由倾听开始。听员工的话、听借口、听烦恼、听提议等，这些非常重要。如果情况允许的话，也不妨和对方谈谈家庭、特长和爱好等工作外的事情，努力找出双方共同的话题。有个成语叫作"志同道合"，如果双方在爱好方面有共同的兴趣，那么交往时就会倍感亲切。

沟通过程中管理者应该以倾听为主旨。即使与员工的关系十分融洽，但要达到彼此袒露心胸，互诉烦恼的程度仍需要相当的时间。倾诉烦恼从某种意义上来说就是把自己的弱点暴露在别人面前，如果没有足够的信任，是很难收到良好的效果的，搞不好还会产生负面影响。听取员工的提议也是倾听的一种方式，但谁都不可能每次谈话都说出一个提议。要使谈话顺利进行下去也不容易，尤其是员工心存不满的时候，谈话不容易产生共鸣，如果双方兴趣不同，就缺乏共同的话题，也就没有什么可聊的了。这时如果管理者有意无意地把话题引向抱怨的话，一定会有很好的效果。其实，这些诉苦的内容才是员工最想让上司知道的，特别是在工作上的苦处。而且，越是有过坎坷经历的上司，就越能体谅员工的辛苦，也就越能倾听他们的抱怨。

每个人在工作上都有不为外人所知的辛劳，即使这只是当事人的片面之词，但也都希望别人能理解。尤其是做员工的，总是暗自担心：上司是不是真的知道我付出了这么多的辛苦啊？如果上司能认真地倾听这些声音，他们一定会非常满意。有的时候，抱怨的话里会有一种傲慢的语气，这时也不要有反感的表示，而应该耐心地听下去，还应该偶尔点头表示同意，或随声附和。如果管理者能以这种倾听者的态度与员工相处，员工一定会讲一些只有他自己才有的工作体验或宝贵的经历。

世界上没有比对一个人不加理睬或对他的问题漠不关心更让他灰心丧气的了。同样的道理，如果你对他表示出真正的兴趣，对他说的话表示关心，你就能把他吸引过来。表达这种态度的最好方法是问一些问题，比如"那时你在做什么呢？""后来怎么样了？"即使是最不爱说话的人，如果你对他的话表现出浓厚的兴趣，他也会对你敞开心扉的。你要用自己的全副精神和感受来听他说话，把注意力完全集中在他的身上。

在现代企业里重视员工个人价值的理念，日益引起了企业管理者的注意。尽管也有一些管理者依然确信，凭借手中的权杖就可以在员工中起到呼风唤雨的作用，让员工怎么做，他们就会怎么做。但是，在崇尚"人性化管理"的今天，权杖的挥动，只会招致员工的不满甚至是对抗。好的管理者绝不会凭借手中的权力去操纵员工，而是乐于与员工沟通、善于鼓舞员工的士气，积极引导员工进行开创性的工作。总之，如果管理者能抽出一定的时间去认真听他们讲话，他们就会告诉你他们真正需要的东西是什么。这时管理者要忘掉自己，不要去考虑你要从他们身上得到什么。管理者应把精力完全集中到员工想从自己身上得到什么以及自己能为员工做什么事上。

因此，**管理者要想学会倾听，最重要的一点，是必须心甘情愿地倾听别人说话**。如果你想有条理地听别人说话，就必须要投入，因为这不只是让声波进入耳朵就可以了。也就是说，在谈话过程中，管理者必须灵敏主动，必须克服一些不良的听讲习惯。例如，你不能只听你希望听到的，或者常常分心，这些都不行。此外，管理者要注意在倾听员工说话时，不是从自己的观点来听，而是要站在员工立场上理解对方所说的内容是什么。唯有如此，管理者才能够真正听懂员工在说什么，才能够根据实际情况，和员工进行最恰当的迂回沟通。

8. 有效沟通的实用技巧与激励秘诀

沟通激励的秘诀就是管理者真心对员工的话感兴趣。许多管理者一生中都在想方设法使员工对他们感兴趣，事实证明，这种想法是错误的。员工不会对管理者感兴趣的，员工只对他们自己感兴趣。

所以**管理者只要真心对员工感兴趣，他的管理活动就能取得出人意料的成绩**。设身处地地为他人着想，学着感受并接受别人的需要和彼此的歧义之处，也尝试从别人眼中看你自己。若能看别人眼中的你，你在沟通方面会更容易成功。以下是一些有效沟通的实用技巧。

①与对方目光交流。说话者在说话的同时也在观察你的眼睛，判断你是否在倾听。如果我们尊重对方，真正地用心在听，你要看着对方。

②恰当的反应。积极的倾听者会对所听到的信息表现出兴趣。赞许性地点头、恰当的面部表情与积极的目光接触相配合，向说话人表明你在认真倾听。

③手势和姿态。在倾听时不要有下列举动：看表、将手搂在头后、心不在焉地翻阅文件、拿着笔乱写乱画或身体背对着对方等。这会使说话者感觉到你很厌烦或不感兴趣。更重要的是，这也表明你并未集中精力，因而很可能会遗漏一些说话者想传递的信息。

④适当的提问。批判性的倾听者会分析自己所听到的内容，并提出

问题。

⑤复述。积极的倾听者常常使用这样的语句:"我听你说的是……"或"你是否是这个意思?"复述是检查你是否在认真倾听的最佳手段,同时它也在检验自己理解的准确性。

⑥请勿打断说话者。在你做出反应之前先让说话者讲完自己的想法,不要急于表达自己观点。否则,你可能会遗漏重要的信息。

⑦耐心倾听。一个好听众应该是一个耐心的倾听者。好的倾听者能够听到对方未出口的话。

⑧使听者与说者的角色顺利转换。

在大多数的企业管理活动中,听者与说者的角色在不断地转换。积极的听者能够使从说者到听者以及从听者再回到说者的角色转换十分流畅。

另外,企业中的男女员工在沟通时,要相互理解、相互尊重。女性要注意从工作的角度,以开阔的视野多用理性思维考虑问题,注意维护男性的尊严,照顾他的面子;男性也要学会善解人意,耐心倾听,多站在对方的角度考虑问题,掌握沟通的艺术,平等交流,促进合作。

四、宽容激励:以博大的胸襟包容员工

在中国古代的管理智慧中"小不忍则乱大谋""宰相肚里能撑船"都告诫人们:欲成大事,先有大量。如果管理者心胸狭窄,斤斤计较,对手底下人的错误揪住不放,就会使人们没有进取精神,畏首畏尾,没有发展。宽容既是美德又是智慧,优秀的企业管理者必须具备这样的美德和智慧。**宽容激励将管理艺术具体化,将管理沟通情感化**。这种激励方式在体现管理者魅力的同时,能够有效地感化员工,教育员工,从而成为企业管理工作中重要的激励方式。

1. 宽以待人是管理者重要的激励方式

人们常说:海纳百川,有容乃大。**宽容是管理者应有的胸怀,凡成大事者,必有宽阔的容人雅量**。管理者的宽容能让员工接纳你,佩服你。善宽容者得人心,宽容能对员工产生激励效应,从而成为管理者的重要激

励方式。

中国传统文化十分崇尚人的宽容,孔子曾说,一个真正的人要有五德：宽容、恭敬、诚信、灵敏、慷慨。孔子把宽容放在第一位。庄子也说过,圣人应有包容天地、遍及四海的宽阔胸怀。宽容是尊重、是爱心、是气度、是胸怀,是衡量一个人涵养的重要尺度。宽容中包含着仁慈、理解、同情和宽谅。人应该与人为善,而善待别人的最好方法就是宽容别人。能宽容的人,心胸开阔如大海,宏大如天空,由此生发的力量是巨大的。曹操大度,把他手下通敌的信烧掉,大批文臣武将聚集麾下,全心全力地为他效劳；李世民大度,胸怀广阔,目光远大,实行民族宽容、宗教宽容、社会宽容和文化宽容,营造了贞观之治,开创了盛唐局面；林肯大度,坦然面对嘲讽、谩骂和顶撞,赢得人们的信任和尊重,取得了事业的成功。这都是宽容的力量。

在我国古代的春秋战国时期,发生过一个绝缨会的故事,这个故事即是管理者宽容员工的一个绝佳案例。

楚庄王当政时,有一年,国内发生了一场叛乱。叛乱平息后,楚庄王开了个庆祝会,宴请文武群臣,楚庄王很宠爱的许姬也来陪宴。君臣兴致很高,宴会从白天一直进行到晚上还在继续。这时,突然刮起一阵大风,把蜡烛全吹灭了。黑暗中,许姬感到有人拉她的袖子、捏她的手,她顺手把那人帽子上的缨子扯了下来,到楚庄王面前告状,说有人调戏她,有帽缨为证,并要求楚庄王点亮蜡烛,惩罚那人。楚庄王听后不动声色,命令在点蜡烛之前,在场的每个人都把帽缨扯下来,然后继续痛饮。之后不久,楚庄王出兵攻打郑国,有一个叫唐狡的猛将,主动请缨,做全军先锋。他骁勇善战,奋勇杀敌,攻无不克,战无不胜。楚庄王下令奖赏唐狡,并要重用他。唐狡却说:"君王早已给我赏赐,我不敢再受了。"楚庄王不解。唐狡说:"宴会上就是我拉了许姬的衣袖,大王没有惩办我,我已感恩不尽,当拼死效力。"群臣知道后,个个称赞道:"如果君王不能容人之过,怎会有唐狡拼力死战?"这就是后人所说的"绝缨会"的故事。

可见,管理者的宽容能赢得员工的心,能让员工在关键时刻拼命为你效力。善于用宽容的方式激励员工的人,不失为一名高明的管理者。

2. 以宽容之心感化教育他人

有人说，宽容不是对怙恶不悛的人的放纵，而是给良心未泯者的生路，对无心犯过者的谅解。**宽容能拯救一个人的灵魂，使曾经沦落的灵魂复苏从善。**

法国文学家雨果在其创作的文学名著《悲惨世界》中给我们讲了一个故事。

为了几个快要饿死的孩子偷了一块面包，他被判刑入狱，几次越狱，几次被捉回加刑，他蹲了19年监狱，出狱时已经46岁。他满怀仇恨，发誓要报复。家家户户关起门来拒绝这个衣衫褴褛的流浪汉，只有仁慈的卞福汝主教把他当人，盛情地款待他。然而他却恩将仇报，偷走了主教家里的银器，不料，在途中又被警察捉住。当他被带回主教跟前时，他面临着再次入狱的危险。出乎意料的是，主教却为他解了围，不但原谅了他，而且把银器当礼物送给了他。

他震惊了，心灵受到了强烈的震撼，于是他开始重新做人。经过一番努力与奋斗，他成了产业资本家，后来又当上了市长。在市长的岗位上，他关心劳动者的生活，做有益的社会改良工作，甚至替人再次入狱服刑。出狱后，他为兑现对一位不幸的女人芳汀临死前所做的承诺，抚养她的女儿珂赛特。他参加巴黎的街垒战，救了被起义者抓住的一直追着他不放的警官沙威，使沙威良心发现。他还救了参加起义的在战斗中负伤的珂赛特的恋人马吕斯，但马吕斯不能谅解他，认为他是一个可耻而低贱的犯人。当了解到事情的真相后，马吕斯非常悔恨，立刻同珂赛特一起去看望老人，但他已重病在床，最终安详地离去。这时，在他枕边，点燃着的正是卞福汝主教赠予他的银制烛台。

这一故事中的主人公名字叫冉阿让，是卞福汝主教的宽容，让冉阿让开始弃恶从善。那个他即将离开人世时点燃的银制烛台就成了宽容的象征。

宽容，能够像春雨一样润物无声，它能够起到感化他人的神奇功效。

相传古代有一位老禅师，一天晚上散步时，发现禅院围墙角落处放着一张椅子，他断定有弟子违反寺规越墙出去了。他没有声张，只是移开椅子，蹲在那儿等弟子回来。不一会儿，一弟子从墙外翻越进来，黑暗中把老禅师的背当椅子，垫脚跳了下来。弟子一看，才发现刚才踩的不是椅子，而是自己的师傅，一时很窘迫，不知所措。老禅师没有厉声责备他，只是淡淡地说："夜深天凉，赶快回去添加一件衣裳吧！"这件事情老禅师从未给任何人提起过，但自此以后，禅院里再也没有弟子越墙出去了。

宽容，就是如此地润物细无声。作为管理者，一定要具有宽容的胸怀，这样才可以有效地激励员工。

3. 尊重个性，要有容人之胸怀

每个管理者都可能会碰到被称为"怪才"的员工，在这种情况下，管理者要有容纳"怪才"的胸怀。在这方面，一些优秀企业的做法给了我们很好的启示。

在日本权威经济刊物——《日经商业》杂志列出的优秀企业排行榜上，本田汽车公司雄居榜首。日本"本田技研社"，专门招收个性不凡的"怪才"。本田的职工一般是两种人：一种是"本田迷"，即对本田车喜欢到入迷的程度，他们不计较工资待遇，而是想亲手研制发明新型本田车；一种是一些性格古怪的人才，他们或爱奇思异想，或爱提不同意见，或热衷于发明创造。

本田认为：对职工必须大胆委托工作，但要提出高目标。至于如何达到这些目标，领导无须指手画脚，让怪才们自己想办法。"人只有逼急了，才能产生创造性"。在美国获汽车设计大奖的本田新型车型，都是那些被视为"怪才"的人发明的。

有一次，公司在招收优秀人才时，主持者对两名应征青年的取舍拿不定主意，向本田请求指示。本田宗一郎随口便答："录用那名较不正常的人。"本田宗一郎认为，"正常"的人发展有限，"不正常"的人反而不可限量，往往会有惊人之举。这种用人方法对本田公司创业不到半世纪就发展成为世界超级企业起了相当大的作用。

宽容"怪才"，实际上就是尊重人的个性，让每一个人的能力都发挥到极致，从而让组织的目标得以实现。

人才是组织是否具有活力和效率的关键，作为管理者，唯有不凭自己的好恶用人，容忍与自己个性不合的特殊的"怪才"，并尽量发挥其优点，才能使组织充满活力。

4. 以宽容之心善待做错事的员工

中国有句俗话叫"得饶人处且饶人"，在现实生活中，工作上的事务难免会出现摩擦和冲突。员工难免会犯错误，上级也不一定就都正确。如果谁也不让谁，管理者得理不让人，态度倨傲蛮横，这种态度不但不能让员工认识到自己的错误，相反的，会因此让员工反感，产生更大的冲突。

员工如果做错了一些小事，不必斤斤计较。动辄责骂训斥，只会把你们的关系弄僵，相反的，要尽量宽待员工。

宽容是一种美德，也是一种修养。在企业管理中，管理者如果能够很好地运用宽容，宽容就能产生巨大的力量，激发员工更好地为企业服务。 那么，管理者怎样才能做到宽容呢？以下几点可供参考。

（1）不要鸡蛋里挑骨头

俗话说："金无足赤，人无完人。"不少企业管理者仗着自己的权势，对自身不加约束，却对别人吹毛求疵、鸡蛋里挑骨头。这样的管理者是不能服众的，员工即使嘴里不说，心里也是不想为这种人好好工作的。

（2）大声赞美，轻声责备

如果员工做错事了，当领导的理所当然要对他们进行批评和惩罚，但怎样能够处理得恰当、得体，而不至于影响员工的工作热情，这是很多领导感到十分棘手的问题。激励专家们认为，"大声赞美，轻声责备"是一种很好的方法。在批评员工的错误或指出员工的不足时，不忘先给予一些赞美，对他成功的方面进行肯定。这样不至于让受批评者感到尴尬和难受，可以使他在内心深处接受领导的意见，同时又维护了自尊心。受批评者既明白了自己的错误所在，又认识到自身的重要性，就会更加努力地为企业工作。

（3）要学会换位思考

在日常工作中，管理者难免会与员工发生一些误会，但不要因为这个误会引起你和自己员工的争吵。更多的时候，作为企业的管理者，你应该站在员工的角度上思考问题，设身处地地为员工着想，改变一下自己的思维方式。

（4）不要对反对自己的人"怀恨在心"

管理者不要因为员工不顺自己的意，或曾经反对过自己，就对他们"怀恨在心"，给他们"穿小鞋"。

可以说，用宽容这件武器，可以化解工作中的一切矛盾。不懂得宽容的管理者需要先从自己身上找问题，而不能只指责别人。

（5）有错同担，与员工共同承担错误

有这么一句话：**世界上有两种人最难忘，雪中送炭者和落井下石者**。员工出了祸你去扛，你就是那雪中送炭者。勇于替员工担一些责任，管理者就将会拥有一个团结的集体，员工的努力工作，将是管理者前进的必备条件。

（6）宽容不等于纵容

管理离不开惩罚。许多人一谈到宽容，就把宽容和惩罚对立起来，甚至认为惩罚就是不宽容，这是一种极大的误解。惩罚是针对工作中的错误和失职的惩处，宽容是针对员工的缺点和劣势的谅解与接纳。有缺点不等于犯错误，有劣势不等于会失误。法约尔在论证指挥职能时，特别强调必须淘汰不称职者。如果管理者不能淘汰不称职者，就等于放弃指挥权。所以，以宽容为名，庇护错误和失职现象，只会对经营管理造成损害。**宽容不是纵容，更不是怂恿**。把握这一界限，对管理行为有着十分重要的意义。

5. 运用安慰的艺术鼓励受挫失败的员工

人生中有许多的不如意，许多意外的因素会带来失败。没有尝过失败滋味的人是不存在的，但也不要认为工作的失败是人之常情，可以一笑置之，因为失败会造成很多人的困扰，所以如果员工出现类似问题，一定要及时地安慰，以使员工的消极心态变为积极心态。恰当的安慰能有效激励员工，故对遭遇挫折的员工，决不能漠然视之。

一般地认为，对于员工的失败，假若视若无睹，不加以过问的话，就不能造成员工的警惕心，很可能还会重蹈覆辙，**为了避免员工被"同一块石头绊倒两次"，管理者一定要追究失败的原因，促使其本人反省，所以过问是必要的。**

颓丧的时候，人往往会感到鼓励的价值，觉得对方真正关心自己，这正是上司与员工建立良好关系的机会。在管理者的头脑中应该有这种意识：

员工虽然为你做事，但他也是人。既然是人，也要追求成就感，也怕办错事大祸临头、丢了饭碗，避害是人之天性。既然是人，谁都会有失败的时候。人生本来就是由无数的失败构成的，谁能确保自己不犯错误呢？更何况失败者本身已陷入极痛苦的状态，若管理者再加以非难，只有徒增其懊丧，于事何补？

那么，对于因工作失败或其他挫败而灰心的员工，如何激励他们安慰他们呢？

(1) 选择场合——在家中安慰对方

商量事情选择场合是很重要的，所以要视对方受挫的情形决定安慰的地点，但不适宜在人声嘈杂之中进行安慰、鼓励及帮助解决困难，可以请员工到家中好好谈一谈。

当员工觉得你是深切地关怀他的失败挫折时，对如此真心爱护他的上司，努力奋斗作为报答的心情便油然而生。

(2) 说出自己的失败经验

向员工坦诚自己的失败经验，告诉他："我们都曾有疏忽失误的时候，注意不要重蹈覆辙，过去的事就不必耿耿于怀了。"听到自己尊敬的上司坦白说出失败的经验，会使属下的情绪稳定下来。

(3) 人生没有绝对的失败

初进公司服务的职员不论眼见、耳闻，无不新鲜，混合着紧张不安的情绪，容易犯小错误，有的还会不满意自己的成绩，萌生怀疑本身能力的心理。地位逐渐上升的管理者，也免不了犯错误。此时上司的安慰是最有效的强心剂。

"这是小事，不要放在心上。"

"事情已经发生了，以后的工作更加谨慎就行了。"

"不要钻牛角尖，人生没有绝对的失败！"

要像这样给员工关怀鼓励。

（4）研究挽回的余地

汲取失败的教训，从某个角度来看是很有益的。但失败的挫折感会造成内心的不安，总是惦记过去的失败会丧失自信，最后使人变得缺乏工作意志。若发现员工不能忘却失败，就应告诉他："沉湎在过去里一定不会进步，应面对失败积极检讨，再接再厉！"并提出具体的建议。

（5）注意"点到为止"

在管理者安慰员工时，"度"的把握可以起到"此时无声胜有声"的作用。每个人都有自尊心，成年后更是觉得面子是很重要的。也许你只是想苦口婆心地劝导他一番，安慰他一番，并无他意。但是无形中你却伤了员工的自尊心，让他们觉得颜面挂不住，索性产生了"破罐子破摔"的心理，那你的安慰岂不是得不偿失？若是你在适度的安慰之后保持一个沉默的空间，相信这更是一种对当事人的威慑。一方面，员工会因为你的"点到为止"感谢你为他们保持了颜面，另一方面也显示出了你宽广的胸怀。

（6）如何对待犯法的员工

在社会上立足必须有分辨善恶的正义感，要知道犯了法就要接受法律的制裁。也许你会遇到员工犯法的情形，身为管理者在其无法挽救时，应有责任鼓励员工接受法律的裁判来补偿已犯下的过失，劝勉他早日获得新生，再度走上人生坦途。

第六章
对员工的委权与重用激励

人才是企业最宝贵的资本。如何开发利用人才资本，使其在企业的发展中发挥应有的效能，是企业管理在激励中需要优先考虑的问题。其中，管理者对适合担当一定责任的优秀员工予以晋升和授权，是管理用人的重要方式和激励手段。适时地对员工予以晋升与授权并鼓励其积极参与到企业管理中，不只是对企业管理工作有巨大的帮助，而且体现着管理者对人才的培养与使用的胸襟与智慧。晋升激励适用于把最优秀的人放在最恰当的职位，授权激励则适用于让最称职的人担当最需负责的工作，参与激励适用于让更多的优秀员工为企业管理和发展献计献策。无论是采用何种激励方式，其关键都是要选对人。

一、晋升激励：以升职鞭策员工积极向上

管理者对适合担当一定责任的优秀员工予以晋升，是领导用人的重要方式和激励手段。这不仅对管理者管理工作有巨大的帮助，而且体现着管理者对人才的培养与使用的胸襟与智慧。晋升激励适用于把最优秀的人放在最恰当的职位，担当最需负责的工作。其中的关键是要选对人。

1. 晋升：为优秀人才搭建表演舞台

晋升，就是企业的管理者将员工从现有职位提拔到新的较高的职位，同时赋予他与新职务相称的权力和责任。

对员工的晋升是领导用人的一项重要内容。 从整体事业的发展来说，提拔员工是保证企业的发展后继有人的一项根本措施。从员工个人的成长和前途来说，晋升是给个人提供机会和前景的一条重要通道。因此，忽视或不善于适时提拔员工的管理者，不能算是成功的管理者。

从社会学的角度来看，人才的流动有两种方式，一种是水平流动，一种是垂直流动。垂直流动主要是社会的精英人员从下层流向上层，从低职位流向高职位，以充分发挥他们的才智和能力，为国家和企业做出更大贡献。

无论是国家行政领导，还是企业的管理者都应该及时地晋升有德有才的员工，使他们垂直流动到更高的层次，防止有才有德之人被埋没在底下。只有如此，才能激励他们做出更大的贡献。在现代企业中，无论是管理的优秀者，还是科技创新的优秀者，都应该根据具体情况晋升到更高职位来激励他们的工作努力性和热情。

那么，管理者在提拔员工时应当满足什么前提条件，并且采取什么方式和通过什么途径呢？

提拔员工应当满足两个前提条件。一是称职。一个员工是否应得到提升，关键看他是否适合担任将要从事的新职务。能够说明这一点的，唯有他在现有职务上所取得的实际工作成绩。只有胜任现有职务并确实获得成绩者，才可予以提升。这一原则是"德才兼备"标准和"量才任职"原则

的引申和具体化。坚持这一原则，才能避免"任人唯亲""唯派"等错误倾向，从而才能真正做到量才任职。当然，现有工作成绩不可以保证在更高的职位上仍然能够成功，甚至会提过了头，发生所谓"彼得原理"效应。但如果不让他试一下，就永远无法知道他究竟能否胜任。况且任何职务都不应该是终身制，不适合的还可以随时撤换。提升员工的另一条件是适时。**对于确有较高才能的员工，应该及时地把他们提拔到更为重要的岗位上来，让他们得以尽早地、充分地发挥才干。**这样才能早出人才，快出人才。有了得力人才而迟迟不重用，不仅对事业和员工无益，而且在当今人才可以适当流动的条件下，也留不住那些真正有才能的人。因此，管理者应当具有高度的责任心和紧迫感，对党和人民负责，对每一个员工负责。

提升员工的基本方式有两种。一种是"阶梯式"，即从基层工作做起，一步一步，一个台阶一个台阶地逐渐提升到较高的职位；另一种是"跳跃式"，即跃过一系列中间环节，从某一较低职位直接提升到某一个较高职位。这两种方式各有长处和短处，可以根据工作的需要而加以灵活运用。按照阶梯式提拔员工，可以使其在不同层次和岗位上积累全面、丰富的经验，能力稳步增长，还可以有充分的时间和机会进行观察和考验，故选人会准些，风险也会小些；但却容易产生和助长论资排辈、因循守旧的思想，压制人才，使事业发展失去生机。按照"跳跃式"提拔干部，则是破格选用人才、迅速更新干部队伍，使事业发展永葆生机的一条重要措施。我国古代曾有许多破格擢用贤才的动人事例，如秦相吕不韦用十二岁的甘罗为他的家臣，孙权拜年轻的陆逊为大都督等。近年来，我国大批中青年干部走上各级领导岗位，他们有知识，有能力，富有开拓和创新精神，并有许多人已经取得了卓越成就。当然，按"跳跃式"提拔干部，也可能产生选人不准、缺乏经验和不称职的现象，但这些现象并不是这种方式本身的必然产物，而是由于各种主客观条件的局限性所造成的。**符合破格提拔条件的干部，应当是那些真正优秀的人才，而不是那些徒有虚名的庸才。**正如邓小平所指出的："一定要把真正优秀的中青年干部提拔上来，快点提拔上来，特别优秀的，要给他们搭个比较轻便的梯子，使他们越级上来。"

2. 以晋升激励满足员工最渴望的心理需求

所谓晋升激励，即是管理者通过提升德才兼备的员工的职务、职称等方式来激活员工的工作动机、调动员工的工作积极性的一种领导方法。

晋升激励首先来自于企业管理的需要，同时也能满足企业成员个人职业发展的心理需求。众所周知，虽然现代管理科学极力强调组织结构扁平化，但今天任何稍具规模的组织的结构均不免呈金字塔式的阶梯状。这种阶梯状的组织结构及附着于其上的职务体系，构建起一个分配权力与责任的等级架构，同时也形成了组织中每个人获得不同报酬、地位和声望的基本级差。这是组织内部职务晋升对于组织成员来说具有重要激励意义的原因所在。

对于企业成员来说，晋升将带来地位的上升、待遇的改善、名誉的提高以及进一步晋升和外部选择机会的增加，为个人的职业发展提供了新的机会和前景。企业成员获得晋升，会认为这是企业对其工作能力和业绩的肯定与赏识，是自身价值的提升，是事业成功的标志。

对于企业管理而言，晋升激励有着重要的意义。

（1）晋升激励可以鼓励组织成员的长期行为

晋升前，企业需要对被晋升者进行长期业绩评价，所提供的激励是一种长期激励，进而鼓励组织成员的行为符合组织的长远利益。

（2）晋升激励有益于增加组织凝聚力

企业从内部晋升优秀员工，能使与组织同甘共苦、一起成长起来的员工受惠于组织发展的成果，增强组织的凝聚力。内部晋升的员工已经认同企业的价值观并熟知其运作，因而比外部招聘的职员有更强的适应性和融合性。内部晋升不但让晋升者获得激励，也为未晋升者或新来者提供了发展期望，有利于增强企业成员对企业的归属感。

可见，**将能力强、业绩突出的员工安排在较高的职位上，无论对于企业还是个人均是十分重要的**。选贤任能与激励员工是管理者的首要工作，忽视和不善于适时提拔员工的领导不能算是称职的领导。

但是，用晋升来向组织成员提供激励，也会存在一些问题：

其一，职位总是有限的，职阶越高职位越少，能获得晋升的总是少数人，不如金钱激励那样，可以同时激励多数人；

其二，即使是对最优秀的人，晋升也不可能是经常的；

其三，晋升会导致同事之间的竞争，可能影响团队合作精神；

其四，晋升的激励功能与作为选拔管理者方式的功能可能会存在冲突；

其五，纯粹的内部晋升也易导致企业惰性的滋长，不利于企业活力的增强与创造精神的发挥。

因此，如何秉持公正、公开、公平及有利于企业与个人共同成长的原则，正确运用晋升这一激励手段，尽可能减少可能带来的消极影响，是施行这一激励措施的管理者要认真筹划的。

（3）适时晋升员工是善抓人心的激励之策

根据企业发展需要，适当给予员工晋升，是管理者善抓人心的有效的激励策略。

人才是企业发展的资本。管理者能够善用员工对工作的热情投入，并且适时给予训练和提拔，是造就企业成功发展的有效途径及体现领导管理智慧的重要举措之一。

一个经常提拔人才，适时晋升员工的企业，由于所提拔之人会努力效命于知遇者，使得组织自身常能获得良性的发展。

所以，身为管理者，千万不能总让员工原地踏步，特别是对那些能干的员工，更应信任他们，适时地对他们予以晋升和提拔，运用晋升激励以凝聚人心。如果对员工总是半信半疑，不放心，那他们就会感觉到领导不信任自己，怀疑自己的能力。面对这样的领导，员工怎么会尽心竭力地工作呢？

3. 给员工搭上晋升的"天梯"

职位晋升是企业较为有效的激励方法，不仅可以增加员工忠诚度，减少员工流失，还可以提高组织的效率。但切记：**晋升激励一定要运用到有能力完成工作并达到管理者期望的员工身上。**

晋升激励主要有四种形式。

一是职位阶梯。职位阶梯指一个职位序列所列出的职位渐进的顺序，包括每个职位的头衔、薪水、所需能力、经验、培训等能够区分各个职位的不同方面。管理者可以将职位阶梯展示给员工，让员工有向上努力的目标和方式，从而达到激励的目的。

二是职位调整。对于那些职位发展空间非常局限的一小部分员工而言，职位调整是最好的激励方法。企业可以通过相关的职位调整使这部分员工找到更适合自己的工作岗位。对员工而言，这是一次晋升的机会；对企业而言，可以让员工发挥更大的潜力，做出更大的贡献。

三是职位竞聘。即允许当前所有的员工来申请晋升的机会。通过职位竞聘可以增强员工的动力，同时减少了由于主管的偏爱而产生的不公平晋升的可能。但管理者在职位竞聘过程中，必须对所有应征者作出评估判断，并对被淘汰的应征者做出合理的解释。

四是职业通道。员工的职业发展计划，一般会明确特定的职位，代表不同的可选择的发展道路，以及员工要达到晋升条件所需的培训。企业与员工共同制定适合员工发展的职业通道，可以让员工更加专注于自身未来的发展方向并为之努力。

对企业而言，**晋升激励是一种很实用的激励方法，但在做出晋升决策之前，管理者必须对晋升员工进行绩效评估，以确定其资历和能力是否可以胜任所要晋升的职位。**

首先，要进行职位需求评估。有时，在管理工作中很难去界定新职位要完成新任务所需的能力和技能。但管理者可以使用那些通常在做晋升决策时会考虑到的主要资源，如员工主管的推荐、绩效评估的结果、测评中心的测评结果、在组织中的工作经验、员工个人的职业目标和教育背景等。

其次，要进行情境因素评估。管理者还需要考虑员工在新职位之前所处的情境，因为情境的变化会影响候选人的绩效。在管理中已不倾向于使用这种评估方法，因为管理者已经习惯与员工朝夕相处，但情境因素常被证明是找出错误的有效方法。

最后，要进行候选人资格评估。管理者要做的第三步是评估候选人的资格。包括新工作所需的知识、技能和个人品质以及候选人的能力和资历。最佳的候选人应该起码达到新职位的最低标准，才可获得这一职位。

在运用晋升激励的时候，管理者要谨慎地设立目标，规范晋升决策，给所有的员工以平等的机会。同时，管理者应该基于候选人的绩效进行评估。除此之外，管理者要经常和员工讨论这一系统，该系统应当被员工和管理者双方所接受。这样，管理者就能够做出有效的晋升决策使员工得到更好的激励和回报，并达到组织绩效得以改进的目的。

无论在哪个岗位上，都有一个由低到高的最佳状态时期。有的学者经过研究提出了人的能力饱和曲线。身为管理者，要经常加强对高低"台阶"的考察，研究员工在能力饱和曲线上已经发展到哪个部位了。一方面，对在现有"台阶"上已经锻炼成熟的员工，要让他们承担难度更大的工作或及时提拔到上级"台阶"，为他们提供新的用武之地，对一些特别优秀的员工，则要采取"小步快跑"和破格提拔的形式使他们施展才干。另一方面，对经过一段时间的实践证明，不适应现有"台阶"锻炼的员工要及时调整到下一级"台阶"上去"补课"。如果管理者在"台阶"问题上，鱼目混珠，良莠不分，在时间上搞"平均主义"，必然埋没甚至摧残人才。必然会引起组织内部的混乱。只要管理者在用人上坚持实事求是，按照人才成长的规律办事，**善用晋升激励策略，就一定能够造就一批又一批的优秀人才，从而为企业的发展创造出卓越的未来。**

4. 晋升激励需要遵循的三大要则

晋升激励在激发员工的工作热情，给予员工成就感方面具有独特的作用。为了使管理者在实践中能较好地运用这一手段，特别需要遵循以下原则。

（1）德才兼备的原则

德和才两者不可偏废。韩国最大的企业集团——三星财团总裁李秉哲坚持提拔那些"正直不阿，有为有守"的员工。他说："以后能成为社长的社员，其素质并不是由学历决定的，最重要的还是在于诚实的品性。"一个组织不能打着"用能人"的旗号，重用和晋升一些才高德寡的职员，这样做势必会在组织成员中造成不良影响，进一步打击组织成员的积极性。

（2）机会均等的原则

这条原则要求管理者要使要每个员工面前都有晋升之路，即对领导职务要实行**公开招聘、平等竞争、唯才是举、不唯学历、不唯资历**，只有这样才能真正激发组织成员的上进心。

（3）"阶梯晋升"和"破格提拔"相结合的原则

"阶梯晋升"是针对大多数组织成员而言。这种一个台阶一个台阶逐级晋升的方法，可避免盲目性，准确度高，便于激励多数企业成员。但对非常之才、特殊之才则应"破格提拔"，使少数的杰出人才不致流失，并增加对年轻人员的激励作用。

5. 晋升激励的若干模式及其选择

提拔优秀人才，不仅可以激励员工们的士气，也是留住优秀员工的一种有效方式，同时还能吸引更多优秀人才为组织效劳。让员工晋升，也就意味着员工需要承担更多的责任，担当更重要的职务，同时也意味着他们的理想和抱负更容易施展，这会给员工带来对工作的更大满足感，激发他们的责任心，使他们更加努力工作。因此，在组织内部应给予员工更大的施展空间，提供晋升的机会，这是激励员工上进，使他们视工作为己任的重要的领导用人策略。

实践证明，**对有才能的人能否予以提升，直接反映着这个组织有没有一套合理的用人制度，也直接关系到管理者是否能够合理用人**，有没有人可用。古今中外的成功者都懂得这个道理，也都认为给予人才丰厚的待遇，提供其施展才能的机会是理所应当的。因为高待遇、适合的职位是对人才价值的承认和对其所作贡献的最大回报。

值得注意的是，虽然提拔有能力的员工到更高的职位岗位上工作是天经地义的事情，但是，请别忘记，人与人是相互影响的，提拔一个人往往会影响到其他人。若提拔不当，就会破坏单位的人事关系的稳定，得罪其他员工。因此，在提拔一个人时，管理者要慎重考虑以什么样的速度提拔,提拔到哪一个位置,才不影响其他人的情绪。

一般来说,在提升激励的管理实践中,以下五种晋升模式常被运用。

(1) 按工作表现晋升

在认为工作表现可以用若干标准衡量的单位中,可以依据员工工作表现是否合乎既定标准来决定他是否升迁。在这种情况下,能力就有了新的定义,即参考员工的工作业绩是否能够达到预期的标准。但鉴于制定标准和进行业绩评估的艰巨性,这一制度并未得到广泛的应用。

(2) 按投入程度晋升

当一名员工守时、衣着整洁、服从单位的规定和惯例、懂得服从管理,且善于处理人际关系时,他就会因全心投入而获得上级的赏识。这时晋升,能激励他为企业内部的流畅运作贡献力量。

(3) 按年资晋升

这是日本和港台企业广泛采用的一条晋升通道。日本的晋升制度的特征是以"年功序列"为基础,实施职务的提升。这在表面上是只看资历,实际上是资历与能力相结合,在获得可晋升的资历之后,究竟能否晋升,完全依据对其工作的考核。这种制度承认员工经验的价值,并给予大家平等竞争的机会。按照这种制度,能力的定义就演变成:经验与绩效的结合。

(4) 按参与性的选择晋升

以上的几种模式的共同特点是:升迁的选择与决定,似乎都采取由上而下的权威式做法。实际情形当然并非全然如此,管理者通常会询问有希望晋升的人选,听听他对升职的看法。大部分的现代管理专家都对权威式的管理颇有微词,而赞成参与式的管理作风,但前提是晋升人选具有评估自己的能力。因而,在参与性选择的制度下,能力就意味着:有希望的晋升者须具备客观评估自己工作表现的能力。

总之,一个善于激励的管理者,在运用上述模式时,都会持这样的意识,该激励的就激励,该晋升时就晋升,绝不埋没任何人才。

6. 注重培养，防止被晋升者的不称职

管理者在晋升员工时都有这种担心，某人在未被晋升前工作成绩十分突出，威信也比较高，表现很突出；晋升后却令人失望，缺乏领导才能，打不开局面，组织目标不能实现。这种担心不是多余的，一个人在没有担任某项职务之前，任何人都无法保证他是否称职，任何升迁都有一定的风险，失败并不少见。但如果员工确有领导才能，不及早晋升，便发挥不了更大的作用，也是组织的损失。所以，领导经常处于犹豫不决的地步：想为员工发挥作用提供机遇，又怕遴选失误，反而不美。

有什么方法可避免这一失误呢？措施之一是注重培训，在运用晋升激励之前，善于给员工创造学习与深造的机会，以免用人不当。如果管理者认为某个员工应在更适合的岗位发挥他最大的潜力来帮助组织繁荣发展，那么，给员工提供适当的训练是绝对必要的。

培养员工无疑是一项系统工程，要获得较好的效果，管理者就必须坚持一些基本原则。

（1）保证培训活动的持续性

为了充分挖掘和利用部门的潜能，管理者必须放弃把培养员工视为权宜之计的想法。要达到卓越，就必须保证培训活动的持续性。

培训作为一种管理手段，它不仅有助于实现绩效，而且还有利于创建一个责任共担的有效团队，因此这个过程必然会带来整个部门能力的提高。反过来，作为组织成员，员工要参与组织管理首先需要具备一定的能力，这就提出了开发需求，要求组织为他们提供一个施展技能的机会，同时也为组织成员提供多种潜在的绩效反馈来源。通过这个周而复始的循环过程，整个组织的能力也不断得以强化。

（2）要针对性地培养员工

培养员工最重要的目标在于激励他们的自我成长和发展。但是不同的人所具备的知识、能力是不同的，而且他们未来的成长和发展方向也存在着巨大差异。也就是说，每个人需要增长的知识和技能，以及适合的培养方式并不完全相同，指望一劳永逸，以一种方式让所有人受益是不可

能的。

强调针对性地培养员工，除了一般性的指导和训练外，给员工布置具有挑战性的任务以及建设性的批评，不仅有助于员工的发展，也是他们所希望的。针对性地培养员工最有效的途径是：在提高员工承担管理技能的同时，满足他们对挑战性和个人发展的需求。这种相互协调的发展观对于绝大多数部门来说都是至关重要的，因为很少有管理者有这样的勇气让员工去承担本应由自己承担的责任。

（3）做员工的好导师

管理者做员工导师的主要目的是促进员工职业生涯取得进一步成功。做导师和做职业辅导不同，导师需要源源不断地就组织的目标与经营观为员工提供信息和见识，教导员工如何在组织内发挥作用。此外，在员工遇到个人危机时，管理者还要充当其知己。

对一个组织而言，一旦相当一部分组织成员被推到了其不称职的级别上，就会造成组织的人浮于事、效率低下，导致平庸者出人头地，组织发展停滞不前。因此，这就要求改变单纯的"根据贡献决定晋升"的员工晋升机制，不能因某一个人在某一岗位级别干得很出色，就推断此人一定能够胜任更高一级的职务。要建立科学、合理的人员选聘机制，客观评价每一位员工的能力和水平，将员工安排到其可以胜任的岗位上。不要把岗位晋升当成是对员工的主要奖励机制，更多地以加薪和休假等方式作为奖励手段。另外，还应为员工的发展设立多种职业晋升通道，比如从技术到高一层技术、从技术到管理、从管理到管理等，因人而异。如果晋升通道狭窄，优秀员工就只能紧盯管理岗位。然而，并不是每一位在专业领域发挥出色的员工，都能扮演好管理者的角色。更多的时候，管理者不但要有专业知识，更要有其特定的综合素质。因此，**管理者要谨防把优秀的专业人才变成无能的管理人员。**

7. 打通因人而异的晋升通道

晋升激励要求企业管理者根据员工的实际表现和个人能力，采取提升职务的方式，同时赋予与新职务相对应的责、权、利。在实施中要注意因人而异，畅通晋升通道。

(1) 规范晋升途径

晋升激励的第一步，是规范晋升的途径。也就是说，为每一个员工指明他所在的岗位应该朝哪个方面晋升，这个晋升不是指个人的晋升，而是指这个岗位未来的晋升方向。规范晋升途径，就是将所有的岗位分为几个岗位群，每一个岗位都能在自己所在的岗位群中，从下到上、一步一步地上升。很多组织晋升激励存在的问题是没有晋升途径，一个员工在每一个岗位上干了十几年，除了工资稍有上升外，其他的都没有变。

(2) 搭建晋升的阶梯

在规范了晋升的途径，即指明什么岗位从哪个路径上升之后，接下来就需要建立晋升的阶梯，也就是说，要指明这条路径上有多少岗位，分布如何，并对每个岗位进行分级。普通员工，就可以在这个阶梯上，一个岗位一个岗位地、一级一级地通过考核，不断地得到晋升。

规范了类别途径，建立了晋升的阶梯，就为员工的职业生涯打通了道路。这样，员工就可以目标明确地通过努力不断地得到晋升。通过绩效考核、能力考核和不断的晋升，员工就可以被激活，他们就能够不断地提高自己的业绩，提升自己的能力，组织也因此而得到持续的发展机会。

(3) 制定晋升标准

规范了晋升途径，建立了晋升阶梯，并不意味着员工只靠工作年限就可以自然地晋升。也就是说岗位并不是轮着坐的，它是有一定标准的。具体而言，这一标准应该包括三个部分：

第一，岗位的任职资格要求，具体包括：学历、专业、专业年限、同行年限、同等职务年限等；

第二，岗位的能力要求，即适应这一岗位所需要具备的能力；

第三，绩效要求，即晋升这一岗位所需达到的绩效标准。

在实施晋升激励的过程中，应该严格按照标准进行。对于达到晋升标准的要给予晋升，对于符合降级标准的要向下降级。

(4) 明确相应的薪酬

晋升只有与薪酬相对应，才能更好地发挥晋升的激励作用。

在薪酬设计中，有一部分是针对个人的，而不是针对岗位的，这一部分被称为资历工资，也就是说随着资历的增长，虽然员工的岗位没有变化，但还是可以拿到这部分不断增长的工资。在一些组织，由于发展的限制，岗位设置有限，很多员工进一步发展的机会也受到了限制。为了挽留管理者，组织就随着他们工龄的增长，而改变他们的头衔。比如，把人力资源部的经理变为人力资源部总监，但是，他们的岗位在组织架构上的位置并没有改变，权限以及管理的人员也没有改变，唯一改变的是工资，也就是说公司将头衔的晋升与薪酬挂起钩来，这样员工就从晋升中得到了激励。

二、授权激励：让员工释放出更大的工作能量

美国勃隆查德培训和开发公司董事长勃隆查德说："有效地授权，就得同时做两件事：一是要创造发挥'能字当头'精神的氛围；二是需要有一批基层的员工，他们有愿望、有能力、有勇气去开创自己的事业，做好自己的工作，解决自己的问题。"他一语中的，点破了授权激励的精髓。能有效地进行授权的管理人员，必须乐意放手，给下属权力，让下属以更高的工作热情履行自己的职责与权力。这样，管理人员才能专心于最有利于实现公司目标的工作，为公司做出更大贡献。授权要让员工有自主权，使员工获得尊重与肯定，具有相当程度的成就感，这样，企业才留得住可用之才，这也是一个企业的经营之道。

1. 授权：能更好地激励下属

由瑞典、挪威、丹麦三国合资的斯堪的那维亚航空公司，在其总经理简·卡尔岑的任期中，确定了这样一个目标：在航班的准点方面要成为欧洲的第一航空公司。

目标确定了，但从何入手？公司里有一个小组，对这项工作了解、领会最深。于是，卡尔岑总经理就找到这个小组的领导，对他说："如果我们想在正点飞行方面成为全欧第一，需要做哪些工作？要多长时间？你考虑一下，看看能不能为我回答这个问题。过一两个星期你来见我，告诉

我，我们能否做到这一点。"

一两周后，这个小组领导人来找卡尔岑先生。卡尔岑问他："我们能做到正点飞行全欧第一吗？"对方回答："可以，我们能做到。这大约需要用6个月时间，要花150万美元。"卡尔岑一听，只花150万美元就能实现这一目标，应该说代价是很便宜的。于是，立即就对他说："那你们就开始干吧！"那位小组领导大吃一惊，他说："等等，我已经带来了我的人，我们想向你当面汇报一下，让你知道我们打算怎样开始干。"总经理回答道："你们怎么干都行，我不在乎。"接着又说："你们就去干起来吧。"

四个半月后，这个小组的负责人给卡尔岑先生打来电话，向他汇报上个月航班在正点飞行方面的新的进展：斯堪的那维亚航空公司在正点飞行上赢得了欧洲第一；而时间只用了四个半月，比预料的时间缩短四分之一；经费只开支了100万美元，比设想的少花了三分之一。

从上述案例中可以看出，领导者的授权管理具有十分重要的意义。同时，也揭示出授权也是有规律的。作为领导者在授权的时候，一要注意确定目标，明确标准；二要注意下属的能力和精神状态；三要表现出对下属的信任和支持；四要给予恰当的激励和关怀；五要坚决沉住气，不到严重偏离正确目标方向决不干预。

21世纪是一个知识经济的时代，绝大多数企业员工都将是知识化的，尤其是经营管理层员工，这些人有更多的自学意识，普遍追求独立自由和自我管理、自我创造。**管理这样的下属和员工，无疑更需要放权、授权。**与此同时，网络的兴起，也将促使现在的管理和领导模式向着放权、授权，尤其是经营管理层员工的方向发生改变。相信，以上案例对面向新世纪的领导者们会产生深刻启发。

授权首先是一种领导理念，它涉及领导者是如何认识和对待下属和员工的这样一个重大的领导和管理命题。但授权又是有条件的：没有合适的人选不能授权；没有合适的工作不能授权；没有充分的控制能力不能授权。体制不顺，监督考核制度不完善是影响授权的重要因素。对上述这些条件和影响因素，领导者应当有清醒的认识和正确的把握。

2. 授权可以为企业培养管理人才

授权是企业领导工作中不可缺少的一部分，虽然授权工作也有许多实际上的困难，但不能因噎废食，善于授权的领导者不仅可以使工作顺利进行，也更有机会为企业培养未来的管理人才。

（1）授权能激励下属尽快成长

授权使主管领导分身有术，一方面可以使主管减轻工作负担，提升决策层次；一方面则可让下属站在主管的角度思考问题，锻炼管理能力。

这是让部下磨炼成长的绝佳机会，同时也使下属因感受到上级的器重而有很大的激励效果。

因此，授权是上下级关系间的大事，也是主管发挥综合管理全局作用的捷径。

授权不是一种"零和状态"，不是主管授掉一些权就少了一些权力，就不能领导了；相反，授权是一种"我行你也行"的制度设计。

主管若能够善用授权，可以得到以下几方面的益处。

①主管可以分掉一些管理细枝末节的、技术性的、事务性的事项的权力，专心于重要事项的完成。

②授权可以使部下熟悉相关工作的管理，有助于为企业培养所需的管理人才。

③授权可以使主管在工作中有机会发现下属的能力与潜力。

④授权可以让主管借助下属的专长，提高他们的工作热情。

⑤授权可以让工作顺利进行。由于每个职务都有代理人，所以工作的安排与设计就更富有弹性。

作为一个优秀的企业管理者，必须首先认识到授权的重要性，一定要结合相关的工作实际，巧妙地用好授权。要突破自己惜权不放的心理，大胆放权，让部下放手运用。

（2）对下属授权是一种有回旋余地的非正式晋升

不少企业管理者晋升员工时都有这种担心：员工未晋升前工作成绩十分突出，威信也比较高，表现很突出；晋升后却令人失望，缺乏管理才能，打不开局面，组织目标不能实现。尽管建立了能上能下的机制，但毕竟对员工心理上是个打击，挫伤了士气，严重者从此一蹶不振。

有些企业管理者采用了非正式晋升的方式，巧妙地解决了这个问题。所谓的非正式晋升，就是在不正式授予职务的情况下，让他担负起这项职务的实际责任。从具体操作上讲，在晋升某些对能否胜任没有把握的员工时，先不正式宣布任命，而是授予临时负责人、召集人等非正式职务头衔，但实际负起全科室的、全部门的责任（原主管调出或晋升）。经过半年或更长时间的全面考核，如果他表现得很称职，就可以正式任命他为部门主管了。如果表现得不尽人意，缺乏主管的素质，就免去他的临时负责人、召集人身份，让他回原岗位工作。需要注意的是，宣布免去非正式任命时必须非常自然、正常。比如，免去临时负责人时，先宣布新任主管的任命，那临时负责人的使命自然结束了，大家都能理解，觉得很自然。

这个方法好处就在于回旋余地大，主管可进可退，既为员工提供了展示才能的机遇，便于选准人才；下来时又为对方保全了面子，将冲击减少到最小程度。对方即使心里明白，也好受多了。**这好比一场科学试验，成功了皆大欢喜，失败了波折不大。**

3. 授权可以激发员工的工作热情

美国盖洛普曾公布了一项调查结果：几乎3/4的人都希望自己的工作有更大的意义。而"工作的意义"却常被主管们忽略。他们认为，给员工一份工作，保持工作的稳定，对表现出色的员工给予优厚的待遇福利，就能保持他们持久的热情，来更好地完成将来的工作。但结果却常常令主管们大惑不解。

公司人事主管早上到达办公室时，他发现办公室桌上放着一份辞呈，它来自一位出色的项目经理。人事主管感到十分迷惑：他一直十分欣赏这位项目经理，以他年轻的资历，公司为他提供了十分优厚的薪水，他的工作对他的能力而言轻而易举，而公司正考虑提拔他，他将成为公司近五年来最年轻的中层主管……

人事主管约见这位辞职者，他想知道，辞职的原因到底是什么。辞职的经理说："我不认为丰厚的薪水代表一切，我感觉不到我的工作是为什么，我只是模范地执行了上司告知我的每个工作细节，我不知道这对我有什么意义……"

这正是一种难以理解，却普遍存在的事实。

精于授权的主管们则深谙其中的奥秘：他们让员工参与管理自己需要完成的任务，而不是强迫他们完成。甚至当他们对于任务的完成有一套详尽的计划时，除非确有必要，他们也会有意地保留而不说出来。他们了解员工们的真实需要：想做有意义的事情，想做重要的事，想做有用的人，想从工作中得到除了薪水之外的东西。而这些，确实能通过授权给他们。

最优秀的管理人员深知下属的工作动力来自什么，然后设法激励他们，使下属尽可能地提高工作效率。这就要求管理人员在不同的时间、场合，对不同的员工采用不同的管理方式。

管理即激发热情。

一位有效的授权管理者在授权之前会想一想：如何授权能更好地激励下属。心理学家弗雷德里克·赫茨伯格（Fredrick Herzberg）创造性地发现，员工们"没有不满意"与"满意"是不同的。有些因素只能保证前者，称为保健因素，而要得到后者，则需要另一些因素，称为激励因素。激励因素包括：成就、承认、工作本身、责任、晋升、成长与发展、实现。因此，"没有不满意"绝不等于"满意"。

4. 把员工所需要的 VIP 给予员工

一位日本主管对美国的同行作过这样的评价："他们过去一向忽略了他们的顾客；而今天，他们则又忽略了自己的员工。"

授权的管理理念总在加深这样一种印象：组织可以满足个人的期望，并借此达到自己的需求，企业与个人是完全可能双赢的。

然而，不是所有的管理者们都能认识到这一点。他们对于组织的使命有极为忠诚的态度，他们整日思考的几乎只有一个问题：如何实现组织的目标与使命。他们很少花时间去想员工们需要什么。有项调查访问了2000名员工与他们的管理者，结果很让人吃惊：管理者认为员工想要的与员工真正想要的，竟然刚好完全相反！对于管理者来说，他们似乎有这样一种想法：企业不是员工的组合，企业是外在于员工的另一种东西。

勇于授权和善于授权的管理者们却持相反的观点：组织不是一种神秘的东西，它就是你与你天天见到的员工们的组合，没有员工的存在，企业是一种虚无之物，没有员工的参与，企业缺乏根本性的动力。

于是，他们总是肯花时间去想：员工需要什么，他们怎样才会乐意工作？

他们的一个重大发现是：员工都是VIP。

V：Valuation　　尊重
- 渴望受到尊重，尊重不仅来自同事，还来自自己的主管；
- 有决定工作方式的自由，并不被干涉。

I：Information　　资讯
- 了解任务背景及意义而不是简单的指令；
- 了解组织的全部使命，而且被认为是一种权力。

P：Participation　　参与
- 关心决定公司前途的事件，而这在以前只是主管们的事情；
- 有权决策；
- 与主管共同评价自己的工作业绩；
- 共同成长的气氛。

有效的授权能把员工们所需要的给予员工，这即是授权的全部奥秘！

有效的授权会会让员工：

①参与决策甚至独立决策；

②自行决定做事的方式；

③在工作中发展自我；

④获取信息与帮助；

⑤表现的机会。

托马斯·L·奎克对于管理者们如何通过授权激励下属的工作热情，提出了五条指南。

其一，告诉下属你希望他们做什么。清楚地阐述你的目标和标准，以使他们知道你想叫他们做什么。

其二，使工作有价值。**尽可能地按下属的兴趣和爱好分配各种工作，这将有助于他们实现个人的目标，因而也达到你的需求。**

其三，使工作切实可行，要保证下属们对自己的工作有确切的理解。

其四，当下属按你的要求去尝试时，要及时提供给他们反馈信息。

其五，当下属取得了你所期望的结果时，要给以奖励，要表扬他们，给予额外津贴，增加工资，扩大其职责，并使他们明白这所有的奖励来自他们的表现。

5. 领导成功授权的艺术

美国管理学家史蒂文·希朗在其《企业家十三忌》中说，他在为经理人员举行的专题对话会中，曾暗暗对与会者进行了三次测验，看看他们作为经理是否称职。对于凡是在吃午饭和上下午喝咖啡时必须给自己的办公室打电话的经理，测试成绩都给以不合格。理由是，一般来说，一个称职的经理离开办公室一天，公司是不会出乱子的。而打电话的人肯定是不懂得授权的人，他们的行动既使自己如老牛负重，又不让下级通过解决问题获得经验，从而使下级失去了提高的机会，所以将他们判为不合格。

一个成功的管理者应该懂得"一个人权力的应用在于让他们拥有权力"。管理者必须需要注意的是授权虽然重要，但并不是人人都会授权，掌握授权这一领导艺术的正确做法如下。

（1）因人授权

即根据下属的能力大小和其他个性特征等区别授权。**对于能力相对较弱的人，相对较少授权；对于能力相对较强的人，宜多授一些权力，这样既可以将事办好，又能激励下属。**

同时，授权时应考虑被授权者的其他个性特征。对于性格外倾性明显者授权让他解决人事关系及部门之间沟通协调的事容易成功；对于性格内倾性明显者授权他分析和研究某些问题则容易成功；对于要求做出迅速和灵活反应的工作，授权让多血质和胆汁质的人处理就能成功；对于要求持久、细致、严谨的工作，授权让黏液质和抑郁质的人处理就可能效果良好。

（2）当众授权

当众授权有利于使其他与被授权者相关的部门和个人清楚，管理者授予了谁什么权、权力大小和权力范围等，从而避免在今后处理授权范围内的事时出现程序混乱及其他部门和个人"不买账"的现象。

（3）授权有依据

管理者以手谕、备忘录、授权书、委托书等书面形式授权有三大好处：一是当别人不服时，可借此为证；二是明确了其授权范围后，既限制下级作超越权限的事，又避免下级以请示为由将其处理范围内的事上交，貌似尊重，实则用麻烦管理者的办法讨好管理者；三是避免管理者将授权之事置于脑后，又去处理其熟悉但并不重要的事。

（4）授权后要保持一段时间的稳定

不要稍有偏差就将权收回。如果授予一定权力后立即变更，会产生三个不利：一是等于向其他人宣布了自己在授权上有失误；二是权力收回后，自己负责处理此事的效果如果更差，则更会产生副作用；三是容易使下级产生领导者放权却又不放心的感觉，觉得自己并不受领导者信任，有一种被欺骗感。**因此，授权后一段时间，即使被授权者表现欠佳，也应通过适当指导或创造一些有利条件让人以功补过，不必马上收权。**

（5）授权不授责

组织管理原则中一直有"权责对等"这一原则，但授权却是例外，即授权后不要求被授权者承担对等责任。因为权责对等原则是针对某一职位应该拥有的权力而言的，若没有这一权力，则这一职位就没有必要设立。而授权对于管理者来说是一种可为也可不为的权力，不是必须为的义务。**在这种情况下，管理者授权的实质就是请被授权者帮助他办事，是一种委托行为。**因此，授权后，当被授权者将事情干得好时，应当给予奖励和表彰；当事情干得不如意时，领导者应该自己来承担责任，而不能将责任推给被授权者。

（6）授权有禁区

尽管从某种角度说，管理者能够授出的权越多越好，但并不等于说管理者将所有的权都授出去而自己挂了空衔最好。如果这样，企业就没有必要设立管理者了。在授权问题上存在禁区，有的权多授好，有的权少授甚至不授更好。一般来说，授权的禁区有：企业长远规划的批准权，重大人事安排权，企业技术改造和技术进步的发展方向决定权，重要法规制度的决定权，机构设置、变更及撤销决定权，对企业的重大行动及关键环节执行情况的检查权，对涉及面广或较敏感的情况的奖惩处置权，对其他事关总体性问题的决策权等。

6. 企业管理者授权的三大步骤

成功的企业管理者一般把授权分为三个步骤：细分责任、授予权力和监督检查。

(1) 细分责任

细分责任是重要步骤之一，责任是内容和实质，权力是形式和表象，授权就是为了让下属分担责任。责任就是工作义务，管理者要为下属清晰地解释他们应从事的任务，任务要细分得比较明确，从而使下属在工作中不能相互推诿，这就需要管理者在授权前要广泛掌握信息、收集资料、集思广益。为下属明确工作任务后，就要向下级指明完成任务后应取得哪些预定结果，达到什么预期目标（包括长远目标和近期目标、总目标与子目标）。由此可见，细分责任也绝非简单的事。管理者取得成功的重要因素之一就是要把工作任务细分得合理明确，而这需要了解和认清事物的本质特征和性质，掌握事物发展变化的规律。因为只有这样，才能理顺职责权限，杜绝上下级互相推诿的现象。管理者在分配责任时必须明确以下几点：

①下属应达到的预期目标；
②下属应负责从事的活动范围和任务；
③检验下属工人的标准。

(2) 授予权力

授予权力不是简单地放手让下属工作，或允许下属自主抉择任意做事，甚至制定制度性政策；更不能只是简单地将职权一放了事，撒手不管，而必须继续履行领导者的必要权力和义务。因此，在授予职权的过程中，管理者应注意抓好两个环节：一是帮助下属制定大政方针、提出工作战略性规则；二是要把握下属工作进展情况，在给予人力、物力、财力条件支持的同时，及时纠偏改错。

具体说来，制定大政方针，提出战略规划过程中，成功的管理者首先必须要求下属制定一个有效地完成任务达标的方案；二要审议、论证并修改下属的方案，达成共识；最后要指出应该注意的问题和隐患，提出预防方法。支持下属工作过程中，要使下属明确管理者的意图，在给予人力、物力、财力支持的同时，要及时予以引导、劝告、指点和协助。

（3）监督检查

权力与义务是对等的，获得权力的同时必须承担义务。正确的授权程序必须包括坚持请示汇报制度、及时检查监督。既然授了权，就要汇报尽职尽责的情况，没有汇报也就无所谓真正的授权。汇报绝不是可有可无的，也不是下属凭兴趣可干可不干的事情。下属负有向上级汇报工作进展和结果的义务。理论上，下属汇报应是自动过程，自觉自愿地进行。但在现实生活中，下属并不总是自觉自愿地汇报，往往是"拖着走路"，到了最后时刻，往往又"临时抱佛脚"，随意胡诌乱扯，夸夸其谈。

因此，授权首先要建立健全请示汇报制度，以制度约束下属，其次要体谅下属工作中的困难。监督检查不是简单地打幌子、下评语，而是为了上下沟通，上下一条心，齐心协力，共同履行职责，完成任务。**因此，对下属工作中出现的问题管理者要敢于承担责任，同时给下属必要的支持。**

企业的管理者必须采用合适授权激励措施来调动员工的积极性。

三、参与激励：让企业与员工共同成长

参与激励，是为了提高员工工作积极性、主动性，采用各种方式让员工参加企业的决策和管理的一种激励方式。

实施参与激励，要求企业的管理者和员工对企业内部的情况全面了解。双方都采取政策公开、意见公平的原则。这种方式特别重视个人的自尊心和激发个人的潜力，从而促使员工对企业及个人的目标确定、工作程序、工作成果评价等充分发表意见。参与激励的形式有建议制度、质量管理小组、职工代表大会制度等。

参与激励可以使员工有更多的机会关心和参与企业的管理及决策，使员工个人目标同企业目标相联系，增强员工的责任感和工作积极性，加强员工之间的团结，增强整个企业的凝聚力。

1. 参与激励能焕发员工的主人翁精神

所谓参与激励，就是让员工参与管理，上下级平等地商讨组织管理中的重大问题。员工参与管理和决策，对工作中的重大问题发表见解，当其建议受到重视或被采纳后，可以满足员工希望被人承认的心理需要、成就感以及对组织的归属感，从而激发出更大的工作热情。

艾科卡是一位美国的工商业传奇人物，在美国，他的名字几乎是家喻户晓。他曾任福特公司总裁，后来是克莱斯勒汽车公司的总裁，在经历了一连串的人生波折及事业坎坷之后，他领导的克莱斯勒公司在全美的汽车业中与其他两大霸主形成了鼎足之势。他曾说过这样一句话："我要让所有的人都知道，他们是在最棒的组织中工作，我相信自豪感与自信会创造辉煌。"作为总裁，他相信，员工对自己所从事的事业的热爱是他们工作的原动力，当每个员工能自豪地说出我是克莱斯勒的一员时，也是他们真正爆发出冲天干劲的时机。

员工的自豪感是他们主人翁精神焕发的感情基础，它来源于管理者对员工组织感情的重视程度与方式！

主人翁精神意味着自豪感的不断增强——为自己感到自豪，也为亲密的同伴感到自豪，这种自豪来源于组织赋予的荣誉，以及组织赢得的声誉。

自豪感是抽象的事物，但从员工们自信的神情，以及他们自觉为组织所做的每一件事情，都能折射出这种美好的情感的光华。作为组织的管理者就要为这种伟大的精神创造回归的空间。

许多人一提起主人翁精神就想起企业的最高决策人，仿佛只有他们才真正掌握着企业的命运。

这种思维定式严重地限制了员工成为企业主人的意愿，并将员工也排斥在企业之外，从而导致了员工与企业的对立。其实员工想通过自己的辛勤劳作和聪明才智分享企业的经营成果，真正主宰自己在企业中的命运。

而这种美好愿望往往会由于"经理"一词的限定而被宣告破灭,真正成为企业主人翁的权利也被无情剥夺。所以,许多员工在工作中不会自发、自觉地去创造性地劳动。

这种思维的无形的界定在世界著名的美国联合航空的员工身上完全被冲破了,取而代之的是一种"人人都是企业主人"的现象。

在联合航空,员工们从来就没有什么"别人什么都不告诉我"的感觉,因为联合航空的每一位员工都是经营战略信息流程中的一员,每个人都是主人翁。在他们的手中,你会发现许多的规划、设计与战略蓝图等构成的花花绿绿的小册子,它们不同于那些没用的流于形式的本本,而是记载了决定企业未来发展方向与运作的具体部署。在企业里,甚至是刚来的秘书都知道精密电位计是什么,这并不是因为他们的工作要求他们懂得这些技术,而是因为他们觉得作为一名"经理"应当成为该企业合格的一员,既然企业是"自己的",工作是"自己的",那么他们就理所当然地会全身心地为企业的经营实效而努力,并自觉为企业的成功承担义务。

2. 用参与激发员工的自豪感和责任感

从企业生存发展的角度,企业真正的主人是为它付出努力与贡献的所有员工。"企业是我们大家的",这口号从根本上改变了我们对企业、对企业管理以及对企业员工的看法。实践证明:**主人翁责任感是组织成员在工作中一种切实的体会,这种切实的体会使他们迸发出巨大的工作干劲和奉献热情。**

事实表明,让员工成为企业管理决策的一分子能极大地激发他们的热情和主动性。"让员工参与到企业的管理与决策当中去""给员工更多权利与信任"已成为现代企业管理与员工激励的主要思想与方法。

作为企业的管理者,应该明白,企业不只是属于某个人,它是由企业的所有成员共同组成的。既然我们每个人,在企业中所充当的角色都是为社会提供产品或服务,并从中获取收益,那么组织中的每个人就都是财富的主人。此时的头衔就不是人们理解的权力的界定,而是职业与职责的描述及员工自尊心体现的地方。

在现代社会里,**精明的管理者会主动用鼓励员工参与管理的方式来培**

养主人翁责任感。因为他们知道,主人翁责任感并不只是把自己当成主人这么简单,而是要以一种与组织血肉相连、心灵相通、命运相系的感觉做好每一件事情,面对每一个客户;在每一个成功或者失败的经验里面,渗透出企业以及个人共同的精神气质。那么,如何在企业内部培育这种精神责任感?其出发点就是实施参与激励。

企业的效益来自每一个员工的业绩,如果我们能够让每一个员工像关心自己的事一样关心企业的事,那么企业取得突飞猛进的效益将是指日可待的事情。要使员工对工作充满热情、有高昂的积极性、"以企业为家",可以有多种激励的方式,比如高薪、优厚的福利、提拔晋升、表扬等,但是有一种方式可能是最经济、成本最低的,那就是员工参与。

培养员工的主人翁责任感是员工参与管理的出发点也是最终的归属。

所谓参与管理就是指在不同程度上让员工参加组织的决策过程及各级管理工作,让下级和员工与企业的高层管理者处于平等的地位研究和讨论组织中的重大问题。从中他们可以感到上级主管的信任,从而体会到由于自己的利益与组织发展密切相关而产生的强烈责任感;同时,参与管理为员工提供了一个取得别人重视的机会,从而给人一种成就感。员工因为能够参与商讨与自己有关的问题而受到激励。参与管理既对个人产生激励,又为组织目标的实现提供了保证。

主人翁精神是企业长远发展的动力。当管理者通过参与激发起员工的主人翁精神时,会让大家众志成城,共同推动企业的长远发展。

3. 让员工在参与管理中发挥个人能力

给予员工参与管理的权利,可以释放出隐藏在他们体内的能量,拥有参与感的人才会有真正的主人翁的感觉,当他意识到组织的事就是自己分内的事时,其爆发出来的能量会超乎你的想象。

无论管理者是出于什么原因,是没有意识到还是觉得没有必要,还是出于安全考虑,而拒绝员工参与管理,这对任何组织来说都是一笔巨大的损失。因为假如你现在已经是一位"参与管理"的主管或领导,你将会发现,**让员工积极参与组织的管理,可以有效激励组织成员的成就感和责任感,并且从中获得诸多收益。**

让员工参与组织管理,这既是对其能力的认可,又是激励员工士气的好方法。通过参与管理,可以使员工感受到一种"我不光是一个执行者,更是一个决策者"的成就感,这样,员工就会把组织的事业当作自己的事业来看待。员工对组织管理的参与度越高,员工能力发挥得也就越好。

然而,让员工参与管理说起来容易,做起来难,这首先就体现在思想观念上。

参与管理对组织的益处我们在前面已经讲到,无论这些组织领导是出于什么原因,拒绝员工表达意见、拒绝员工参与管理、对员工的建议不理不睬,这些行为对任何组织都是有害无益,它只会严重打击员工的积极性。要让员工参与管理,首先就要管理者摒弃旧式思想,不要包揽一切、一切决定都由自己做,而必须信任他人,放手让员工去做。

思想观念的改观是管理者通过具体的方法提高员工对组织管理参与度的第一个步骤,具体来讲,管理者还应该做到以下几点:

①决定让人参与的事项。找个清静的地方,写下一周内让人来参与的活动,并和他们约法三章。

②限制成员的人数。保持组织的精简,创造更多的参与机会。

③抓住每一个机会。只要一有机会,就记得让员工参与,这样,员工就会觉得受到了尊重。如此坚持下去,很快就能提高所有员工参与的欲望了。

4. 把每个员工都变成积极参与的决策者

优秀的企业管理者必须摒弃老一套的管理方式,增强员工的积极性和创造性,不能局限于口头上的信任,而是要尽力做到让全体员工都参与到决策中来。通过参与,凝聚其心,激励其人,发挥其力。除此以外,别无良法。如果管理者真正这样做了,一流的创意、强劲的竞争力以及瞩目的企业效益,都将是指日可待的事情。

让员工参与管理,首先就是让员工参与组织决策。一旦员工参与决策,参与规则的制定,员工就会感受到自己是一个重要的人,所要遵守的是自己参与制定的规则,这样员工在工作中就会自动地维护企业的规则,肯定不会去破坏自己制定的规则。而且,在执行决策过程中,因为已经对决策有了深刻的了解，就能够最大限度地节省资源，避免浪费，高效地执行。对于管理者来说，不但得到了最具实用性的信息，而且不必花费什么精力就能够和员工之间建立起更融洽的关系。所以，**让员工参与到管理中去，是达成企业和谐的根本所在。**

所谓的参与决策，指的是在不同程度上让员工参加组织的相关决策过程和各级管理工作，让员工与组织的高层管理者在平等的地位上研究和讨论组织中的大小问题。这可以使员工从中感受到领导的信任，从而产生出对组织的责任感。**由于员工受到了重视，会同时产生一种成就感，并因此而受到激励。这也为组织目标的实现提供了保证。**

要使员工对工作充满热情，像关心自己的事情一样关心组织的事业，可以有很多方法，但是多让员工参与组织的决策却是其中最经济、最有效的。

一个好的管理者，不仅要懂得多让员工参与组织管理，还会尽量让员工参与组织决策的每一件事，依靠群策群力，集中大家的力量一起做出正确的决策。这有利于集中员工的智慧，充分挖掘员工头脑中蕴藏的聪明才智。

让员工参与组织决策，使每一个员工都成为组织的决策者，可以有效地激励员工，得到他们全力的支持。所以，管理者必须让员工参与进来，而且越早越好。

位于美国佛罗里达州劳德戈尔堡的奠托拉生产线，是用来生产收音机接收器的。由于生产的需要，每个女工要在一个印刷电路板上安装大约10个零件，然后传给下一个女工。起初女工们出于新鲜干得十分起劲。但日复一日，单调重复的工作将她们的工作热情消磨殆尽。

管理者了解到这一情况后，决定亲自来管理一段时间。他的第一个举措是：让每个员工组装和检测自己的接收器，并附上一张便条："亲爱的顾客，这台接收器是由我组装的，我感到骄傲，希望它使您满意，如果有什么地方不好的话，请通知我。"然后签上自己的名字，亲自将产品寄出。

不仅如此，每当组织要做一项新的决策或准备推行某种改革时，管理者都积极邀请员工参与到新决策的制订中，鼓励他们各抒己见，畅所欲言……新的管理措施试行仅一个月，旷工和缺席的现象就奇迹般地消失了。

员工的抱怨声也没有了，取而代之的是高昂的士气和高效的工作业绩。

可见，一个组织在做一项新的决策时，如果能不论职位高低，让员工平等地"走"进来参与制订，常常能让员工强烈地感受到组织对他的信任。参与的权利使员工感到自己受到了重视，无形中激发出他们的主人翁责任感。而当员工认为公司是"自己的"，工作是"自己的"的时候，他就理所当然地会全身心投入到工作中去。简单来说，就是**"做自己的工作总比替别人做事更有干劲！"**这或许也是对**"参与能激励组织成员"**的最佳诠释。

参与激励的根本，就在于让员工参与到组织的决策中，参与到组织的运营管理中，让他们感到自己是组织的一分子，是组织的主人，从而充分调动员工的主人翁精神。

5. 管理者应善于同员工分享荣誉和权力

企业的成功靠的是领导与员工同甘共苦、患难与共。这种情况下，上下的心往一块贴，力往一处使，还有什么困难克服不了呢？又有什么原因使他们不成功呢？

作为一名管理者，身处逆境时，上下同心共渡难关，时来运转时，千万不可独自居功，尽享成果，唯有如此，才能赢得威望，得到部下爱戴，共创公司之大业。

在企业中，管理者要有这种和员工共享荣誉的精神和敢于为员工承担责任的勇气。管理者被授权经营管理，无论获得成功还是遭到失败都起着重要的作用。即使是员工的失误，也有自己失察、指挥不当、培训不够的责任。荣誉对自己当之无愧，但取得荣誉的路途仍离不开团队的协作、配合，所以这是管理者应该做到的。这不仅是一种美德，也是激励员工共同参与建立团队精神的重要手段。

越是能释放影响力、能倾听、能帮助他人的领导人，也就是最受尊敬和最具效率的领导人。然而传统管理学，却迷信高度控制和铁面领导这一套，和上述的理念背道而驰。其实，领导人若能尊敬他人，就能建立信任感，而这样的信任感可以促使员工达成前所未有的良好表现。除此之外，当领导人了解人们的需要，并留意他们的需求时，他也可以有效地依照人们的才能来指派工作。在这样的环境下，人们比较能容易地接受领导人或新任务，将权力和责任交付给别人时，别人会报以同样的回应，这时候就创造了一种协力和循环的做事方法。当拥戴者的能力增加时，就可以给予更多的权力和责任。而随着拥戴者承担的责任越多，领导人便能将越多的精力投注于其他事务上，这样不仅可以加强自己的影响力，也可以为部门带来更多的资源，让员工分享。

6. 让员工在参与中增长工作才干

现代管理不仅要达到政令畅通、程序严密、监控严格、令行禁止的效果，而且应该具备透明公开、全员参与、自学执行、充满人性等要求。

首先，从团队建设的角度看，鼓励员工的积极参与有助于改善员工的心态，使员工体验到平等的感觉，感受到组织的关爱；从而更加关心组织的发展，使工作环境变得轻松和谐，极大地提高工作效率。

其次，这有助于提高员工的素质，促进员工将自身的价值体现与组织的发展联系起来，在参与管理中增长才干和能力。现代人力资源管理的实践经验和研究表明，现代企业员工都有参与管理的要求和愿望，**创造和提供一切机会让员工参与管理是调动他们积极性的有效方法**。毫无疑问，很少有人参与商讨和自己有关的行为而不受激励的。因此，让员工恰当地参与管理，既能激励员工，又能为组织的发展获得有价值的知识。通过参与，形成职工对企业的归属感、认同感，可以进一步满足自尊和自我实现的需要。

最后，管理者要认真对待员工参与管理所提出的建议，员工会因为能够得到管理者的重视和认同，增强他们的归属感和责任感，从而与自己所在的组织共同成长。另一方面这能够让他们产生强大的信心，从而激发他们的新构想、新观念。这样，员工们的眼界会越来越开阔，考虑问题也会越来越周详，最后会成为一个能够独当一面的有能力的人，成为管理者的得力助手。

反之，如果员工的建议得不到重视和采纳，员工的积极性就会下降，甚至对自己失去信心，也不会再关心组织的成长，工作效率也只会越来越低。员工工作效率的下降会使整个组织的运转受到不良影响。

重在参与！运用参与激励，可以把"你的命令"，变成"我们共同的决定"。参与会把"组织的目标"，变成每个组织成员"自己的目标"；参与会使"角色的要求"内化为"个人的自觉需求"，而激励的目的和领导的任务也正在于此。所以说参与激励是一种很重要、也很有效的激励方式。

员工参与能使上下级处于平等的地位，他们可以感到上级领导的信任，从而体会到自己的利益与组织发展密切相关而产生的强烈责任感。同时，参与管理为员工提供了一个取得别人重视的机会，从而给人一种成就感。因而，管理者应当为广大职工参与管理提供一切方便，创造有利条件，充分发挥职工的主观能动性，有效地开展合理化建议和自主管理活动，调动职工的积极性。参与激励是企业职工激励的基本形式。其目的不仅是能提高职工的主人翁意识，更重要的是能让员工在参与中增长才干，能让自己的价值得到更大的体现。